序言一
让阅读素养的发展看得见

当前,在国际上,我们面对的是百年未有之大变局,人工智能大爆发。中国要想在高科技的竞争中居于世界前列,就要尽快提升原始创新力。在国内,我们要实现中华民族伟大复兴,让中国强起来。这就要加紧为党育人、为国育才。各级、各类人才的培养靠教育。而小学语文,是人才培养的压舱石。

我国有优秀的母语教育的传统。遗憾的是,长期"向西看",加上教学不甚得法,导致语文教学"费时多而收效微"。其中,繁琐内容分析的阅读教学大行其道,成了语文教学的一个顽疾。

怎么办?唯一出路是守正创新,是针对存在的问题进行改革。

小学阅读教学应当干什么?

应当培养学生的阅读理解力、初步的鉴赏力和评价力;应当关注文本的表达形式,借助由读向写的迁移,培养语言文字的表达力;还应当帮助学生逐渐形成适合自己的阅读策略方法,积累语言经验,养成终身阅读的习惯。

罗祎、曹媛两位老师编著的《看见阅读:走向高阶思维的阅读教学》一书,是积累长期教学、教研经验,以有策略地阅读为抓手,引领在阅读教学中发展高阶思维的教学指导书。本书呼应统编语文教科书中的"阅读策略单元",阐述了阅读策略的重要性,明确提出“让阅读看得见”——阅读过程、阅读成果、阅读思维可视化的主张，特别是对“走向高阶思维的阅读教学”进行了探究和展望，体现了对阅读教学的深层思考，对深化阅读教学改革有重要意义。

两位老师的著述，理论联系实际，给我们多方面的启发。请老师们更多地关注以下三点。

1.用阅读策略改造阅读教学。在阅读教学中重视还是不重视阅读策略的指导，教学效果大不一样。台湾语文教学专家赵镜中先生认为：“帮助学生建立起阅读策略，提升学生的阅读能力，比教会学生了解一篇课文的内容更重要。”理解内容是“标”，运用策略、方法阅读是“本”。希望老师们从教学生“猜读、提问、有一定速度地读、有目的地读”做起，引导学生不断学习并渐渐积累适合自己的阅读策略、方法，在大量阅读中灵活运用阅读方法，成为高效的阅读者。在这里，我想就“提问”多说两句。我国历来有“问学”的传统。提问的前提是要一边读一边想，遇有疑惑不解时，就要把问题提出来，向老师、同学求解。提出问题往往比解决问题更重要。特别是在人工智能时代，人比 AI 高明之处，就在于人能提出高端、前沿的未解的问题。语文教学要有培养学生提出问题的意识和指导。好的语文教学，鼓励学生随时提问；好的语文课堂，应该是学生带着问题走进课堂；教学中抓住主要问题读书思考、各抒己见，书声琅琅，议论纷纷；课终，学生带着更深的思考和疑问走出课堂。

2.在发展语言的同时发展思维。发展语言、发展思维是语文教学的两大任务。语言的发展离不开思维。思维是内核，推动并决定着语言发展的水平。无论是从学好语文还是从成为更好的自己来说，都要更加重视在阅读教学中发展学生的思维：直觉的形象思维、抽象的逻辑思维、辩证思维、创新思维。教师要重视发掘文本中的思维训练价值，以充实“思辨性阅读与表达”，在做语文的事的过程中，发现文中人物的思维方法、思维过程，从中引导学生学习怎样认识问题、解决问题，达到以文育人、启智增慧的目的。

3.让阅读成为习惯。要把阅读课上成真正的读书课。朗读和默

/ 打造高阶思维的课堂 /

丛书主编　曹媛

看见阅读

走向高阶思维的阅读教学

罗祎　曹媛　编著

天津出版传媒集团
天津教育出版社
TIANJIN EDUCATION PRESS

图书在版编目(CIP)数据

看见阅读：走向高阶思维的阅读教学 / 罗祎, 曹媛编著. -- 天津：天津教育出版社, 2024.5
(打造高阶思维的课堂 / 曹媛主编)
ISBN 978-7-5309-9070-4

Ⅰ. ①看… Ⅱ. ①罗… ②曹… Ⅲ. ①阅读课 – 教学研究 – 小学 Ⅳ. ①G623.232

中国国家版本馆 CIP 数据核字(2023)第 249700 号

打造高阶思维的课堂
DAZAO GAOJIE SIWEI DE KETANG
看见阅读：走向高阶思维的阅读教学
KANJIAN YUEDU：ZOUXIANG GAOJIE SIWEI DE YUEDU JIAOXUE

出版人	黄 沛
作 者	罗 祎 曹 媛
责任编辑	常 浩
装帧设计	王可馨
出版发行	天津出版传媒集团 天津教育出版社 天津市和平区西康路 35 号 邮政编码 300051 http://www.tjeph.com.cn
经 销	新华书店
印 刷	天津中图印刷科技有限公司
版 次	2024 年 5 月第 1 版
印 次	2024 年 5 月第 1 次印刷
规 格	16 开(787 毫米 × 1092 毫米)
字 数	300 千字
印 张	22.5
定 价	70.00 元

读是最经常、最重要的阅读技能，也是理解文章内容、情意的有效方法。好的朗读胜过泛泛的讲解。阅读教学要读字当头，各种形式地读贯穿教学始终。教师要“让学”，让学生充分地学。教学要从“教为中心”转为“学为中心”。要把更多的时间、空间还教于学。其中的道理很简单：语文，靠听老师讲是听不会的，一定主要是靠自己学会、练会的。学生养成自觉阅读、手不释卷之时，乃是教学之成功！

希望老师们一边阅读这本书，一边谋划、践行今后的语文教学改革。不久，你就会发现，走在“素养立意”的语文教学的路上，不仅学生语文核心素养的发展看得见，而且自己的专业成长也看得见！

崔　峦

2024年5月9日

序言二
让学生在阅读中学习、成长

阅读使人聪明，阅读使人智慧，阅读是最好的学习方法。阅读不仅需要量的积累更需要质的提升，因此阅读要有好的方法。看见阅读，关注了学生阅读的策略、方法，阅读的过程、结果，更关注学生阅读的思考方向和思考路径。这本书有这样几个特点。

特点一：由关注阅读理解的教学到关注阅读策略的指导。这是一个重要的转变，它反映了教育理念的进步和对学生个体差异的尊重。

传统的阅读教学往往侧重于对文本内容的理解和解释，教师会详细讲解内容、主题或主旨，分析语言表达的特点和好处等，学生则需要通过记忆和模仿来掌握这些知识。一篇篇课文被讲解得支离破碎，虽然耗时费力，但学生的阅读能力和思维水平却没有得到提升。从阅读中学习，是学习"如何学习"最重要的能力之一。学生不仅要阅读，更要获得阅读的策略，这些策略包括预测、提问、联系、统整、解释等等。这些策略可以帮助学生更好地理解文本，提高阅读速度和准确性，同时也有助于培养学生的批判性思维和创新能力。

这本书的第三章"让阅读有行动"，就是倡导学生真正的阅读，尝试不同的阅读方法和技巧。这一章节完全依据了统编教材编排的四个策略单元，为教师提供有章可循的阅读教学路径，帮助教师透过课例理解有效阅读的方法与具体步骤，以及如何做到关注学生的阅读过程和阅读体验，鼓励学生积极思考和提出问题，帮助他们建立自己的阅读策略和习惯。当然，关注阅读策略的指导也需要教师不断更新自己的教学理念和方法，不断学习和探索新的阅读理论和教学策略，以适应不断变化的教育环境和学生需求。

特点二：由关注阅读理解的结果到关注阅读理解的过程。这一转变体现了对学生认知过程和思考能力的更深层次的关注。

首先，这一转变强调了深度学习。传统的阅读教学关注阅读理解的方式主要是关注学生回答问题的正确与否，往往老师得到学生正确的回答便会进入下一个环节的教学，而关注阅读理解的过程则更加注重学生是如何得出答案的。它要求学生解释他们的思考过程，展示他们是如何分析文本、提取信息、解决问题和形成结论的。所以，“看见阅读”的目的不仅是让我们看到学生阅读理解的过程，更是要“看出方法与思路”。通过关注阅读理解过程，教师可以更好地了解学生的思维模式和认知发展，这有助于教师为学生提供更个性化、更针对性的指导，帮助他们发展批判性思维、创造性思维和解决问题的能力。

其次，关注阅读理解的过程也有助于培养学生的自主学习能力。当学生习惯于思考他们的阅读过程时，他们更有可能学会独立地解决问题，以及更有效地从文本中提取所需的信息，让阅读材料变成对自己有用的资料，再进一步领悟、转化为创造性的个人见解或创作。这正是学习能力的发展与提升的过程。关注阅读理解过程还会为学生提供更多的机会来反思和调整他们的学习策略。通过分析和评估他们的思考过程，学生可以发现他们的不足和需要改进的地方，然后采取适当的措施来提高他们的阅读理解能力。

特点三：由培养有兴趣的阅读者到培养独立的学习者。这是一个渐进的过程，涉及个人学习习惯、方法和态度的转变。

这本书四个章节，第一章是绪论，接下来的三章分别是“让阅读看得见”“让阅读有行动”“让阅读成习惯”，这是我们特别用心的安排。统编小语十二册教材都创编了“快乐读书吧”内容，一年级还设置了“和大人一起读”，二年级有“我爱阅读”栏目，就是为学生提供多样化的阅读体验，激发学生的阅读兴趣。第四章就是以“快乐读书吧”引导教师关注课外阅读，构建课外阅读的课程体系，不仅提供了课外阅读开展的实施路径，还有具体的方法指引。同时，倡导家长和老师与学生分享阅读体验，或为学生创设丰富的阅读分享的任务情境，引导学生发现阅读的兴趣。通过阅读策略的引导，提升学生的阅读理解能力和思维能力，能阅读、会阅读有利于阅读兴趣的长期保持，兴趣引导行为，最终成为阅读习惯。

所以四个章节的编写，其实就是学生从学习阅读到学会阅读，再由会阅读到会学习的一个逐步演进的过程。

曹　媛

2024 年 2 月

目 录

1 第一章 绪论 001
第一节 研究的缘起 003
一、信息时代对高阶创新人才的需求 003
二、阅读教学的现实困境 004
第二节 国内外对阅读教学的研究 006
一、关于阅读策略 006
二、关于思维的可视化 014
第三节 “看见阅读”的本土化建构 016
一、重新认识阅读 016
二、重新定义阅读教学 020
三、走向高阶思维阅读 025

2 第二章 让阅读看得见 031
第一节 看得见的阅读特质 033
一、阅读过程可视化 033
二、阅读成果可视化 044
三、阅读思维可视化 050
第二节 看得见的阅读历程 059
一、认识不同文体的阅读情境 059
二、经历学习历程的阅读设计 074

3 第三章　让阅读有行动 115
第一节　猜读:让学生成为积极的阅读者 117
一、猜读:保护阅读的兴趣 117
二、猜读的教学策略 125
三、课例评析 134
第二节　提问:走向阅读的深度 155
一、提问:关注思维发展 155
二、提问的教学策略 162
三、课例评析 170
第三节　速读:开启海量的阅读 195
一、速读:快速的有效阅读 196
二、速读与海量阅读 200
三、速读的理论价值 202
四、速读的实践意义 202
五、速读的教学策略 203
六、课例评析 211
第四节　有目的地阅读:提升阅读的品质 235
一、有目的地阅读:学会选择和甄别 235
二、有目的地阅读的教学策略 242
三、课例评析 249

4 第四章　让阅读成习惯 263
第一节　立足"素养",构建快乐读书课程 265
一、全局导向的快乐读书课程理念 266
二、基于学生的课程地图 270
第二节　提升"素养",实施快乐读书课程 283
一、主题统领的读书活动 283
二、抓住读书路径的两个关键点 324

后记 345

第一章

绪论

1

第一节　研究的缘起

一、信息时代对高阶创新人才的需求

这是一个风起云涌的时代，信息化、全球化、知识经济纷至沓来。要学生学会什么、养成什么样的品质，才能满足个体的健全生活、国家发展与社会进步的需要呢？这个问题是全球面临的共同挑战。现今许多国家与地区都以核心素养为中心启动教育改革，期望在核心素养的统领下完善各自的教育体系。

党的十八大和十八届三中全会提出关于立德树人的要求要落到实处，2014 年教育部研制印发《关于全面深化课程改革落实立德树人根本任务的意见》，提出："教育部将组织研究提出各学段学生发展核心素养体系，明确学生应具备的适应终身发展和社会发展需要的必备品格和关键能力。"研究学生发展核心素养是落实立德树人根本任务的一项重要举措，也是适应世界教育改革发展趋势、提升我国教育国际竞争力的迫切需要。《普通高中语文课程标准（2017 年版）》指出："学科核心素养是学生通过学科学习而逐步形成正确的价值观、必备品格和关键能力。'思维发展与提升'则是语文学科重要的核心素养之一。"[①]"思维发展与提升"这项核心能力的培养贯穿整个基础教育阶段，足见其重要性。学校作为人才培养之地，应注重培养学生的高阶思维能力、批判性创新思维能力，提升学生的问题求解能力，以适应社会进步。

统编小学语文教材的编写思路是"语文素养"与"人文精神"两条线索相结合。教师不仅要重视培养学生的基本语文素养，更要在语文教学中体现语文的人文性。其中阅读是使学生领悟语文教材

① 中华人民共和国教育部.普通高中语文课程标准（2017 年版）[S].北京：人民教育出版社，2018.

人文性的重要途径，即让学生在具体的阅读实践中发现语文的价值及其蕴含的文化特色。在阅读教学中更要重视学生思维发展与提升的训练，学生在积极的语文学习活动中积累、建构语言，在真实的语言情境中运用语言，形成关键能力，为学生全面发展奠定基础。这不仅是教材的教学要求，也是培养创新人才的要求。

二、阅读教学的现实困境

阅读教学要求学习者能够深入理解阅读文本的含义，建立个性化的文本解读思维体系，利用学科经验解决实际问题，获取有意义的知识，建立有效的学科思维，全面发展思维能力，提升核心素养。然而，受传统教育价值观的影响，小学语文阅读教学长期以来更关注知识和技能传授，忽视学生核心素养的综合发展，特别是思维能力的培养。这样的教育限制了学生潜能的发展，当学生需要应对各种挑战、需要创新的时候，所学的有限知识就显得无能为力。在基础教育的众多学科中，语文学科无疑是受争议最多的，从“吕叔湘之问”到“世纪末的诘难”，主要问题在于人们对语文教育耗时多、效果差的失望，而其根源还是机械训练过多、思维能力培养缺失。

中华人民共和国成立以来，颁布了五部小学语文教学大纲，都非常重视“双基”训练。进入 21 世纪以后，2001 年颁布的《义务教育语文课程标准(实验稿)》第一次明确提出要“在发展语言能力的同时，发展思维能力，激发想象力和创造潜能”。[①]《义务教育语文课程标准(2011 年版)》再次在总目标中提出“在发展语言能力的同时，发展思维能力，学习科学的思想方法，逐步养成实事求是、崇尚真知的科学态度”[②]，但二者都缺少具体目标及方法指导。直至《义务教育

① 中华人民共和国教育部.义务教育语文课标准(实验稿)[S].北京：北京师范大学出版社，2001：4.

② 中华人民共和国教育部.义务教育语文课程标准(2011 年版)[S].北京：北京师范大学出版社，2012：6.

语文课程标准(2022年版)》(以下简称《课标》)出台,并强调:“语文课程应引导学生在真实的语言运用情境中,发展思维能力,提升思维品质,全面提升核心素养。”① 将“思维能力”列入四大核心素养之一,并且用了一个段落具体阐述了思维能力所涵盖的范围以及发展思维能力的途径与方法,并在各个学段目标中提出具体要求,思维发展得到空前的重视。终于将思维教育纳入我国教育的主流视野,让思维教育成为学校教育的价值导向和教学导向,是实现我国社会创新发展不可或缺的关键一环。

语文教学一直以来存在着“知识碎片化”“思维定式化”和“情感浅显化”等一系列问题。比如注重听、说、读、写的技能训练,忽视学生思维发展;零敲碎打地单篇教读,无法体现整本书阅读“整”的特点。

第一,小学语文阅读教学的“知识碎片化”倾向。零敲碎打地单篇教读,无法体现整本书阅读“整”的特点,教师只注重文本中的知识且教学方法单一,使学生无法对所学文本进行合理迁移,无法对文本知识进行意义建构,无法深刻体会阅读文本的情感输出与审美价值。

第二,小学语文阅读教学的“思维定式化”倾向。不少人认为数学、物理等自然科学与思维培养息息相关,语文、历史等人文科学则与思维培养关系不大,只要肯下苦功听、背、记即可学好。在实际语文阅读教学实践中,传统阅读教学策略长期止步于以识记为主、以听教师讲为主、以学生阅读解题应试能力培养为主的低阶思维,对学生高阶思维能力的培养还存在一定程度的欠缺。

第三,小学语文阅读教学的“情感浅显化”倾向。目前,传统阅读教学过程过于应试化,由于教师对文本的深层解读不足,在引导小学生阅读文本时难免仅对文字的表面意思进行解读,阅读教学

① 中华人民共和国教育部.义务教育语文课程标准(2022年版)[S].北京:北京师范大学出版社,2022.

设计缺乏对学生高阶思维能力的有效培养，没有建构深层次思维理解体系，课堂阅读教学问题设计单一，教学设计缺乏开放性和灵活性，导致小学生无法体会到阅读文本背后蕴含的文化价值，在阅读学习的过程中学生的思维并没有得到有效锻炼。导致阅读兴趣难以保持，“隔岸观火”的学生越来越多。

从以上三方面来看，在传统的阅读教学课堂上，小学生的学习仍处于被动接受的状态，小学生缺乏深刻的独立思考，高阶思维能力无法得到真正提升。

实际上，语文作为一门重要的基础性学科，承载着培养思维习惯、发展思维能力、提升思维品质的重任，小学阶段又是学生思维发展的特殊时期，是具体形象思维向抽象思维过渡的关键时期。因此，小学语文教学如何更好地承担起学生思维培养应有的责任？如何将隐性的思维能力培养显性化？如何将小学生的思维与由形象思维向抽象逻辑思维发展的特征相契合，将其引入语文教学，架起语文教学与思维培养的桥梁？那就必须转变教与学的方式，将以教师讲为中心的课堂转变为体现学生学习过程、参与学习活动、积极进行思考讨论的课堂。

第二节 国内外对阅读教学的研究

一、关于阅读策略

美国学者珍妮佛·塞拉瓦洛在《美国学生阅读技能训练》[①]中认为，“策略” 指阅读者为了完成某一具体任务或者培养某一具体技能，经过慎重思考后采取的有目的的手段。美国的中小学教师很重视阅读策略的指导，认为阅读策略就像按部就班的程序或食谱，可

① [美]珍妮佛·塞拉瓦洛.美国学生阅读技能训练[M].刘静，高婧娴，译.北京：科学技术出版社，2018：16–48.

以将阅读这一无形的工作变得具体并且切实可行。教师可以为学生提供一些阅读策略,帮助仍处于练习阶段的阅读者将阅读工作划分为可行的步骤,让他们更加轻松和自信地学习新的目标技能。

美国的中小学教师为学生提供阅读策略,希望他们最终能够掌握这些策略。熟练之后运用策略会变成学生自然而然的行为,他们在阅读时不用再有意识地注意运用策略,只有在遇到真正的困难时才会重新想起来。因此,教学目标不是让阅读者执行策略中提到的每一个步骤,而是通过策略帮助他们更加熟练地识文断字,更好地理解内容、更准确地解析主要观点,进而更流畅地阅读。换句话讲,策略是为了达到目的而采取的手段,而不是最终的目的。策略其实就像一个临时性的脚手架,与任何脚手架一样,它最终都会被移开。

例如,我们国内在低年级教学当中也经常会运用表演的方式讲故事,在美国的小学课堂中教师侧重指导学生在情境表演艺术课或其他场合中对熟悉的故事进行再创作、表演和复述。教师会运用到如下训练提示语:

- 人物现在在做什么?用表情和动作来表演一下。
- 现在复述一下这一页的内容。
- 想象一下这部分中的人物。现在请像这个人物一样讲话。
- 在这儿停一下。讲一讲他做了什么、说了什么。
- 你用自己的语言和动作把这个故事讲得太生动啦!
- 你的表演非常符合这一页上描述的内容!解释一下你在做什么吧。

要求学生用面部表情、动作和语言来表演这个故事,并且添加一些语言来解释自己在做什么。这有助于快速提升低年级学生的语言表达能力。

再如对于中年级的学生,我们常常会要求学生在阅读过程中边读边想,有时要求学生想一想文中人物为什么会这样做或这样想;有时要求学生根据这段文字自己展开想象。在美国的阅读课堂中,教师比较注重引导学生学会解释自己的想法,会要求学生在阅读中如果有了自己的想法，可以停下来想一想：自己是怎么想到这个的？你可以再读读这段文字，看看是什么让你产生这种想法的。教师会提示学生一些思考的点：

●是什么让你认为她很伤心（或生气、开心）？

●你为什么认为他们________？

●你怎么知道他们________？

●说一说你是怎么产生这种想法的。

●告诉我是什么让你想到这个的。

●你解释得非常清楚！这跟文章中的叙述很相符。

这个策略适合在讨论中以交流的形式教给学生，帮助和引导学生在阅读中关注自己的阅读想法。有利于在今后走向反思性、批判性阅读。

近些年来，我们的阅读教学开始重视实用性阅读，例如在说明性文本的阅读中，我们不仅要关注说明方法，更要注重引导学生运用这些说明方法。在美国的阅读教学中，教师会要求学生认真阅读文章，阅读非虚构类作品时，像科学家或专家那样讲话。在阅读中，记住作者想介绍的信息，想一想作者使用了哪些介绍方法，运用了哪些词语，在讲给他人听时注意使用这些方法和词语。在与学生的交流中老师也会给出提示性语言：

●我注意到你在很认真地观察细节。你能使用更加专业的词语介绍它吗？

●它的确切名称是什么？

●科学家会叫它什么？

●试着使用________方面的专家会使用的词语。

●现在你开始像专家一样说话了！这正是专家在谈到这个话题时会使用的词。

“像专家一样讲话”这个策略有利于促进学生在语文阅读中运用到其他课程的知识或方法，产生多学科的综合思维。

已故中国台湾学者赵镜中先生在《提升阅读力的教与学——

赵镜中先生语文教学论集》[1]一书《帮助学生成为一个真正的阅读者——兼论儿童文学在阅读教学中的运用》这篇文章当中提到，在阅读教学中帮助学生建立起阅读策略，提升学生的阅读能力，比教会学生了解一篇课文的内容更重要。学生习得了阅读策略和技巧，对巩固他们的阅读习惯，进而发展成一生的阅读兴趣是有关键性影响的。

赵镜中把阅读策略归于阅读技能。他认为，阅读技能包括各种阅读方式（朗读、默读、精读、略读、速读）、思维技巧（分析、概括、想象、联想、推理、评价、判断）和一般的理解策略（如识字的策略，即运用上下文猜测、分析字形部件猜音义、利用音义猜字形；又如理解策略，即利用文章的结构、逻辑关系、关键句以及已知知识来帮助理解）。这些阅读技能并不等于阅读能力，但是它对阅读能力的发展有促进作用。它也可以反映阅读能力的发展水准和个别差异，这些技能的自动化程度越高，越能有效地达成阅读理解。所谓自动化，就是无需意识也能做到的技巧。通常在某一时间内，我们只能专注于一件事，例如刚开始学习开车时，要一边操控方向盘一边踏离合器换挡，就会发生很大的困难，如果还要同时调整音响就更麻烦了，但是对一个熟练的驾驶人而言，这一切都已自动化了，不需思考就能顺利操作。在阅读时，从眼睛提供视觉刺激给大脑开始，到大脑建构出意义来，其间包含一系列复杂技能的操作，这种自动流程的顺利与否对阅读能力提升是很重要的。当读者能很迅速地浏览一篇文章时，代表其已具备很好的自动化程度了。

赵镜中在《文学要素的教学》[2]一文中把角色、情节、场景、主题这些文学要素看作阅读方法，是阅读文本时建立一致性的方法、策略。

---

① 赵镜中.提升阅读力的教与学——赵镜中先生语文教学论集[M].台湾：万卷楼图书股份有限公司，2011：101.

② 赵镜中.提升阅读力的教与学——赵镜中先生语文教学论集[M].台湾：万卷楼图书股份有限公司，2011：111.

例如围绕角色这一要素，教师在阅读活动过程当中会重点引导学生从角色的角度进行阅读。比如关注：

●从角色的行为来思考如何描述一个角色；

●探索角色的兴趣、习性和价值观；

●探讨故事中角色的改变；

●能随着故事的发展来关联、建构对角色的认识；

●能借助思考角色的行为、感情、想象、喜好和排斥等线索，来寻找角色的人格特质；

●帮助学生透过视觉化的活动来理解故事中的角色；

●协助学生填补角色未公开的想法、感情和动机。

情节可以说是文学最基本的要素，抓住故事情节成为阅读的技巧和策略。例如预测、摘要、认识类型、因果关联等等是阅读理解最重要的部分，所以围绕情节的要素，教师在学生阅读的过程当中往往会从以下几点来引导提示学生进入阅读：

●确认故事的开头，并注意到事件或问题发展的线索；

●能了解故事情节通常是一连串的因果关联；

●能理解作者如何透过问题解决来发展故事情节；

●能利用图表表现出故事中问题与解决的关系；

●能将自己生活中的问题与经验和故事情节相关联来思考；

●能确认故事中事件的顺序，并能掌握故事的高潮；

●鼓励学生借助对角色、场景概念的建构来理解情节；

●能辨认出问题解决的合理性。

场景是指故事发生的时间和地点。场景对文学作品中角色思想与行为的影响，就如同真实生活中环境对一个人思想行为的影响一样。场景的探索可以非常贴近故事来观察，也可以向外扩展延伸至广大的世界，所以围绕着场景，教师会让学生关注以下内容来运用一些策略。

●能掌握故事发生的时空背景；

●比较读者所生活的真实世界与所阅读故事中的世界有何不同；

●借由关注角色的生活情景来探索场景设计的合理性；

●关注故事中场景的变换对角色、情节的影响；

●探索作者如何透过自己的经验、感受去营造故事的场景；

●帮助学生了解作者如何透过文字或图像来表现故事的时空背景；

●了解作者对场景的描述或图像呈现背后的隐喻；

● 留意故事所提供的有关人物如何在不熟悉的环境中生存的线索；

●了解自己的生活环境。

主题就是意义，而寻找意义是理解文学作品最具建设性的策略。因为各种思考文本的方式，实际上只不过是了解文本意义的种种不同方式而已，而且这些意义会让读者更深刻地了解自己的生活。所以，探索故事的主题是参与文学作品最具个人化的，也是最有收获的一种方式。围绕着主题，教师往往会从以下几点对学生的阅读进行提示：

●从探索故事中的主角学到了什么，来确认故事的主题；

●将故事主题与学生自己的经验相连接；

●探索如何从角色的行为和抉择中显现故事的主题；

●从故事的细节中选择出与主题相关的内容；

●比较主题相似的故事在情节安排上的差异；

●利用同样主题创作新的故事情节；

●确认故事所传递的信息能改变人们的思想和行为。

天津市小学语文教研员曹媛在《读写平衡：全局式语言学习的实践探索》[①] 一文中总结了她带领天津小语团队多年的阅读教学经验，她认为小学语文教材的编写理念随着教育改革的发展也在不断更新。统编小学语文教材从中年级开始，有目的地编排了预测、

① 曹媛.读写平衡：全局式语言学习的实践探索[M].天津：天津教育出版社，2022：180–181.

提问、提高阅读的速度和有目的地阅读四个阅读策略单元，重在引导学生获得必要的阅读策略，培养他们运用策略的意识和基本能力，使他们成为积极的阅读者。

四个阅读策略单元的教学与普通单元的阅读教学，形成了学生阅读能力发展的结构化体系。从四个策略单元编排的逻辑关系，可以看到学生阅读能力的发展梯度。

对策略的教学不能孤立于阅读情境、学生已有阅读经验，要充分尊重学生作为学习主体的身份，激活学生已有的经验，将学习目标、内容转化为阅读任务，以任务驱动学生参与阅读活动，运用已有语文知识、阅读经验在解决新的阅读问题过程中获得新的阅读经验。依据认知和元认知理论，幼儿时期的学生在父母的陪伴下已经开始阅读，只不过那个时期的阅读是用听觉。幼儿在听父母读、讲故事的过程中已经开始运用联想策略，虽然随着年龄的增长逐步开始自己阅读，但阅读策略是伴随着阅读过程而一直存在着，只是这些策略没有被有意识地归纳和提炼，这一时期学生阅读中的策略运用被称为“无意识阅读”，这是阅读教学的起点。

“猜测”应该说是人们与生俱来的一种能力，而“猜”恰恰也是学生的天性。教科书将“预测”设置为小学阶段的第一个阅读策略单元，其实是巧妙地将学生已有的阅读经验和阅读策略的学习进行勾连，实现学生从无意识使用阅读策略阅读到有意识运用阅读策略阅读的自然过渡与衔接。

“提问”对于学生来说更不陌生。因为“预测”就是从对文本内容产生的好奇、疑问开始的，而且在低年级的阅读教学中，老师最常用的教学导入策略就是“课题质疑，激发阅读兴趣”。四年级是阅读学习的转折期，由“学习阅读”转向“从阅读中学习”，阅读取向发生了变化，阅读能力要求也提升了。在此之前，学生在阅读中也常常运用“提问”的策略，但往往是无意识的提问，或提问的目的比较单一，局限于文本内容；或提问的面很广，阅读探究的价值却不高。“提问”策略单元中涉及的多角度提问，提出真正有价值的问题，尝试解决问题正是引导学生将无意提问向有意提问策略提升，既能培养学生的问题意识，也能调动学生阅读的主动性。目的就是将浅层次阅读逐步推向自主的深度阅读，由阅读理解逐步走向基于理解的解释、鉴赏、评价和反思。

五年级编排的“提高阅读的速度”策略单元的学习，是在深度阅读的基础上进一步提升阅读的速度，要求学生从阅读的需要出发，能够在短时间内迅速理解、把握阅读材料，并获得需要的信息。“快速阅读”不仅有“视读”技巧，还需要学生根据问题全面关注文本内容和文本语言形式上的信息，快速筛选、分析判断、整合信息，做到对阅读内容的准确理解，体现了读、思能力的综合发展。快速阅读不能只关注用较短的时间阅读，更要关注迅速而准确的理解。只有建构了有意义的快速阅读才是有价值的。所以，问题意识和提问策略的熟练运用是实现“快速阅读”的基础。

“有目的地阅读”要求学生能够根据阅读目的、学习任务或生活需要读懂文本作者所表达的信息，筛选出重要的信息，区分重要的和非重要的信息。六年级的阅读强调对小学阶段所习得的多种阅读方法或阅读策略的综合运用，学生需要根据任务要求、不同情境、文本特征、已有知识经验等因素，对选择的阅读方法进行灵活调节，有目的地进行阅读。这种选择性阅读促进了学生阅读的思维力和终身学习能力的发展。

四种阅读策略上升式梯度的结构安排，让学生在不同的阅读心理认知阶段获得相应的阅读策略，并在随后的阅读活动中不断进行使用，才能形成熟练运用阅读策略的能力，为学生在下一阶段阅读体验中获得策略提供自我阅读经验。因此，教师应充分了解策略单元的编排体系，在阅读策略的教学中能够真正实现以学为主，让学生在阅读过程中主动参与、体验、练习、验证，运用阅读方法建构自己的阅读意义，在积极、主动思维的过程中形成自觉运用阅读策略的意识和阅读能力，助力其思维力、表达力、学习力的同向发展。

二、关于思维的可视化

美国学者莎伦·H.菲铂在《牛老师教阅读》一书中认为[①]，在阅读教学中，通过思维的展示，有利于推动自己新旧知识的连接而达到对文本的深入理解。美国教师在帮助学生将自己知道的知识与正在阅读的文本建立联系的时候通常会采用有声思维法，即教师通过朗读文本一个段落之后稍作停顿，然后大声地把自己的思维过程说出来，如何想就如何说。通过这样的方式向学生示范阅读过程中的问题解决策略。有声思维其实是一个元认知策略，只有通过把自己的思维说出来这种方式，才能够让内在的思维方式“显明”起来，由此可以更好地帮助学生监控并提高他们对文本的理解。当学生自己阅读的时候，教师需要鼓励学生进行有声思维，当然也需要示范给学生一些解决问题的技巧，这些对于学生阅读而言都是非常重要的：

●在遇到困难时，坚持阅读下去，看看作者接下来解释的是否正是你不理解的；

●在遇到困难时，重读你所不理解的部分，看看你是否遗漏了什么关键内容；

●遇到难以理解的内容时，不妨倒回去阅读你不明白的部分，或者往前阅读你在前面阅读时所跳过的那些让你感到困惑的词汇，并下决心弄明白这些词汇；

●在阅读遇到困难的时候，你可以暂时放下文本，静静反思你所阅读的东西，并且看看是否可以根据你的先备知识推断出另一种更符合文本信息的解释；

●为了更好地理解，可以从文本之外寻找一些信息(比如从同学或者第二资源那里)，有些时候你会遇到一些让你豁然开朗的思

---

① [美]莎伦·H.菲珀.牛老师教阅读[M].于泽元，译.重庆：西南师范大学出版社，2016:68，144.

想或者富有启发意义的信息，原来的困难就迎刃而解了。

教师还会运用KWL策略（K代表知道Know；W代表意愿或期望Will or Want；L代表学习所获Learned）为学生提供一个思维的框架，帮助学生在阅读之前对某个主题知识有所了解。它可以帮助学生监控自己学习内容的方式，通过使用图像架构帮助他们将所学的文本信息转化为长期记忆。

表1-1 KWL表

K 我已经知道的是	W 我想要知道的是	L 我所学到的是
阅读前	阅读前	阅读后
将你已经知道的写下来	写2—3个你想问的问题	将你之前所提问题的答案以及重要的信息写下来

当学生借助有声思维法或KWL表进行阅读时，学生理解的内在思维过程被“显现出来”，因此教师就能够监控他们的理解，观察他们的推理过程，发现他们的思维过程中存在何种问题，以及阻碍他们正确理解文本的因素，进而提供富有针对性的解决问题的策略。从这个意义上说，思维可视化是非常有价值的，不仅能让教师的阅读教学有的放矢，也使其教学形式更加生动，从而帮助所有的学生更好地理解文本。

田俊国在《让学习真正在课堂上发生：基于学习状态、高度参与、课堂生态的深度教学》一书中提到①，我们以往的教学过多地强调要给学生的大脑里装各种各样的知识，却忽视了一个很重要的维度，即学生的思维要有活力。所有的思想都是思维的产物，有活力的思维才能产生各种各样的思想。教学并不是给学生已有的知识、方法和工具，而是让学生具备某种思维能力。学生的思维

① 田俊国.让学习真正在课堂上发生：基于学习状态、高度参与、课堂生态的深度教学[M].北京：中国青年出版社，2022：63-65.

有活力，课堂才有活力。如何让课堂有活力，必须把对教学的理解深入学生的思维过程，所以教学的重心不是教给学生知识，而是让学生能够全过程处在创造性脑力劳动状态下。单纯的输入方式不能激发这种状态，理想的方式是老师激发学生自己去领悟，这样所有的外部输入变成内在的知识都得经过学生自己悟的过程。因此，教师不能只为知识负责，更要为学生的大脑激活程度负责，要为学生把知识转化成能力负责。让课堂活力四射，让学习真正发生，老师在备课时就要设计好学生在这堂课上的五个收获来源：

- 第一个是“学来的”，哪些是学生从老师这里学来的；
- 第二个是“悟来的”，哪些是学生把习得的新知和自己的旧知、经验关联起来而悟到的新理解；
- 第三个是“换来的”，哪些是学生之间互相交换各自的理解、个人版本的建构，互相启发，在彼此交换中有所收获的；
- 第四个是“用来的”，哪些是把认知转化成行为，学生当堂应用学到的知识，通过反馈、反思推动自己的认知、行为、情感；
- 第五个是“创来的”，哪些是学生个人或团队创造性思考和发挥获得的。

苏联教育学家苏霍姆林斯基说：“好的课堂要让师生全过程处在创造性脑力劳动的状态下。”只有处在创造性脑力劳动的状态下，学生才有理由相信自己学习的不是死的知识，而是活的思维。

第三节 “看见阅读”的本土化建构

一、重新认识阅读

对于成长在21世纪的孩子而言，阅读能力无比重要。《课标》指出，语文课程是一门学习国家通用语言文字运用的综合性、实践性课程。语文课程应引导学生热爱国家通用语言文字，在真实的语言运用情境中，通过积极的语言实践，积累语言经验，体会语言文字的特点和运用规律，培养语言文字运用能力。

语言文字运用能力的提高，首先依赖于大量的语言输入，语言输入是学生学习语言表达的蓝本，也是语言学习过程的起点。没有语言输入，根本谈不上语言学习。语言输入的内容、数量和方式，往往直接影响着学习的质量和速度。因此，语文教学要注重语言的积累、感悟和运用，要引导学生将课文中理解的词句运用到自己的言语表达中，在运用中不断地丰富语言积累，在积累语言的过程中又不断提升语言文字运用的能力。因此，阅读的理解不应以教师的分析为主，要通过对学生阅读的指导、引领和点拨，加强学生的阅读实践。就一篇课文而言，也应体现出语言文字训练的层次性。如二年级《葡萄沟》[①]一课中的这句话："到了秋季，葡萄一大串一大串地挂在绿叶底下，有红的、白的、紫的、暗红的、淡绿的，五光十色，美丽极了。"句子中"一大串一大串""红的、白的、紫的、暗红的、淡绿的"等词语具体写出了葡萄数量多、颜色多的特点，"五光十色"则概括写葡萄多、品质好的特点。这句话的旁边有一个提示方法的"泡泡"：联系上文，我知道了"五光十色"的意思。根据课文中"泡泡"的提示，教学中应该指导学生在运用"联系"策略理解词句意思的基础上，学习这句话具体和概括的表达方式，做到让学生在实践活动中学习语言表达，丰富语言积累。因此，可以设计理解性训练、运用性训练和迁移性训练三个层次的实践活动，引导学生运用联系上下文展开想象的方法，了解"一大串一大串""红的、白的、紫的……"等表示颜色的词语和"五光十色"这一词语之间的关系，体会具体表达与概括表达，并练习运用。具体步骤如下：

第一步设计理解性训练：指导学生联系生活展开想象，理解句意。读句子，抓住"一大串一大串"以及描写颜色的词语，想象葡萄

---

① 曹媛.读写平衡：全局式语言学习的实践探索[M].天津：天津教育出版社，2022：107-108.

数量之多、颜色之多。

第二步设计运用性训练：指导学生联系上文展开想象，学习写具体。先抓住“五光十色”的“光”字，借助图画，想象各种颜色的葡萄在阳光的照耀下，泛着点点光泽。接着引导学生补充句子，进一步体会“五光十色”的意思：到了秋季，葡萄一大串一大串地挂在绿叶底下，在阳光的照耀下，闪着各种光点，有哪些颜色的光点呢？可以让学生展开想象说一说。在想一想、说一说中体会“五光十色”的意思。这样，运用“联系”策略，联系自己的生活认知经验，在想象中体会词句的意思，通过词句认识新的客观事物及其形态，使学生对词句的了解，既具体又灵活。

第三步结合课后练习进行迁移性训练。让学生照样子，在横线上补充词语，并引导学生说一说为什么这样写。如，学生写出：“公园里的花都开了，有桃花、杏花、迎春花，五颜六色，好看极了。”可以引导学生说一说：为什么会想到补充“五颜六色，好看极了”？指导学生说出，是根据句子中写到的“桃花、杏花、迎春花”，联想到了在春季公园里看到的各种颜色的花，开得很好看，于是就想到了“五颜六色”这个词。指导学生说一说的过程，就是让学生体会语言表达的思维过程。

这样的学习贯穿了方法的引领，既运用联系上下文的方法在理解课文语言意思的同时体会了语言表达的具体和概括，又运用这一方法，把自己想到的词语写下来。只有注重引导学生在阅读的过程中，在理解课文内容的同时从课文语言意义的表达来获得语言表达的技巧，才有利于学生在阅读当中，运用语言文字进行表达的能力获得发展。

中国台湾的语文课堂，很重视读写价值指向的一致性，台湾的罗美竹老师曾在武汉执教一节公开课——《看见味道》[1]，这是一节从阅读出发的习作课，要求运用学到的“嗅觉摹写”的方式，将感受

---

① 曹媛．“看见”味道　开启气味之旅[J]. 小学语文，2020(4)：61-64.

到的气味，成句成段地写下来。课堂教学由四项学习活动组成，第一项活动：以小组为单位阅读文本，找出描写不同气味的词语，根据共同的特点归类，给每一类词语起个名字；第二项活动：学生蒙眼闻一种香料，用表情作出对气味的感觉，请同学写出他的表情；第三项活动：以小组为单位，成员轮流闻一种香料，写出自己对香料气味感受的词语，共同收集可以“看见香料味道”的词语；第四项活动：以第一人称的方式，为香料店老板制作一种香料名片，要让顾客看见味道。这四项活动都是以学生自主探究、发现和实践为主，以“味道”将文本的语境、学生生活语境、教学语境有机地整合在一起，为学生提供了一个语言生发的创作语境。

从读到写实际上经历了两个阶段：一是理解性运用的阶段，二是实践性运用的阶段。

第一，理解性运用——从文本中来。前两项活动是基于文本阅读的，但“了解文本描写了哪些植物，植物的特点是什么”不是阅读理解的重点，重点是“运用学习到的嗅觉描写方式，将感受到的气味，成句成段地写下来”。因此，第一项活动直奔阅读的目的，也是习作的目的即能运用嗅觉描写的方式，而能运用的基础是先要知道它是什么。所以，找出写味道的词语是阅读文本的出发点。但是“找出”不等于“知道”，更不等于“会用”，要“会用”须理解“为什么它是这样的”。所以当学生从文本中找出“像香水”“好腥臭”“蹙眉瘪嘴”这些词语并分类之后，老师并不引导学生纠结于“想象香水的味道”“到底有多腥臭”“蹙眉瘪嘴是什么意思”。而是马上进入第二项活动——“用表情作出对味道的感觉”“写出同学的表情”，这样的实践体验让学生理解描写气味的表达方式，就是写出自己对气味的感受，而写出感受不仅可以写“它像……”，还可以通过描写表情写出对味道的感受。理解了才能够运用。是不是可以这样认为，理解性运用中的“理解”并不是停留在文本内容的理解上，而是关注文本用什么语言来写气味，这些语言来自于哪里，这些语言有什么规律。

第二，实践性运用——到表达中去。前两项活动是基于文本阅读的理解性运用，后两项活动则是将学生完全置于一个充盈着言语创作的习作语境中。但老师的指导在第三项活动中转变为学生的合作，前面提到第三项活动具有任务语境：为一位香料店老板推销香料，这位老板有芫荽子、小茴香、丁香、大茴香、肉桂、黑豆蔻、绿豆蔻等香料。每个小组拿到一种香料轮流闻一闻，从自己的感受出发写出表现香料气味的词语，可以使用从阅读文本中学到的词语，再尽可能依类别写出新的词语。学生合作收集描写味道词语的活动，使学生有机会独立尝试调动头脑中词汇库的词语，与自己的生活经验、新获得的语言经验相结合，创造出自己的、新的词语进行再次存储。而且这种合作加强了学生的交流，既丰富了学生词汇量的储存，又为学生成句成段地写做了铺垫。

当学生理解并尝试运用描写味道的表达方法后，量的积累就会促进质的变化与提升。在教师为学生创设的这个真实的、有需求的生活语境（习作任务）中，为香料店老板的一种香料制作香料名片，就使习作的表达目的性更强，表达的对象更明确，学生表达的欲望与刚刚获得的经验就被整合、调动起来。

从理解性运用到实践性运用，教师引导学生先从阅读的文本中经历味道描写所运用的语境，用活动激发学习的情趣，通过理解掌握描写的方式，再用一个具体的、融合了生活气息的任务语境让学生练习描写味道的方式。在从阅读走向习作的过程中，学生置于自身语境、生活语境、教学语境和未来发展语境之中，积极运用已有的语言经验去获取、生成新的语言经验，这样的语言学习才有意义。

二、重新定义阅读教学

对话形成了学习的最基本要素。但是在大多数课堂中大部分对话是由教师发起并维持的，小学生只是对教师所说的话作出反应，而不是交谈中另一个平等的参与者。在小学生之间的对话中，有些学生天生健谈可能会成为对话的主导，但会妨碍其他孩子的深入思考。

因此对阅读教学有了一个新的理解和定义，我们认为阅读教学是教师、学生围绕一个文本的主题或者话题开展由浅入深的、有意义的对话过程，用对话的影响力刺激和拓展孩子的思维，并促进学习和理解。这种方式也让教师能够更加精确地进行诊断和评价。

为让对话维持交流的状态并有意义，课堂中的对话通常有两种形式，第一种是“批评性对话”，用于询问某些问题；第二种是“创新性对话”，用于寻找解决问题的方法。这正是阅读教学倡导的批判性阅读和创造性阅读。

这种阅读教学的对话实践在意义叙述建构关系中有三个对话层级。

第一种是与文本对话，这种对话实践是认知客体并把它语言化表述的文化性、认知性实践。文本是我们教学中不可或缺的对话伙伴。阅读的本质，其实就是读者通过文本与古今中外的作者进行对话，通过文本与同时代的其他人乃至其他民族和国家的人进行对话，通过文本与历史和未来对话。这些对话实践活动是对话中建构的语言性实践。

第二种是与自己对话，是学习者在已有认知经验的基础上，通过自我对话，改造自己所拥有的意义关系，重建自己的内部经验。与自己对话也是一种对话性的语言实践，意味着自己同他人之间关系的内化、结构化。

第三种是与他人对话，是在同他人沟通的社会过程中实现的。一切学习都是一种社会性实践，课堂是物理环境和社会环境的整合场域，课堂中的对话可以进一步促进学生与他人相处、处理人际关系、遵守规范、回应期望等各种日常生活中的社交策略。

这样，所谓的阅读教学的对话实践，是意义叙述建构中同文本对话的实践，是分析、反思自身的自我对话的实践，也是社会意义建构的与他人对话的实践。这三种对话实践体现了互为媒介的关系。我们只有在与文本的对话基础上建构客体的意义世界，才能丰富地建构自己，才能建构自己同他人的关系。所谓学习的实践，其轴心是作为同客观世界对话而实现的探究和表达的实践，可以说是上述三种对话实践得以相互发展的实践。学习的实践是“创造世界”（认知性、文化性实践）“探索自我”（伦理性、存在性实践）和“结交伙伴”（社会性、政治性实践）互为媒介的三位一体的实践。

例如统编小学语文六年级下册《鲁滨逊漂流记》这个课例：

这篇课文是英国作家丹尼尔·笛福的一部长篇冒险小说，主要讲述了主人公鲁滨逊在一次航海途中遭遇风暴，只身流落到无人荒岛，凭借着坚韧的意志与不懈努力顽强生存下来，最终重返故乡的故事。

课文提供了整部书的梗概，它按照鲁滨逊历险的时间顺序，记叙了代表性事件，作为对原著的整体介绍，是帮助学生认识“梗概”，落实单元阅读训练要素“借助作品梗概，了解名著的主要内容”的范例。与之对应的是课后练习1：“默读梗概。想想这部小说写了鲁滨逊流落荒岛的哪些事，用小标题的方式列出来。”这道题旨在落实此单元训练要素，概括小标题是了解梗概、把握内容的方式，也是对学生概括思维和精炼表达的训练。

师：梗概还讲了哪些事呢？请你默读3—10段，找一找鲁滨逊流落荒岛后都做过哪些事情，自己先在书上圈出来，方便一会儿交流。

（学生圈画，教师巡视）

师：（大部分同学已圈画完成）大家可以先在小组里交流一下，把鲁滨逊做过的事简要写在卡片上。

（小组交流，合作写卡片）

师：大家讨论得特别积极，咱们全班交流一下，每个小组选1人汇报，1人贴卡片。

生：（投影圈画内容）小组代表汇报圈画内容及书写卡片内容。

第3自然段：做木筏、找物资

第 4 自然段:搭帐篷

第 6 自然段:打猎、捕鱼、养羊、种麦

第 7 自然段:发现脚印

第 8 自然段:救“星期五”

第 9 自然段:救船长

第 10 自然段:回到英国

生:我们组有补充,第 4 自然段还写了鲁滨逊“选地址”,第 7 自然段中的脚印是野人留下来的,我们写的是“发现野人”。

师:大家同意吗?

生:(自由应答)同意。

师:这么多事情,哪些是有关联的,请试着合并,可以用小标题的方式做一下记录,写在学习单上。

(学生书写,教师巡视,选取有代表性的同学,投影交流)

生:荒岛生活、获取食物、救“星期五”、回到英国。

师:能用黑板上的卡片给大家演示一下吗?

生:我是这样合并的。鲁滨逊做木筏、找物资、选地址、搭帐篷都是为了在荒岛上定居、生活下来做的事,我把这部分合并为“荒岛生活”(板书:荒岛生活);打猎、捕鱼、养羊、种麦,这些事情都是为了解决吃饭问题,这部分我合并成“获取食物”(板书:获取食物);发现野人是为了救星期五,所以我把这两部分合并,写成“救星期五”(板书:救“星期五”);最后救出船长和回到英国这两部分有着密切的联系,只有救出船长才能回到英国,这一部分我合并的是“回到英国”(板书:回到英国)。

师:我们再来看看这位同学的,请你先给大家汇报一下并说说你的想法。

生:我合并为荒岛生活,发现、救助野人,回到英国。鲁滨逊做木筏、找物资、选地址、搭帐篷、打猎、捕鱼、养羊、种麦,我觉得这些事情都是他在荒岛上的生活,我把这部分都合并到一起,写成“荒岛生活”;发现野人和救助野人都和野人有关,我想把这部分写得具体一些，合并成“发现、救助野人”，最后两部分合并成“回到英国”，我和前一位同学的想法一致。

师：你也说得有理有据。

师：我们再来看看这位同学的。这是谁的，请你给大家说一说。

生：我是这样合并的，搜罗物资、荒岛生活、救星期五、回到英国。鲁滨逊做木筏是为了找物资，这是为在荒岛上定居下来做准备，这部分我单独分出来，概括成“搜罗物资”，选地址、搭帐篷是解决了住的问题，打猎、捕鱼、养羊、种麦是解决了吃的问题，这些讲的都是在“荒岛生活”的事，我把这些内容合并成“荒岛生活”，后面一个我和前一位同学想的不一样，我同意第一位同学的看法，发现野人和救助野人都和野人有关联，而救助的野人“星期五”是小说中一个非常重要的人物，所以这一部分我把它合并，写成“救星期五”；“回到英国”我和大家想的一样。

《鲁滨逊漂流记》这篇课文由梗概和节选两部分组成。教师在教学“梗概”这一部分内容的时候，组织学生围绕课后练习题读课文。先根据课文内容概括小标题，再依据小标题讲故事，在这个学习活动当中，老师要求学生先读文本，通过小组合作完成学习任务，然后组织分享交流。这个过程就是对话的过程。第一层对话实践是学生通过阅读，从文中提取信息，梳理出鲁滨逊漂流到荒岛之后都做了哪些事情。这个过程是学生与文本对话的过程，获得自己对文本内容的初步理解。第二层的对话是在小组合作学习中完成的，是通过与自己、与学习伙伴的对话来建构初步的阅读意义。通过小组对话交流，将从文中提取的信息进行归类整理。用小标题的方式对整理的信息进行概括。这是学生通过阅读构建起的自我阅读意义，并与他人的阅读结果进行碰撞、交流，形成一个共识。第三层对话是学生将自我建构的意义在与小组学习当中同伴的意义组合之后，进行第二次更深入的交流活动。这一层级的对话交流，既有自我意义的再一次重新建构，又体现出学生在阅读过程当中思考问题的角度、思维呈现方式的不同。为使阅读活动的对话不断深入下去，要求教师关注合作学习的分享与交流，帮助学生建立在相互交往中共同成长的关系，处理好合作中的分工、分工中的合作关系，改变课堂中合作学习的“合而不作”问题。学生之间是学习的共同体，学生在与他人的对话中可以进一步促进与他人相处的交际策略；教师与学生之间也是学习的共同体，教师作为学生学习合作的伙伴，引发、支持、促进学生的学习。

三、走向高阶思维阅读

所谓高阶思维，是指发生在较高认知水平层次上的心智活动或认知能力。它在教学目标分类中表现为分析、综合、评价和创造。高阶思维是高阶能力的核心，主要指创新能力、问题求解能力、决策力和批判性思维能力。高阶思维能力集中体现了知识时代对人才素质提出的新要求，是适应知识时代发展的关键能力。①

有五种思维能力一直被认为是重要的，它们能够帮助孩子了解“怎么做”及“为什么”：①信息处理；②推理论证；③提问技能；④创造性思维；⑤评价技能。信息处理技能使学生能够找到并收集相关信息，进行整理、分类、排序、比较和对比，以及分析部分、整体的关系。推理论证能帮助学生：给出意见和行动的理由；举一反三；用精确的语言解释他们的想法；通过原因或证据作出判断和决定。提问技能使学生：学会提问；提出、界定问题；计划做什么和怎样研究问题；预测结果和预知后果；验证结论和优化观点。创造性思维能够让学生：产生和延伸思路；提出假设；运用想象力；寻找其他的结果。创造性思维的关键词是想象力，它能使孩子们受到积极的鼓励，摆脱思维定式的束缚，提出新的思维方式和活动方式。评价技能使学生能够评估信息，帮助他们判断读到、听到和所做的内容的价值，制定判断自己和他人工作或想法价值的标准，并且使学生对自己的判断抱有信心。

---

① 秦娟. 高阶思维教学的核心指向[M].上海：华东师范大学出版社，2021：4.

对儿童而言，拥有并发展思维能力是至关重要的。因为实践技能的应用只涉及少量的思维活动，这会导致惯性和被动性的形成，限制孩子进行更广泛、更有想象力的思考的能力。因此，知识、理解和思维技能是相辅相成的。威纳姆（Wenham，1995）生动地表达了三者之间的关系："没有理解，经验是盲目的；但是没有经验，知识和理解是空洞的；没有思维技能，它们都是无用的。"

统编小学语文六年级下册有一篇略读课文，课题是《他们那时候多有趣啊》。讲的是在2155年的某一天，两个未来的孩子展开的一次关于学校和学习的对话。作者用一本古老的纸质书串起全文，以两个孩子的对话推动情节发展，其中还穿插描绘了身处未来的他们的学习场景与感受。

老师要求学生初读课文之后，以小组合作的方式开展学习。讨论：在不同时代，他们的学习方式究竟有什么不同呢？小组内选择合适的方式梳理从阅读中体会到的不同，然后向大家介绍未来的上学方式和今天的不同。

教学片段如下：

生：我们组是用统计图的方式介绍未来的上学方式和今天有什么不同。我们用绿色的笔代表现在的上学方式，用红色的笔代表未来的学习方式。首先我们要介绍的第一个方面是地点，未来的学习地点是在家里，而现在的地点是在学校，接下来由我们组第二位同学介绍以下的内容。

生：第二个我们要介绍的是未来与现在教师的不同，未来的教师是机器人，而现在的教师是真人。接下来第三个，我们要介绍未来与现在书本的不同，未来的书本是用荧光屏显示的，而现在的书本是纸质的，下面由我们组第三位同学来介绍。

生：我们第四个要介绍的是学习的感受，我们未来的感受是憎恶的、讨厌的，我们现在的学习感受是有趣的、快乐的、喜爱的；我们未来的学习方式是自己一个人学习，现在的学习方式是我们大家一起互相帮助、互相讨论、互相学习。

生：我觉得我们组长选用两种颜色代表现在和未来这种方法是很好的，但我有个建议想补充一下，我们缺了一方面，就是学习内容，现在的学习内容是全年级都是统一的，而未来学习内容是根据个人进行调整的，补充完毕。

师：同学们，对他们小组这样一番展示你有什么感受？愿意说说吗？

生：我觉得他们组的这个发言是非常全面的，每个人都介绍了他们组的统计图的优势，而且组员还有补充，我觉得非常好，能发现他们组组长的问题。

师：看来刚才这张表80%都源于组长的智慧，刚才在小组里面补充好了，上来给同学们展示就更完美了，非常好。掌声送给他们，拿着你们的表格回去。还有哪个组愿意来展示一下？我们请这组吧。

生：这个是我们组制作的鱼骨图，首先鱼头这个位置是上学方式，我们分成了未来跟现在两个部分：未来的上学地点是在家里，而现在是在学校；未来的老师是机器人，但是现在的老师是真人；未来的课本是荧光屏，但是现在的课本是书；未来的授课方式是由老师来适应学生，但是现在的授课方式是由学生适应老师；未来的上课感受是很无聊、很无趣的，但是现在的上学感受是很开心、很有趣的。

生：我补充一下，我们组长用了红色和蓝色的对比色，展示未来的上学方式和现在的上学方式。我们组长在未来和现在(之间)画了一条线来区分这两个不同的时代，让大家能看得更清楚。我们组汇报完了。

师：大家谈谈感受，听后觉得怎么样？

生：我觉得这组介绍的语言十分清晰，但是我觉得这是一个组的结果，每个组员都要去进行解释，不能只由组长进行解释，那样就相当于组员没有参加其中。

师：(给大家)提了一个更高的要求，也就是说，一会儿汇报的时候，希望我们组里每个成员都参与。还有哪个组愿意来展示？

生：我们是用表格的方式来介绍今天和未来上学方式有什么不同，时间是今天和未来，不同点分为6点：今天我们是在学校里上学，而未来我们在家里上学；今天我们的老师是真人，而未来的老师是机器人；今天我们的上学方式是集体学习，而未来则是单独学习；今天我们的学习感受是非常开心、有趣的，而未来则是讨厌和令人憎恶的。我们通过读课文可以得知，玛琪是这样觉得的。

生：今天的书本是纸质的，而未来的书是由电子和荧光屏来显示的；今天的学习内容全都是一致的，而未来都是根据个人调整的。

师：还有补充吗？

生：我感觉我们组长漏了一点，就是我们今天和未来的授课方式，我们今天的授课方式是学生适应老师，而未来的却是老师适应学生。补充完毕。

师：组长还有话说。

生：我自己也发现了一点，刚才那两组都用颜色来区分今天和未来的不同，我觉得可以用荧光笔画一下。

师：借鉴一下他们的长处，同学们呢？在听他们组介绍的时候，你听到了什么？你有什么想跟他们聊的？

生：我觉得他们组运用表格的方式非常清晰明了，可以让我们看到这6个不同点，还有时间的不同，虽然没有拿不同颜色的记号笔，但是我们可以根据表格的方式来对应，而且他们的组长发现问题并且善于改正，他们组这个精神也非常好。

师：你的点评也非常好，这个表格看起来一目了然，同学们还有什么感触吗？

生：虽然他们组这个表格不是特别完美，但是通过他们组齐心协力、互帮互助，把这个表格完善到了一个特别完美的地步，我认为这种精神是可贵的。

师：我有点想法，他们比较书本这个内容的时候，说未来的书本使用的是电子荧光屏。大家觉得在这个地方我们填上什么就更合适了？刚才组长在汇报的时候说到了，未来的感受是讨厌、令人憎恶的，他特别强调了一句，我还给他竖了一个大拇指，谁看到了？谁知道为什么我给他竖了一个大拇指？

生：因为他参考了课文中玛琪的感受。

师：说明他说话的根据就是来源于课文，所以同学们，咱们现在打开书，这个地方我们给他们组一个建议，填什么就可以了？

生：我觉得在文中第 3 自然段的第二行，不像他们通常在荧光屏上看到的那样，我觉得他们写的是电子荧光屏，把它改成荧光屏更加简洁明了了。

师：你们组愿意接受他的修正吗？非常好！请回，孩子们。掌声送给他们组。最后一个机会给哪个组？

生：我们组采用的是树状图的方式，这里就是枝干，这里就是树杈，而这些就像叶子一样，我们分 6 点介绍了未来的上学方式与今天的不同。在今天，我们是在学校里上学，而在未来呢，我们就到家里了；在今天，我们的老师是一个真人，而在未来则是一个机器人；在今天，我们的学习方式是集体，像大家现在一块儿学，而在未来是像上网课一样的，在家里单独学习；在今天我们的学习感受是很开心、快乐、有趣，而在未来，通过读课文，我们也得出了玛琪很憎恶、很讨厌那种学习方式；在今天我们学习的书本都是纸质的，在未来呢，刚才我也接受了同学的建议，改成了荧光屏；在今天我们的学习内容全年级都有统一的教学进度，而在未来是根据个人来调整的，汇报完毕。有没有补充的？

生：我们组长为了让大家更加清晰地区分现在和未来，他用两种颜色来代表未来和今天的区别。

师：还有补充吗？同学们，我们来聊聊他们组的。

生：我觉得他们有一点非常好，就是今天和未来的上学方式不一样，但是呢，不同的那个点，长度不同。

师：你能上来给我们指一指吗？

生：就是你看，这个学习地点是一个长度；老师是一个长度；学习方式是一个长度；学习感受是一个长度；书本是一个长度；学习内容是一个长度，所以我想说这样非常清晰，更明了一些。

师：在视觉上参差不齐的美，非常好。

生：右下角我们可以看到，因为他给现在和未来标注了两种颜色，而右下角怕还不够清晰明了，他还给标注了蓝色线是未来，红色线是今天。

师：这个老师也发现了，刚才还有一个组也是做了图示图标，是吧？我想请问一下同学们，你们是在哪里学到的这么好的方法呀？看地图、图例，很好，你们学科之间的整合做得很好，还有愿意评价的吗？

生：我觉得刚才对比了学习的方式，他说集体的是像我们现在的学习，而在个人的时候是对比了我们上网课的方式，更贴近现实。

老师选用了投影工具将学生的学习成果展示出来，让学生依据学习成果来交流从课文中梳理出来的不同点。不同小组的学生选用了不同的梳理方式。有树状图，有鱼骨图，有用表格梳理的，还有列提纲的方式，从学习成果的呈现可以看到学生思维方式的不同。在学生言语交流的过程中，既有对梳理出来的不同观点的讨论，也有对其他小组同学参与学习态度、行为的评价。还有从他人小组交流中获得启发、修改自己小组学习成果的。这种可视化的书面交流比直接对话在更高程度上导向了学生的学习能力和对能力发展有重要意义的评价、反思，真正促进了学生的学习。

高阶思维能力属于深度学习的核心特征，这就与《课标》的教学目标十分契合。这里的"深"指的是思维加工水平，主要展现的是学生学习并运用语言知识的能力。因此，在实现深度阅读的过程中，教师应积极地展现学生的高阶思维能力，让他们的多元思维得到运转，最终实现高质量的阅读学习。

第二章

让阅读看得见

2

自从有了人类，就产生了阅读行为。最初是阅读关于天地自然与人类社会现象的“无字书”；在甲骨文出现之后，便有了对“有字书”的阅读。阅读既是一件个性化的事情，同时又是一件思维隐秘的事情，教阅读往往因为要由学生的个性理解趋向共同的价值观，导致课堂阅读无法走出“透过阅读学习”的围栏，走向“学习阅读”的历程。改变“阅读学习情境”与“教学策略”，才能让阅读成为看得见的思维历程。

第一节　看得见的阅读特质

阅读有动向，那是阅读最初的愿望；阅读有动力，那是在一直和未知的矛盾之间展开的；阅读的基本形态，是阅读的主体和阅读对象之间的相互作用。让这些阅读的特质“看得见”能促进学生真实践、真学习、真思考。让学习过程“看得见”，也就是要“看见”学生的思维过程，“看见”学生的学习方法，“看见”学生学习的效果。总之，就是要“看见阅读”。

一、阅读过程可视化

《礼记·中庸》中有这样一段话：“博学之，审问之，慎思之，明辨之，笃行之。”这是历史上对阅读过程最早、最完整的表述，学、问、思、辨、行，清晰地表述了阅读过程的序列性、过程性以及完整性。

博学，就是要博览群书，像蜜蜂采蜜一样。这让我想起了当下在小学阶段提倡的海量阅读，只有众采百花、广收博取，才能够储知蓄理。

审问，就是要详细周密地阅读，也就是我们所说的精读。朱熹曾经说过，读书始读未知，其次渐渐有疑，中则节节有疑，最后没有所疑。

慎思，就是要精细严谨地思考问题、分析问题。在思考问题的过程中，要进行理性的认识活动，要开展怀疑性思考、求疑性思考、多角度思考，这其实就是分析、综合、判断、推理的过程。

明辨，就是要求读得明白。认识的过程是由感性到理性的，感性是没有办法得出阅读的最终结论的，只有达到理性阶段之后，才能够对事物有明确的认识。

我们在教学中一定要关注到学生阅读的过程，力求通过“做中学”“用中学”，把课堂还给学生，让学生真正动起来，让学习真实发生，让阅读过程可视化。

（一）阅读过程可视化

我们要关注学生的阅读过程，学生的阅读过程其实就是学生思维发展的过程。从知识的输入到素养的生成，再到能力的输出，语文关键能力的获得不是单一的点状链接，而是螺旋式的由低阶向高阶的有序生长与整体贯通。在阅读教学中，强调参与性、体验性、互动性与生成性，着重于学生在特定问题情境中运用已有知识、技能去解决实际问题。究其实质，是将“特定情境”转化为“问题链”，将“问题链”转化为“探究场”，从学生知识经验储备到学习的预期目标逐步达成的过程，历经多个不同水平的思考层级，形成前后联动、左右比照、整体贯通的有序、可视化的思维进阶过程。

（二）阅读过程可视化的条件

1.教学内容。在阅读过程可视化下的阅读教学，教学内容不再只是呈现“是什么”的知识，更多的是呈现“有意义、有联系”的结构化知识，具有方法性。这些知识将会是学生形成创新认知结构的基础。学科认知结构即学科基本概念和原理之间相互联系起作用的知识体系。相互联系体现在两方面：一是知识的整体性，二是知识的层次性。

2.教学方法。教学方法上不再是以讲授为主的单一方法，而是一组方法的综合应用，如探究法、讨论法等，教学具有灵活性。教学方法的选择突出“趣”，根本目的是调动学生的阅读兴趣，感到学习的乐趣、学会学习和创新；教学方法突出“真”，以创设逼真事物形象、情节发展过程为原则；教学方法也突出“活”，教学目标是让学生都能参与其中,自主学习;教学方法的选择还充分体现了“启”,启迪学生思考、深化,营造一种和谐的教学环境。

3.教学形式。考虑到小学阶段不同学生的思维水平存在一定差异,为真正将因材施教理念落实到教学活动当中,教师可以在阅读过程中增加交流互动环节,将学生分成不同学习小组,以小组为单位讨论阅读文本当中的情节和内容,鼓励学生进行探究,在读后交流活动中帮助学生了解文本的结构特征和主旨内容,完成学习任务。

(三)阅读过程可视化的策略

1.明确主题,创建可视化真实情境

任务性学习的特征是情境性、实践性、综合性。情境性就是要让学生在真实的情境中产生学习的兴趣和愿望,并引导学生把学习成果运用到情境中解决问题;实践性就是让学生进行大量的语文实践活动,在学语言和用语言的过程中,体会到语言运用的妙处,丰富语言运用的经验,实现语言品质的提升;综合性就是任务群的学习要与生活紧密结合,要在多样情境中运用多种语文知识与技能、言语思维方式来完成特定的语文任务。

如统编小学语文三年级上册第七单元围绕“我与自然”编排了三篇课文,语言各具特色,为学生打开了一扇自然之窗,引导学生留心自然万物,体验大自然的无穷妙趣,感受人与自然相处的和谐之美。《大自然的声音》用生动的语言,把习以为常的声音写得丰富鲜活、妙趣横生。《读不完的大书》以儿童的视角、丰富的想象描写了乡村缤纷多彩的事物。《父亲、树林和鸟》通过童年时代父亲和“我”的对话,感受到父亲对鸟的熟悉与热爱,体现人与自然和谐相处的美好。

这个单元属于“实用性阅读与交流”任务群,遵循教材的自然单元和文本内容,围绕单元语文核心要素,可以创设“身边小事大家谈”的主题学习情境,让学习情境可视呈现出来:

亲爱的同学们,大千世界,无所不有。大自然赐予我们珍贵的礼物,我们的身边每天发生各种各样的“小事”……拥有一双善于发现的眼睛，会给生活带来无穷无尽的美好。近期，学校红领巾广播站即将开设“身边小事大家谈”的栏目，特邀“观察评论员”开展线上直播活动。只要你留心身边的一切，就可以亲近大自然，记录自然万物的美好，可以关注社会现象，记录温暖的或不文明的行为，再清楚地发表自己的想法、建议。那么，被邀请的观察评论员，可能就是你哦！

围绕这一主题情境，设计了“做生活观察员”“做语言欣赏家”“做小小评论员”三个层级进阶的学习任务，形成滚雪球式的学习任务链。

在单元整组教学意识下，围绕学习主题，关联学生生活实际，创设学习情境，重组教材内容，组织学生走进自然，观察自然万物，关注社会现象，发现身边“小事”，寻找观察对象，明确观察方法，主动观察记录。通过“听自然声音，赏自然万物，悟自然共生”等学习活动，感受生动的语言，积累喜欢的语句；在朗读、背诵、理解、摘抄、仿写、创写等学习过程中，学会从不同角度生动描写所见所闻所想，从而落实单元语文要素。组织投稿“身边小事大家谈”栏目，参加特邀“观察评论员”线上直播活动，链接学生的生活，达成阅读活动的实践性、交流表达的实用性，从而丰富语言积累。

2.激发主动，提出可视化驱动问题

学习任务群理念下的统编小学语文教材的阅读学习过程，要改变以往碎片化的学习，转换为整体化、结构化的学习，要有统整意识、系统思维，紧紧围绕单元主题和语文要素，设计一个核心问题，激发学生在任务驱动下主动学习。

如《田忌赛马》一课就可以围绕“赛马过程中，孙膑到底想了些什么”这个问题，引导学生展开学习。在这个问题的驱动下，就可以推测孙膑当时的思维过程，他先分析赛马双方的具体情况，然后他们的马的脚力相差不多，所以就把马分成上、中、下三等，于是，他就想到通过合理的安排，把马的出场顺序变一下，就取得了三局两胜的结果。通过这样的梳理，我们就可以理解孙膑为什么能想出这样的妙计。这个梳理过程让学生的学习过程可视化。

再如《跳水》一课，可以围绕“船长在短暂的瞬间可能想了些什么”这一驱动性问题，引导学生展开学习。这样，放大并展开人物的思维过程，就能让学生积极探究、全面梳理，学习思考方法，强化思维品质，提升思维能力。

3. 聚焦主体，设计可视化任务活动

语文学习任务群成为语文课程内容，标志着《课标》通过“任务”提示语文教育未来的行动方式和发展方向。任务活动本身不是目的，只是实现在“用中学”的手段，通过任务发展语言能力是最终的目的。因此，课堂教学目标的制订要从开展活动跃升为任务驱动，这是今后语文课程学习的根本路径，即以学生为主体，在任务驱动下，在真实的学习情境中，学习语言文字运用。教学中可将课后习题巧妙地转化为进阶式的学习任务。

可视化的任务活动设计应体现三个特征：一是结构化。围绕学习任务，设计前后关联的活动链，促使学生经历完整的学习过程。比如《狐假虎威》中的“角色朗读”与“猜谜活动”，前者重在再现狐狸和老虎的形象，后者重在思辨探究狐狸和老虎的对错，契合从形象思维到抽象思维的学习逻辑，实现了结构化学习。二是实践性。任务驱动的学习活动，既要动脑筋，也要动身体，还要借助多种学习工具进行操作实践，比如角色表演、模型制作、方案设计等。三是充分性。以阶梯式的活动步骤，逐层展开学习过程。每个步骤都要设置学习的规定动作及成果形式，与学习评价相对应，有效地实现学习目标。比如“角色朗读”活动，设置了四个活动步骤：(1)比一比，赛一赛：根据提示语及标点符号，读出狐狸和老虎的不同语气。(2)画一画，做一做：画出文中描写狐狸和老虎动作和神态的词语，分一分类，做一做动作，演一演神态。(3)同桌合作，演一演：把狐狸和老虎的故事表演出来。(4)演一演，评一评：推荐一对同桌上台表演，全班同学当评委，对照“语气、神态、动作和熟练、连贯、有创意”等标准进行评议。这样的具体步骤可操作、可观测、可评价。

如围绕“伟大的力量”这个学习主题，设计“将《清贫》这篇文章改编成课本剧” 这个学习任务，学生以编剧的角色经历了学习活动：一是解读文本，朗读人物对话，梳理故事情节，描述人物形象；二是拟定剧名，讨论“清贫”的含义，从方志敏的话语中提取关键词作为剧名；三是创作剧本，编写人物台词，设计舞台提示，补写一段剧终的画外音。从解读文本、拟定剧名到创作剧本，三项语文实践活动在“伟大的力量”这个主题统整下，成为文学阅读与创意表达的有机整体，学生完成学习活动的整个过程也是可视、可感的阅读过程。

如《跳水》一课，根据课后三个习题，教学时可以设计这样的学习任务：

学习任务一：作为校园小记者，你如何将这个新闻事件用简洁的语言发布出去。

学习任务二：作为新闻小观察员，请你评说是什么让孩子走向了绝境。

学习任务三：作为新闻小评论员，你如何评论事件中船长、孩子、水手这几个人物。

通过这样进阶式的任务活动，让学生去思考、研判、辨析、讨论，不仅是让学生记住故事情节，更重要的是让学生的思维能力得到了发展与提升。

学习任务撬动的语文课堂，实现了从“教为中心”到“学为中心”的教学转型，学生在课堂上拥有了整块的学习时间，真正动起来、做起来、忙起来；学习任务主导的语文学习，实现了从多记多练到少教多学的实践变革，学生在任务解决中经历了知识的建构过程，活化了知识；学习任务创造的语文生活，实现了从“记中学”到“做中学”“用中学”的方式变革，学生用语文做事的过程就是可视化的阅读过程。

4.逆向设计，设计可视化学习活动

以学业质量为导向，构建素养型的课堂教学形态，在教学过程中需要在设计思维上做必要的调整，即变正向思维为逆向思维，采取逆向的设计模式。逆向教学是于20世纪90年代末期，由两位美国教育学家提出的一个如何进行教学设计的理论，其思路与传统的教学设计思路相反，提出了“确定预期结果—明确适合的评估证据—设计学习体验和教学”的教学设计三步框架，其最大特点是，在设定教学目标之时，就把教学必须达到的结果，以及如何评估学习成果作为重要内容来考虑，而不是在一篇课文或一个单元学习即将结束时才构建评估，然后在此基础上设计具体的课堂教学活动。①也就是说在开始设计一个单元或课程的时候，就要通过评估证据将内容标准或学习目标具体化。这其实是一种“结果导向、以终为始”的设计模式。借鉴逆向设计理论，可以把教学设计分为“确立目标—选择评价方式—设计学习过程”三个阶段。

“确立目标”阶段，要考虑的问题主要有：学生在课堂上到底要学什么？要学到什么程度？需要达到怎样的学习结果？学完之后能做什么？需要哪些证据或方法能够证明学生的理解和掌握程度？据此，教师需要查看课程标准中与此相关的学业质量描述，分析教学内容所反映的学业质量水平以及表现特征。这是从收集评估证据的角度，而不是简单地根据教学内容或学习活动来确定预期结果，思考学习目标的。学业质量的等级区别，自然赋予确定预期结果以相对明晰的水平标准描述。

比如统编小学语文五年级下册第七单元的《威尼斯的小艇》是一篇老课文，以往基本上是这样进行教学设计的：分析课文内容，理解单元语文要素“体会静态描写和动态描写的表达效果”，根据课后练习，进而确定教学目标为：(1)认识7个会认的字，会写15个生字；(2)朗读课文，体会作家笔下威尼斯的动、静之美，体会表达效果；(3)了解小艇和威尼斯的关系，感受威尼斯的异域风光和

---

①[美]格兰特·威金斯，杰伊·麦克泰格.追求理解的教学设计(第二版)[M].闫寒冰，宋雪莲，赖平，译.上海：华东师范大学出版社，2021：20.

美丽风情。显然，对“教什么”的确定起决定作用的是教师个人，而且确定的教学目标只有一个个学习内容，缺乏学习达成标准以及标准达成的具体策略，以此为目标导引的教学只能行进在无法预知学习结果的道路上，难以衡量，难以评判，教学效果存疑。那么如何做好第一步的“预期结果”的设计呢？我们看这篇课文的教学主要是完成生字新词、阅读理解、语言品读三个学习内容，分别从“学业质量描述”的第三学段中找到相对应的质量要求。如针对生字新词的有“能独立识字，能借助工具书准确理解不同语境中汉字的意思”，要求独立运用学过的识字方法，自主掌握生字的音、形、义。评价阅读理解的有“在阅读过程中能获取主要内容，用朗读、复述等自己擅长的方式呈现对作品内容的理解；能用文字、结构图等方式梳理作品的行文思路”，重在从语言概括、朗读或复述、文章结构梳理等方面评价学生的理解能力；指向语言品读的有“能品味作品中重要的语句和富有表现力的语言，注意词语的感情色彩，通过圈点、批注等多种方法记录自己的阅读感受和体验，并主动与他人分享；通过诵读、改写、表演等方式，表达自己对感人情境和形象的理解与审美体验”，要求学生能够做到聚焦“重要语句”，留下“记录”痕迹，外显“体验”成果。对照学业质量标准的要求，可确定如下学习目标：(1)运用形声字识字法独立认读“躺”等 7 个生字，用结构归类法正确书写“尼”等 15 个生字。(2)朗读课文，画思维导图梳理全文内容，借助画画、图片、表演等理解小艇的特点、船夫的驾驶技术。(3)在诵读、圈点、批注、有感情地朗读等语言品读中，体会比喻修辞和动、静态描写的表达效果，感受威尼斯的美丽风光。

“选择评价方式”阶段，要考虑的主要问题是：怎么知道学生是否达到预期结果？如何证明学生达到了预期的学习成果？用以证明的测评工具是什么？学生如何反馈和自评？通常可通过小测验、学习笔记、考试、问题作业、观察、朗读、日志等多种证据进行评价。像《威尼斯的小艇》，测评工具有：用认读与听写作业，验证生字新词掌握情况；用个人朗读，观察学生在语气、语调和节奏表达阅读理解的表现水平；用批注展示和想象描述检查语言品读和理解；用基于“阅读链接”的互文阅读，考查学生体会动态和静态描写的表达效果情况。同时，要准确把握测评时机，比如认读与听写作业多用于学习完成阶段；朗读、批注展示与想象描述要结合课文学习使用，也可在学习结束阶段独立进行；“阅读链接”的互文对比练习主要用于阅读拓展阶段。这样安排，可确保评价贯穿于课文阅读的全过程。

“设计学习过程”阶段，要考虑几个关键问题：学生学习本课内容的认知起点在哪里？有效展开学习并获得预期结果需要哪些知识或技能？可能遇到什么困难或问题？需要教师提供什么样的学习支架或动力支持？哪些活动可以使学生获得所需知识和技能？哪些材料和资源是合适的？以什么样的方式开展教学才是最恰当的？[①]以此设计学习情境，开发教学资源，选择教学策略，提供认知工具等。比如《威尼斯的小艇》，根据学生已有归类识字和写字的经验，让学生自主调动这些经验独立识字、写字，是自然而然的事；威尼斯的小艇与独木舟、月牙的相似性，需要借助课文插图、独木舟和月牙的图片来帮助，从中认识小艇又长又窄又深、两头翘起、轻快灵活等特点，并体会比喻写法和静态描写的好处；船夫的驾驶技术特别好，学生未曾见识，必须在品味精彩词句的同时，借助“挤”“平稳”“左拐右拐”“急转弯”的动作演示和视频播放等加深体验，体会动态描写的表达效果；最后一段威尼斯夜晚的静谧、和谐和美好，可以创设圈点、批注、想象、朗读的学习活动情境来落实。

下面以统编小学语文五年级上册第八单元整体教学活动设计为例，[②]展现逆向教学设计，让学习活动可视化。

这个单元是“读书明智”单元，是专门介绍古今读书、学习、写作

① [美]格兰特·威金斯，杰伊·麦克泰格.追求理解的教学设计（第二版）[M].闫寒冰，宋雪莲，赖平，译.上海：华东师范大学出版社，2021：20.

② 此案例由天津市和平区教师发展中心付丽撰写.

方法与态度的单元，具有很强的实践价值。更重要的是，这一单元文本之间联系紧密，所传递的信息与校园生活、社会生活密切关联。因此，教师应整体建构单元学习活动，将语文要素的落实与学生真实的生活经验联系起来。教师应整合单元内的关键语文知识和能力训练点，创设贴近学生生活实际的学习情境。《忆读书》这篇课文的作者按时间顺序，回忆童年时期的读书经历、多年的读书经验、选书的标准以及读书的方法，表达“读书是我生命中最大的快乐”“读书好，多读书，读好书”等感悟。本单元的语文要素是“根据要求梳理信息，把握内容要点”。根据逆向设计的三个阶段：“确立目标—选择评价方式—设计学习过程”来设计整个单元的学习活动。

第一，确立目标。以习作“推荐一本书”为切入点，结合“读书明智”主题，师生共同明确单元学习目标，即通过学习课文，积累读书方法，选好推荐书目，编写推荐理由，获取读书乐趣。

第二，选择评价方式。方式一：学生可以采用不同的方式梳理本单元有关读书方面的内容，并以小组为单位展示交流，师生共同评价。方式二：以“校园书展”活动为实践平台，面向本校全体师生推荐自己喜欢的一本书。

第三，设计学习过程。本单元设计了阶梯递进式活动群（见图2-1），适度搭建学习支架让学习过程“看得见”。

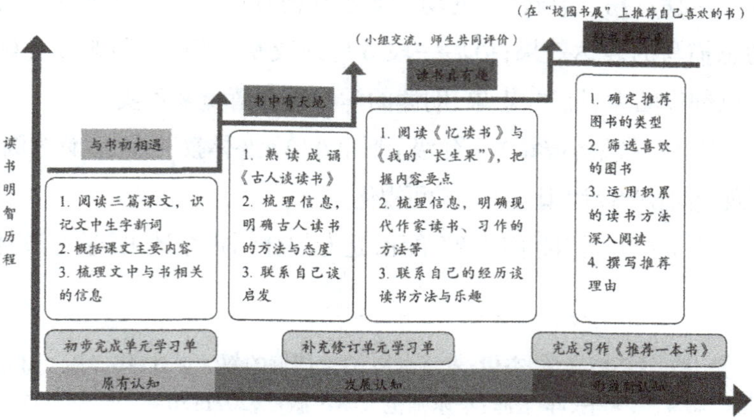

图 2-1　阶梯递进式活动群

在教学《忆读书》时，学生在前面的学习活动中已经初步了解了课文的主要内容，并采用不同方式梳理了冰心的读书经历，因此，教师要引导学生通过比较、研讨，自主发现梳理信息的方法与好书的标准，进而反思自己的思维方式。

活动一：梳理冰心在读书经历中的发现

1. 明确学习活动的目标：探寻冰心的读书经历，获取评判好书的标准。

学生明确了学习的方向，便开始规划学习路径，进而尝试使用《古人谈读书》中的读书方法和学习策略。

2.探讨梳理方式，反思思考过程。

学生在深入阅读文本后，自主调整单元学习单上关于读书经历的内容与呈现方式。此时，教师为学生搭设问题支架：哪种形式更适合梳理《忆读书》这篇课文的信息，有理有据地表明观点。学生先在小组内讲明所采用呈现方式的理由，再在全班范围内进行讨论。在关联课文的叙述顺序后，学生发现：圈画关键词句好操作，但信息点比较散乱。表格比文字梳理清楚明了，但表格不能体现作者读书的先后顺序。《忆读书》是按时间顺序记叙的，因此用时间轴来梳理更合适，既清楚明了，能突出课文的主要信息，又能让读者感悟到冰心一生读书很有毅力。

讨论后，学生用色笔重新修改学习单。教师再次搭建问题支架：通过修改学习单，你有什么收获？这个问题可以引领学生反省自己完成任务时的思考过程，从而发现无论是概括内容还是梳理主要信息，除了要注重完整性，还要考虑作者的叙述顺序，更要从显性信息中发现隐藏的信息。

3.筛选好书标准。

学生先自行提取冰心提到的好书标准，记录在便利贴上，然后在组内交流，筛选出公认的标准写在反馈纸上。最后，各组将反馈纸贴在黑板上，并说明理由。

教师搭建同伴互助支架，请学生合并相似的好书标准，并将大家共同认可的标准贴在黑板上，再让学生联系自己的读书经历，说说还有哪些好书标准，并用彩色笔补充到学习单上。

活动二：探究古今读书方法与读书之乐

1.探究冰心在文中提到的读书方法，并补充学习单。

2.与《古人谈读书》的读书方法作比较，联系实际说说自己对古今读书方法的看法。

学生通过梳理、比对古今读书方法，发现很多古代读书方法一直沿用至今，非常值得借鉴。教师再借助问题支架——"一知半解"的读书方法真的好吗？引发学生深究冰心所运用的这一读书方法中时间与阅读内容之间的联系，同时引导学生结合读书经历说出各自的看法。教师再次引领学生反思这一思考过程，从而发现要用批判性思维辩证地思考问题。

3.体会"我永远感到读书是我生命中最大的快乐"这句话。

教师组织学生从冰心读书之乐向外延伸，纵观整个单元所提及人物的读书之乐，谈他们的相同点和不同点。让学生通过阅读文本，联系之前查找的资料，谈不同的人因读书而感到快乐的相同点与不同点。最后，让学生结合亲身经历，说说自己读书的感受。

4. 反思：学习《古人谈读书》与《忆读书》这两篇课文时，达成了哪些学习目标，收获了哪些学习策略与思考问题的方法，怎样学习《我的"长生果"》一课，为"校园书展"的好书推荐活动做了哪些准备。

依托单元学习任务群的学习规律与学生原有的认知规律，通过搭建学习支架将学生引向深度学习。学生在学习活动中探索、梳理信息，把握学习方法与路径，通过图表形式展现学习的全过程，并反思思考过程。学习结束时，学生依然对各种读书方式念念不忘，还主动梳理单元内提及的书名，按图索骥地选书、读书，为"校园书展"活动做准备。

二、阅读成果可视化

阅读成果，能考查学生对阅读内容的记忆、了解情况，更能促进学生的深度阅读，使学生构建整本书阅读的认知体系。学习任务的开展，学习活动的实施，最终的目的就是让学生能够学有所获、学有所得、有学习成果的呈现。任务性学习要依据学习目标预设阅读成果，并通过进阶性的任务学习，达成学习目标，生成阅读成果。因此，阅读的成果考察，教师要以可视化的形式，引领学生体验整本书阅读的快乐。

在《课标》"课程目标"的"阅读与鉴赏"中已经对三个学段分别提出了具体要求（见图 2–2）。其宗旨在于对阅读成果作出刚性的规定。

学段	阅读成果呈现的方式要求
第一学段	用自己喜欢的方式向他人介绍读过的书
第二学段	主动和同学分享自己的阅读感受
第三学段	积极向同学推荐并说明推荐理由

图 2–2　课程目标中对三个学段阅读成果的要求

在"课程内容"的整本书学习任务群中，对三个学段整本书阅读成果呈现方式也提出了不同的建议（见图 2–3）。其宗旨在于对阅读成果指明实践的方向。

学段	阅读成果呈现的方式建议
第一学段	学习讲述书中的故事
第二学段	用自己喜欢的方式讲述故事大意，口头或书面分享自己获得的启示
第三学段	运用口头或书面方式，与同学分享自己整本书阅读的经历、体会和阅读方法

图 2–3　课程内容中对三个学段阅读成果的建议

从上述两个表中我们可以看出，"课程目标"与"课程内容"都分别对三个学段的阅读成果的呈现方式有了具体要求和建议，关注了作为阅读主体的每个学段的学生。而且三个学段任务要求与任务形式都是由低到高呈梯度排列的，内容感知由表及里，思维发展由浅入深，阅读成果的呈现方式也是由简单到复杂。这样可以促使每个学段的学生都能读有所获，都能积极呈现自己的阅读成果。

学生的阅读成果可以有这样几种表现形式：一是通过语言的表达，介绍读过的书，分享获得的启示、读书的经历与阅读方法，表现出阅读成果的阶段性成果；二是通过思维工具，如思维导图、学习任务单、细目表格，让阅读成果可视化；三是通过习作、日记等文字形式让阅读成果外显。

1.通过语言表达，让阅读成果可视

语言是思维的外衣。课堂上"语言"的表现形式有很多种，如诵读、讲故事、分享与交流、辩论等。

阅读教学着眼于语言和思维两个方面的结合来达到对文章的理解，阅读中的收获和成果可以通过语言来分享。我们从《课标》的"课程目标"与"课程内容"就可以看到不同学段阅读成果的呈现方式，主要是"介绍""分享""推荐""说明"这些行为，呈现的主要方式就是语言。

讲故事。在教学中可以根据不同学段的要求，组织讲故事的活动。小学生阶段的阅读，绝大多数都是叙事类作品，这类作品不仅适合阅读，而且适合讲述。书读完之后，不妨举行一场故事会，让爱讲善讲的学生当一回"说书人"，登台讲书中自己最喜欢的内容片段；讲述时还可发挥各自优势，辅以切合角色特点的语调、表情、体态、动作，使故事成为"可视化"的形态。

分享。读书后可以总结出自己如何读书、如何读懂书中内容，以及如何深刻理解书中人物、事件、思想、意义等方面的方式、方法、策略。提示学生选择自己收获最大的方面，以自己最擅长的方式，结合自己阅读实践中的实际案例，介绍自己的阅读经验。这些经验可以专门制作 PPT 进行解说分享。

美文诵读。阅读中有些文字特别优美，诸如富有诗情画意的写景语段、饱含真情实感的抒情语段、叙写人物形象惟妙惟肖的语段、介绍动物植物栩栩如生的语段等。阅读成果的展示也可以通过美文诵读来呈现。美文诵读不能只是读正确、读流利、读得有感情，还要在此基础上读得声情并茂，读得波澜起伏，读得激动人心。甚至鼓励学生选择与语段内容语境匹配的背景音乐，诵读时优美的背景音乐与动听的嗓音融为一体，由此产生更强的感染力。组织展示活动时，让参与诵读的同学走上台来，以这样的方式满怀真情地为大家奉献一段“华章”，再现一个场面，重温一道风景。这对表现者而言，该是多么过瘾的激情放飞；对观赏者而言又是多么深刻的现场学习！

2. 通过思维工具，让阅读成果可视

阅读活动一般都有明确的目标，即学生通过完成某项学习任务而达成的学习成果。这个成果的显著特点就是可视化。因此，教师可以通过思维工具，如思维导图、学习任务单、细目表格等方式让阅读成果可视化。

如，学生学完统编小学语文五年级下册第二单元古典名著单元后，对《草船借箭》中诸葛亮“神机妙算”“顾全大局”的人物形象有了初步感知。然后，引导学生阅读《三国演义》，学生的体验将得到进一步深化。在阅读成果分享课上，教师就可以引导学生结合自己的阅读体验，制作“三国人物英雄卡”（见图 2–4）。学生通过绘制人物画像填写人物信息、梳理英雄事迹，将自己的阅读成果显性化、可视化，从而聚合思维，迈向深度阅读。

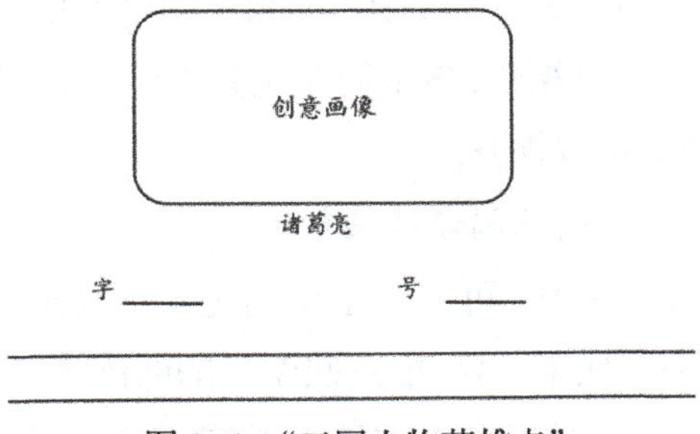

图 2–4　“三国人物英雄卡”

再如，统编小学语文四年级下册“快乐读书吧”中推荐的科普读物《十万个为什么》，它是一部充满趣味和诗意的科普作品，围绕日常生活中的方方面面，引导学生提出困惑并解决问题。阅读时我们以文本为基点，挖掘出各种信息因素，利用学习任务单引导学生在阅读后，通过思维导图或连环画等形式，将阅读成果具象化。

在阅读成果分享课上，我们用“水的用途”作示范，引导学生以手绘作品的形式进行阅读成果的展示（见图 2–5）。学生在此启发之下，选择自己最感兴趣的主题内容，在学习任务单上画下探究历程和阅读收获。这样的成果展示环节，让学生的思维得到了呈现与促进。

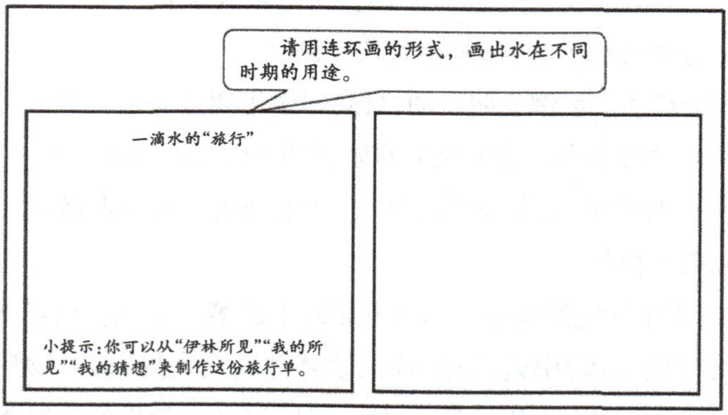

图 2–5 《十万个为什么》学习任务单

一千个读者就有一千个哈姆雷特，孩子们把自己的阅读理解呈现在一张张精彩的学习任务单和卡片上，提高了阅读理解能力，丰富了阅读实践活动。大家都知道，阅读可以发展思维，而思维的发展正是阅读的核心。整本书阅读引领孩子在书海里快乐地遨游，思维导图将阅读成果可视化，孩子们在这其中感受到阅读的快乐，思维得以发展，能力得以提升。

3. 通过文字表达，让阅读成果可视

在阅读教学过程中，可以让学生通过文字完成习作、书签、手抄报等可视化阅读成果，这些能反映学生的阅读参与度。

习作，如统编小学语文五年级上册第八单元《推荐一本书》是

“读书明智”主题中的习作。本次习作要求学生联系自己的阅读实践或读书活动，选择自己读过的、认为值得推荐的书分享给同学。也就是通过习作的方式和同学们分享自己的阅读成果。通过推荐活动，激发学生的阅读期待，养成广泛阅读的好习惯。这个话题内容是学生熟悉的生活。这不仅契合《课标》在课程理念中提出的“提倡少做题、多读书、好读书、读好书、读整本书”，还与本单元主题“读书明智”统一。既尊重学生习作的学科逻辑，也契合学生的生活逻辑。我们看一篇来自学生的习作，这是学生阅读后对自己阅读成果的一种呈现方式。

《细菌世界历险记》语言生动活泼搞笑又富有哲理。你看，书中写道：“我在生物界中要算是最不安定的分子了。四方飘游，到处奔流，无非为着自由而努力，为着生活而奋斗。”从天空到人的身体、从被抓走到进入水中、从搭蚊子大叔与苍蝇大妈的便车到乘风直上 5000 米高空，这本书讲述了细菌一系列奇幻有趣的经历。作者在书中采用了拟人、排比、比喻等修辞手法，使关于细菌的知识读起来趣味无穷。你听：“我漫无目的地飘呀飘，突然，两个细菌士兵飘过来，拽着我的胳膊，‘吱，不叽找啊把拉咕！’”原来细菌也有语言呀，多么有趣！你看：“是湖水。静静的，平平的，明净如镜，树影蹲在那，白天为太阳哥拂尘，晚上给月亮姐洗面，没有船去搅它，没有风去动它，绝不起波纹。”原来湖水这么美。

书签，如在统编小学语文四年级上册《普罗米修斯》一课的教学中，设计的学习任务为：小组合作，选择本组成员最喜欢的情节，根据情节完成“普罗米修斯书签”的制作(如图 2–6)。这样的学习任务设计有三方面的意图：一是通过展现各小组多样化的选择，促进学生之间的互相交流与学习；二是有助于达成本单元教学目标和课时教学目标——“感受神话中鲜明的人物形象”；三是给予学生更大的学习空间，使学生在感知语言、运用语言的同时学会动手制作，最终将自己对文章的理解呈现在书签上，形成可视化的阅读成果。

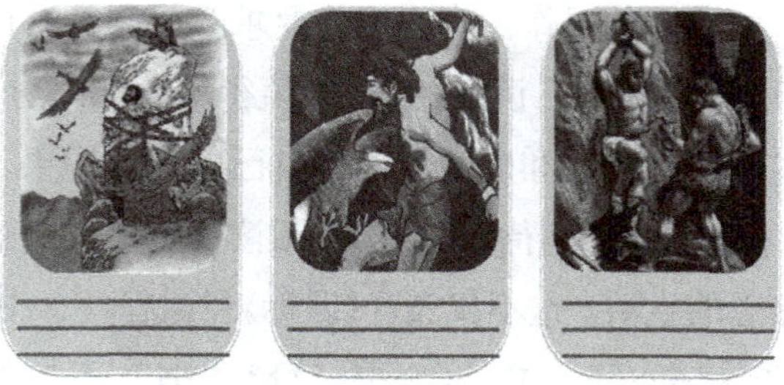

图 2-6 “普罗米修斯书签”

手抄报，读书活动结束之后可以让学生按自己的喜好，选择多种类型的阅读成果（文本），诸如作者简介、内容缩写、名人书评、语段精选等文字内容编入小报，并且可以编入与内容匹配的经典插图，可以编办手写手抄报，纯粹手工誊写、手工修饰、手工描画，这样能附带表现汉字书写功力和绘画水平；也可以编办电子手抄报，运用电脑技术进行文字录入、图片插入、文本框设置，这样能附带反映各种计算机操作技能的应用能力。从而让整个小报图文并茂、色彩丰富。完成之后，在展厅或廊道上隆重展出。

三、阅读思维可视化

思维是人脑借助语言，对事物的概括和间接的反映过程。根据不同的角度，思维可以分成不同的类型。从思维形态的角度，可以分成形象思维、抽象思维；从智力品质的角度，可以分成再现思维、创造思维；从思维技巧的角度，可以分成归纳思维、演绎思维、求异思维、集中思维、批判思维、横向思维、逆向思维等多种类型。

形象思维和抽象思维是人类最基本的思维活动。形象思维是人们在认识活动中，用直观形象和表象解决问题的过程；抽象思维是人们在认识活动中，运用概念、判断、推理等形式对客观现实进行间接、概括的反映过程。人的每一个思维活动过程都不会是单纯的一种思维在起作用，往往是两种甚至多种先后交错起作用。马克思在论述具体和抽象的相互关系时指出了认识过程的“两条道路”：在第一条道路上，完整的表象蒸发为抽象的规定；在第二条道路上，抽象的规定在思维行程中导致具体的再现。现实中的思维过程往往是这两条道路的交叉和整合，形象思维与抽象思维既相互独立又相互联系。

“思维比知识更重要”已成为大家的共识。离开“思维”的“知识”就变成“死知识”，而学“死知识”的过程当然就变成“死学习”，“死学习”靠的是“机械重复”，所以必然是枯燥的、低效的、令人厌倦的，更重要的是“死学习”会使学生长期处于“浅思考”甚至“不思考”状态，从而导致思维能力发展受阻。而思维能力又是学习能力的核心，思维能力发展不起来，学习必然会越来越吃力，这样就会陷入一种不断加深的漩涡，进入恶性循环。因此，提高教学效能的关键并不在于“知识重复的次数”，而在“挖掘与呈现知识背后的思维规律并训练学生掌握它”。只有这样，学生的思维能力才会在学习的过程中得到有效发展，同时会使学生对知识的理解更深入、更透彻、更系统，从而进入会学、乐学的良性循环。

（一）阅读思维可视化

阅读思维可视化是近年来兴起的教学方法，其聚焦于思维层面，关注的是存在于知识背后不可见的思维。不仅是聚焦于学生学会基础知识和基本技能，还立足于思维的发展。也有利于发展学生的语文核心素养。学生由原来的从知识学习发展到思维训练，有助于促进学生对文本信息的理解与记忆，从而提高思维能力。

思维可视化体系创建人刘濯源（2013）最早提出：“思维可视化是指以图示或图示组合的方式，把原本不可见的思维结构及规律、思考路径及方法呈现出来，使其清晰可见的过程。”这方便了人们进行思考、表达，进而促进交流。

所谓阅读思维可视化，就是要借助一定的思维工具把阅读过程中隐性的思考路径、结构和策略以图示或图示组合的方式呈现出来，通过个人或集体结构化的思考，提升阅读和语言表达能力。思考路径，就是思考的过程；结构，即要素与要素之间形成的结构；策略，即程序化的思维。

（二）阅读思维可视化的意义

《课标》把思维能力列为语文核心素养的重要内容，指出："思维能力是指学生在语文学习过程中的联想、想象、分析、比较、归纳、判断等认知表现，主要包括直觉思维、形象思维、逻辑思维、辩证思维和创造思维。"[①]在总目标中还提出"积极观察、感知生活，发展联想和想象，激发创造潜能，丰富语言经验，培养语言直觉，提高语言表现力和创造力，提高形象思维能力"的要求。可见思维能力的培养对提升学生的语文核心素养能力大有裨益。

将思维可视化的教学方式应用于小学语文阅读教学实践，一方面，有助于学生阅读思维能力的发展。学生作为小学语文阅读教学的主体，在阅读教学中促进学生阅读思维能力的发展是阅读教学中重要的教学目标。通过将思维可视化应用于阅读教学，不仅可以有效地提高学生的阅读速度和阅读效率，从而激发学生对阅读教学的学习兴趣，更能使学生在进行阅读的过程中得到阅读理解能力、阅读归纳能力等综合能力的提升。助推学生展开更有深度的语文阅读，有效促进学生阅读思维能力的发展。

另一方面，有助于激发教师在小学语文阅读教学中的创新意识。教师作为小学语文阅读教学中的组织者和实施者，应善于利用新型的教学工具，对教学活动进行创新性的设计与组织。教师通过将思维可视化应用到小学语文阅读教学之中，可以将自己的备课思维进行可视化，使教师在教学过程中逐渐形成具有个性化的教学风格和教学智慧，同时有助于教师教学思维的开拓，进而对教学环节、教学活动进行创新性的设计与组织，推动阅读教学的改革进程。

（三）阅读思维可视化的策略

1.出声思维，让阅读思维可视

"出声思维"也叫有声思维，由心理学家邓克尔在1945年提

① 中华人民共和国教育部.义务教育语文课程标准(2022年版)[S].北京：北京师范大学出版社，2022.4.

出，是最早出现的言语报告法，即让（实验者）利用外部言语进行思考，使自己的思维过程外显化并得以在一定程度上被直接观察。杜威认为有声思维是“将思维活动公之于众的具体过程”。有声思维是指把大脑里运行的、内隐的思维活动出声化、显性化[①]。对于阅读来说：“剥开思维的层层外壳向孩子展示我们处理文本的方式，让孩子清楚地看到我们理解不同类型文本的过程。”[②]

（1）示范思维的过程

阅读指导中的“出声思维”是用语言描绘不可见的阅读理解过程，把阅读策略使用过程用语言描述，让学生看见思考的具体过程。阅读理解的过程较为复杂，在我们的阅读教学中教师常常要求学生做到“边读边想”，然而向学生解释这个想的过程，是不容易做到的。教师不妨通过示范的方式，在与学生交流阅读体会时先放声说出自己的思考，这样让学生清楚地“看到”教师头脑中快速无声、复杂微妙的阅读思考过程。

以提问策略为例。

教师首先解释什么是提问策略。“好的读者在阅读前、阅读中、阅读后都能够提出基于文本的和由文本生发的问题，从而更好地理解文本的含义”。[③]

接着，教师示范提问策略。

师：同学们好！优秀的读者在读课文前、读课文中、读课文后都会提出问题。边读边提问有什么好处呢？提问可以将我们更加深入地带入课文中，从而激发我们的思考。

师：我在阅读时可能会提出两种问题。一种问题是字面性问题。字面性问题是我最初提出的问题，我在继续阅读过程中能够在

---

① 郭纯洁.有声思维法[M].北京：外语教学与研究出版社，2007：2-3.

② [美]斯蒂芬妮·哈维，[美]安妮·古德维斯.上好一堂阅读课：提升孩子理解力的 67 堂阅读策略课[M].刘成盼，译.北京：北京科学技术出版社，2021：86.

③ [加]阿德丽安·吉尔.阅读力：文学作品的阅读策略[M].岳坤，译.南宁：接力出版社，2017：2，36，38.

课文中找到问题的答案。比如，《一个豆荚里的五粒豆》的作者是谁？每一粒豆最希望做什么？对于字面性问题，我在找到答案之后不再需要继续保持对这个问题的思考。

师：我也可能提出另外一种问题，这类问题叫作推断性问题。这也是你们在阅读中可能提出的问题，比如，为什么掉到水笕里那粒豌豆说自己是最了不起的一粒？

师：还有一种问题是深度思考型问题，这种问题的答案需要关联自身经历、经验以及思考与文本之间的关系。

这段“出声思维”示范了提问策略学习过程中的思维过程。实质是教师自身对相关策略“理解与操练”的可视化。示范了教师提问的角度和思维的方式，让学生学有榜样，意味着在策略学习中，教师承担教练和榜样的角色。

再如，教学统编小学语文四年级上册《走月亮》一课时，不妨向学生介绍：“我很喜欢这篇课文的题目，它好在哪里呢？如果把‘走月亮’改成‘月下散步’，意思是一样，但不够新颖别致，不能激起读者的阅读兴趣，无法营造一种令人充满遐想和沉醉的诗意氛围，所以想来想去还是这个题目好。”为了让学生可视可感，教师在介绍自己的阅读经验时，可以采用下面的语句：“我不明白，为什么要这样做？”“这有点不合理，难道这个问题就不管了？”“我猜想……”等，从而让学生清晰地感知教师理解思考的真实过程。

这段“出声思维”示范了教师在阅读这篇课文时思维的过程，可以引导学生阅读时思维的方式，让只可意会不可言传的阅读思维，清晰地展示在学生眼前，让阅读思维“可视化”。

（2）监控思维的发展

“出声思维”有利于学生思维的发展。许多阅读文本的语言文字表达概括而含蓄，蕴含的道理隐晦而深刻；还有些文本中，有对场景或场面的具体描述。这些文字都能帮助学生由一个主题联想到多个内容，促进学生思维的发散。这有利于学生深入文本，理解文字，发展直觉思维、形象思维。在阅读中，教师应当引导学生多读读这些有画面感的文字，并着力启发学生展开联想和想象，由文字读到画面，由景想到情，不断地联想开来，可以提升阅读能力，培养思维力并且鼓励学生把自己的思维说出来，让内在的思维方式可视化。譬如，"读了这些文字，你仿佛看到了什么样的画面？""他好像就在你的眼前，长什么样？请描绘一下。""他是怎么走的？怎么跑的？"进而引导学生借助文字调动多重感官进入情境，去感受作品生动的形象和优美的语言，可以一边读一边想象，不仅用眼睛看，还要用耳朵听，用鼻子闻……长期坚持，学生会逐渐形成一种自觉意识，一读到具有画面感的文字就会产生联想，在头脑中形成清晰的画面，把文字可视化，从而身临其境，与文本更直接地对话交流。再把这种想象的画面感通过表达展现出来，读出自己独有的感受。

还可以由一个主题一直联想下去，前一个想法勾起下一个想法，挖掘学生思维的深度。在阅读中，要体会文字蕴含的深层含义，就要推进阅读的纵深思考。让学生展开深度阅读，提升对文本的评价和鉴赏能力，促进学生语言的积累与内化。以统编小学语文三年级下册《肥皂泡》为例，学生从作者玩肥皂泡时看到肥皂泡散裂、肥皂水落下，想到"希望破灭"，又想到"生活中经历过的失败"，采用的就是这种阅读思维方法。在表达训练中，让学生抓住某个主题的本质属性，不断地勾连出下一个节点激发学生纵向思维，让学生想下去，想深入，使表达内容更具体，让言语实践更精彩。

"出声思维"有利于教师的监控。当学生自己阅读的时候，教师需要鼓励学生进行"出声思维"。当学生进行"出声思维"的时候，他理解的内在思维过程就被清晰地呈现出来，便于教师看到学生思维的角度、思维的方式和思维的过程，便于教师监控他们的理解，观察他们的推理过程，从而发现他们在思维发展过程中遇到的问题，以及他们在阅读理解的过程中存在的困难，进而提供有针对性的帮助。

2.用可视化认知工具，让阅读思维可视

应用可视化认知工具，就是把不可见的思考方法和思考路径呈现出来，能有效地帮助学生将隐性的思维显性化，同时能增加思维的深度和广度，让思维更有条理并在提高阅读效率中发挥巨大的作用。让学生用丰富多彩的可视化工具呈现自己的思考过程，从而让教师更直观地把握住学生思维训练的过程，由此提升交流与合作的效率。

应用可视化认知工具，指的是图形化的思考工具，常用的图形化思考工具的基本图形是箭头和框图[①]。在教学中常用的工具有思维导图、概念图、思维地图等，他们在各自的适用内容下发挥不同的作用。

(1)故事地图

故事地图就像地图一样图示一本书的故事内容。学生初读人物复杂、情节冗长的整本书时，用故事地图回顾全书内容，既让提取信息可见，又让“整合资讯”的阅读策略得以练习。学生阅读《查理和巧克力工厂》时，用故事地图描述其中三个孩子的经历。故事地图提供了学生读懂整本书的一种路径，同时把提取信息、凝练表达的过程用图表外显，便于学生独立阅读时借鉴使用。

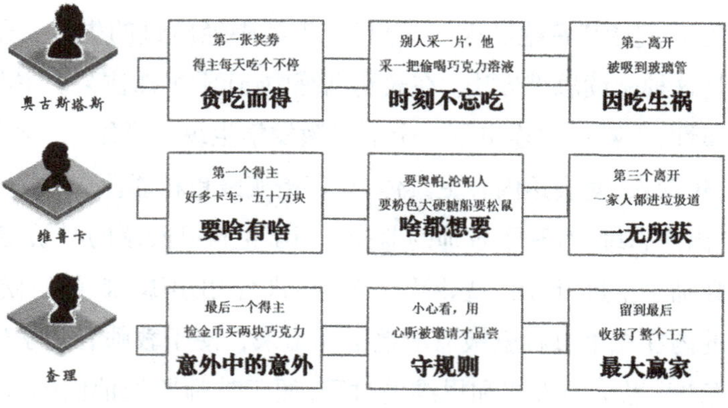

图 2-7 《查理和巧克力工厂》故事地图

① 李克东.应用可视化思维工具，促进学生思维能力发展[J].中国信息技术教育，2013(7).

（2）思维导图

图式理论提出：运用图式对阅读材料进行理解、加工和评析的过程就是阅读理解的过程，学习者利用思维导图来展开想象和联想，不断产生新的认知结构，拓宽延展思维网络图，完成更深层次的思考，进而促进思维的发展，提高各项诸如解释整合、对比概括等能力。

研究发现，思维导图不仅可以快速记笔记，也已经发展成为学科教学中表征知识的核心工具，可以清晰直观地呈现知识网络结构图。思维导图中，关键词文字少而精。在阅读中，学生运用思维导图来记录要点，表现思维结构和思维过程，需要对知识进行细化和整理，减少冗杂信息，将零散信息组织成有意义的整体，形成知识组块，在这个过程中，逐步掌握快速提取信息能力。

思维导图让看不见的思维过程清晰可见。在图式支架搭建的过程中，学生与文本进行深入的多维对话，能更好地理解和掌握文本内涵。

如，教学统编小学语文四年级上册《麻雀》一课，教师可以引导学生边阅读边思考，小组合作绘制思维导图：

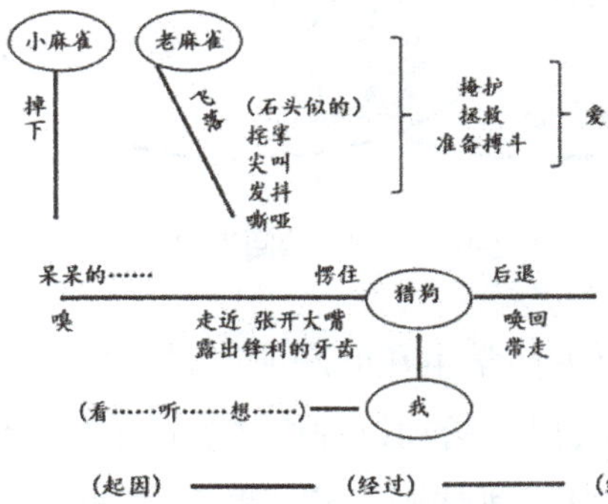

图 2-8　《麻雀》思维导图

学生绘制思维导图的过程就是主动与文本进行持续、深入、多维对话的过程。在这一过程中，学生既理解了课文的主要内容，感受到爱的强大力量，受到情感熏陶，又理清了叙述的顺序，明白了作者怎样抓住看到的、听到的、想到的把事物写具体。不仅如此，学生还能清晰地看见自己的思维过程，通过及时梳理、调整、校正等思维活动，使阅读和学习真正发生，分析、概括、综合、推理等思维能力得到训练和提升。

(3)人物特点图

阅读过程中，引导学生关注书中某一个具体的人物，利用图示的方式简要提取书中人物的言行举止，可以帮助学生了解书中关键人物的性格特点，从而深刻理解故事。

如《水浒传》中的“天魁星”宋江，他的一生曲折而矛盾，从寇转变到臣，最后以悲剧收场，这是读者的争议点，也是生发阅读思辨的着力点。教师可引导学生通过讨论绘制人物特点图，让学生借助这样的图示，边读边思考，与文本中的角色进行深度对话，引发思考，表达观点，从而提升学生阅读的思维力。学生在汇报自己观点的同时将他阅读过程中的思维过程展现出来。

有人说：“成也宋江，败也宋江。”你对此有什么独特的看法？

请结合阅读感受，谈谈自己的观点和理由。

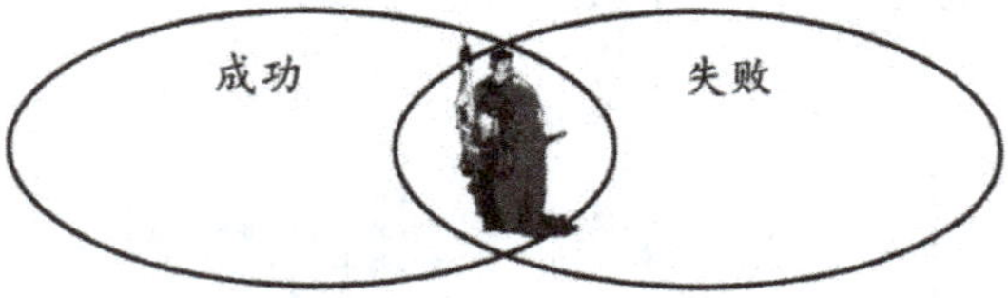

图 2-9 《水浒传》阅读单

《课标》强调，要关注学生在问题研究过程中的交流、研讨、分享、演讲等现场表现，以及活动过程中产生的文字、表格、统计图、思维导图等学习成果，要特别关注学生思考的过程和思维的方法。因此，教师应充分了解学生的最近发展区，合理使用学习支架，为学生创设贴近生活的学习情境以及自主探索的语言实践活动，进而引导学生成长为主动的阅读者、积极的分享者和有创意的表达者。

第二节　看得见的阅读历程

小学语文教材选文具有典范性，文质兼美，富有文化内涵和时代气息，题材、体裁和风格丰富多样。文体是指独立成篇的文本体裁。根据不同的分类依据，文体可以分成不同的类型。不同文体的文章，在组织形式和表达方法等方面有着不同的特点。从不同文体的阅读情境中，带你了解如何设计看得见的阅读活动；如何根据文章的文体特点因文施教，培养学生的阅读能力和思维能力。

一、认识不同文体的阅读情境

小学阶段，不是为了学习文体知识，而是通过文体这一语文要素，渗透文体意识。这一点，在国内要追溯到20世纪80年代，教育心理学家潘菽也对文体和思维的关系有过阐述："阅读体裁不同的文章，理解的难易不同，对思维活动提出不同要求。"从此开始了对不同文体阅读的心理学思考。统编小学语文教材重视"文体"，三至六年级每册都有一个以文体的特点组织编排的单元，单元导读清晰地标注文体，提出了与文体相关的语文要素，指向非常集中，指明了教师的"教"和学生"学"的方向。

统编小学语文教材在中、高年级专门设置了若干文体单元，针对文体单元，崔峦在《统编语文教材，新在哪里》的讲话中指出："老师们教文体单元的时候要注意，体现依体而读，就是根据这种文体的特点来教孩子阅读，而不是走老路。依体而读，读中悟写。"

对于不同文体的学习，《课标》在"课程目标的学段要求"各学段的"阅读与鉴赏"中都有具体的表述，占较大比例。第三学段明确提出："阅读叙事性作品，了解事件梗概，能简单描述印象最深的场景、人物、细节，说出自己的喜爱、憎恶、崇敬、向往、同情等感受；阅读诗歌，大体把握诗意，想象诗歌描述的情境，体会作品的情感。受到优秀作品的感染和激励，向往和追求美好的理想。阅读说明性文章，能抓住要点，了解文章的基本说明方法。阅读简单的非连续性文本，能从图文等组合材料中找出有价值的信息，尝试使用多种媒介阅读。”①

从这段文字中，我们可以看出，《课标》对不同文体的学习要求是不同的。

统编小学语文教材从三年级开始，每个单元都有明确的语文要素，这让每个单元的文本在学生语文素养的提升上都有了明确的教学价值定位，学生的阅读学习有了着力点，教师也有了抓手。

表 2–1　统编教材各册次文体单元和语文要素一览表

册次	单元	文体	语文要素
四上	第四单元	神话故事	感受神话中神奇的想象和鲜明的人物形象
四下	第三单元	诗歌	初步了解现代诗的一些特点，体会诗歌表达的情感
四下	第八单元	奇妙的童话	感受童话的奇妙，体会人物真善美的形象
五上	第三单元	民间故事	了解课文内容，创造性复述故事
五下	第五单元	说明文	阅读简单的说明性文章，了解基本的说明方法
六上	第四单元	小说	读小说，关注情节、环境，感受人物形象

在教学中，教师应关注文体特点，筛选合适的教学任务，设计合理的教学活动，在认识、理解、运用中建构这一类文章的阅读技能，潜移默化地提高学生的文体感知能力，让文体意识成为一种在学习中渗透和生成的语文素养，从根本上提升学生解读文本和写作的能力。

---

① 中华人民共和国教育部.义务教育语文课程标准（2022 年版）[S].北京：北京师范大学出版社，2022.4.

（一）诗歌的阅读情境特征

诗歌是“用高度凝练的语言，形象表达作者丰富情感，集中反映社会生活并具有一定节奏和韵律”的文学体裁。

在统编小学语文教材中，诗歌种类的课文占了相当的比例。既有从编排上遍布每一册课本的古诗；也有在一至三年级集中编排的儿歌、儿童诗；四至六年级编排的比较典型的现代抒情诗，甚至在中年级专门安排了诗歌的综合性学习单元。呈现出对儿童的特别理解和观照——从童话的世界、小我的生活，渐渐走向真实的现实生活，走向对社会、自然、人的审美认识。

纵向看《课标》中课程目标分学段的“阅读与鉴赏”，一以贯之关注现代诗歌学习的“诵读”“想象”“体会”“领悟”，对于“诗意”，强调“体验”“领悟”“把握”；横向看发展性学习任务群“文学阅读与创意表达”各学段学习内容，对诗歌学习内容的界定更加明晰，课程目标转化为具体任务，指向核心素养的落实。

《课标》在“文学阅读与创意表达”任务群的要求里，“文学”是其中一个最突出的关键词——不论是“体验文学阅读的乐趣”“尝试用文学语言表达自己热爱自然、珍爱生命的情感”，还是“创编儿童诗”“尝试写诗歌”，都提醒我们诗歌教学必须正视文学性。教学目标的表述，体现了尊重文学作品“文学性”的教学理念。阅读诗歌，是体验文学阅读的乐趣，而创编诗歌，则是用文学表达的方式，进一步走进诗歌，这是用诗歌的方式学习诗歌语言、理解诗歌语言的最好方法。

“童心”“童真”“童趣”是另外一组关键词。这提示我们对诗歌阅读对象的重新关注：诗歌是供儿童阅读的，它是富有童心的，体现童真童趣的；在阅读中，也要引导儿童用他们的童心去体会诗歌中的童心，用他们的童真童趣来唤醒诗歌中的童真童趣，体会诗歌的奇妙想象，发展儿童的想象力。

“美”是既空灵又实在的一个关键词。“自然之美”“人类美好情感”“美好的童心”“审美感受”等词组，从不同角度诠释诗歌本身，都由一个“美”字牵引。“自然之美”走向诗歌描述的对象之美，“人类美好情感”“美好的童心”走向诗歌表达的情感之美，所有阅读中形成的“审美感受”则最终走向儿童的生活审美和文学审美。

（二）叙事性文本阅读情境特征

《课标》在“课程目标的学段要求”里面每个学段都在“阅读与鉴赏”中对叙事性文本阅读提出了具体要求。

第一学段：基于语文实践观其貌

“观文者披文以入情……故能瞻言而见貌。”这里的“观”“瞻”指在作品阅读的初始阶段，读者对作品进行感知的心理活动。在阅读时，读者只有先接触作品的语言文字，感知作品的外观形式和形象，才能由“观文”而“入情”，因“瞻言”而“见貌”。最终看到这些语言描述就像看到了具体的景物一样，从而了解作者所要表达的情趣和意蕴。

《课标》针对第一学段的叙事性作品阅读教学提出：“阅读浅近的童话、寓言、故事，向往美好的情境，关心自然和生命，对感兴趣的人物和事件有自己的感受和想法，并乐于与人交流。”故我们暂且称这个学段的叙事性作品阅读为“观其貌”。即让学生凭借自己的心智和阅读经验直接接触叙事性作品，对作品中的主要人物、故事情节、叙事结构等进行初步的感知和把握。由于叙事性作品是以语言来塑造形象的，因此在感知作品时，学生还需进行想象和联想的心理活动，将作品的语言符号转化为视觉形象，从而对作品进行更深入的感知。

第一学段叙事性作品的教学应基于语文实践的读、说为主的教学策略，引导学生在“读”中了解叙事性作品的概貌，在“说”中对人物和事件有自己初步的感受和想法，敢于表达并能寻求同伴帮助。

第二学段：基于语文实践寻其味

“皆是诸名贤寻味之所不得。”任何一篇叙事性作品在语言文字的背后都会蕴藏着深远悠长的情趣和无限深邃的意蕴。随着年龄的增长、学段的上升，学生在阅读叙事性作品时绝不能只停留在第一学段阅读的要求——观其貌，而要把审美的触角进一步向作品的深处延伸。

《课标》针对第二学段的叙事性作品阅读教学提出："能复述叙事性作品的大意，初步感受作品中生动的形象和优美的语言，关心作品中人物的命运和喜怒哀乐，与他人交流自己的阅读感受。"我们暂且把第二学段学生阅读叙事性作品要达到的境界称为"寻其味"，即让学生潜心会文，自然涵泳于作品语言所描述的情境之中，用心体味、捕捉和追寻作品的情趣和韵致。这个阶段是学生与作品反复碰撞的心理过程。教师需引导学生调动和发挥自己的注意力、想象力和敏锐的洞察力，咀嚼作品的语言，把握作品意蕴。

《课标》对第二学段的叙事性作品阅读提出了两个要求：能复述叙事性作品的大意；初步感受作品中生动的形象和优美的语言，关心作品中人物的命运和喜怒哀乐，与他人交流自己的阅读感受。

第二学段的学生学习叙事性作品，要能根据六要素概括主要内容，能抓关键词句进行阅读，反复吟咏语言，积累语言形式，关注人物的命运和心理，并受到优秀人物的熏陶，真正实现"寻其味"。

第三学段：基于语文实践悟其道

《课标》针对第三学段的叙事性作品阅读教学提出："阅读叙事性作品，了解事件梗概，能简单描述印象最深的场景、人物、细节，说出自己的喜爱、憎恶、崇敬、向往、同情等感受。"还指出，学生应在阅读中"了解文章的表达顺序，体会作者的思想感情，初步领悟文章的基本表达方法"。针对这些要求，第三学段叙事性作品的教学不仅要让学生领悟生命意义，还要让学生收获表达方法，我们暂且称为"悟其道"。

这个"道"既包含工具性层面的意义，又包含人文性层面的意义。从人文性的层面来看，这个"道"是指文章所传达的一种生命意义，这种生命意义的获得，可以使学生的精神得到陶冶，灵魂得到净化；从工具性的层面来看，这个"道"是指文章基本的表达方法，这些表达方法的获得，可以使学生的语感经验更丰富。“悟其道”就是学生在教师的引导下揣摩、体会作品，让心灵与作品所传达的内在生命结构之间产生深层次的契合，从而进入一种心灵的震颤、无限的思考境界。这时，充满灵性的人和丰富多彩的作品融合，已经是你中有我、我中有你的境界。文字将会感动学生，让学生的心灵得到净化，情感得到升华，也就促成了学生对作品的最高感悟“道”的把握。

1.童话

童话是儿童文学中一种非常重要的样式，也是文学中的一种有独特价值的文学样式。《现代汉语词典》中这样解释：通过丰富的想象、幻想和夸张来编写的适合儿童欣赏的故事，是一种比较适合儿童阅读的文学体裁。童话具有虚拟的人物和环境，离奇的情节，并且幻想是它最重要的特征，是核心，没有幻想就没有童话。

童话教学作为小学语文教学的重要组成部分，对激发儿童阅读兴趣、陶冶儿童情操以及培养儿童创造性思维有重要的作用。统编小学语文教材中选用了大量的童话作品，1—4册选用童话29篇，占选文总数的34.1%。三年级还安排了童话单元，为“文学阅读与创意表达”学习任务群提供了极好的单元素材。

幻想是童话最基本的特征，也是童话用以反映生活的特殊艺术手段。虽然多数文学体裁的作品都有不同程度的幻想，但幻想是童话的灵魂。在童话世界里，牛羊会说话，木偶能旅行，人死能复生，咒语会现出金银珠宝等。这些丰富奇妙的幻想正好顺应了少年儿童爱幻想的心理特点，为他们打开了一扇通向幻想王国的大门。因此，童话才成为千百年来，最为儿童所喜爱的文学样式。

梅子涵先生说：“儿童文学更有天真和梦幻，最简单地把深刻说完，最幽默地讨论了哲学，艰辛、危险，乃至生命的告终，都会很诗意也很好玩，不让你望而生畏，不让你觉得是高山和阻碍。”我想，童话正是如此。我们常常能从中参读自我、印证自我，继而发现人世间的真诚与美好。

2.寓言

中国的古代寓言——两千多年前的战国时代,诸子百家为了阐明自己的政治观点、学术思想,在争辩中往往选取民间口头创作中的材料,经过艺术加工,作为自己说理的依据和训诫的手段,如《揠苗助长》等。这类寓言的题目大都已经转化为人们耳熟能详的成语了。

"伊索寓言"——伊索是公元前六世纪的古希腊的一个寓言家。他曾是萨摩斯岛雅德蒙家的奴隶,曾被转卖多次,但因知识渊博,聪颖过人,最后获得自由。自由后,伊索开始环游世界,为人们讲述他的寓言故事,深受古希腊人民的喜爱。现存的《伊索寓言》,是古希腊、古罗马时代流传下来的故事,经后人整理,统归在伊索名下。

寓言是文学体裁之一,常带有讽刺或训诫的特质,用假托的故事或拟人手法说明某个道理或教训。寓言以比喻性的故事寄寓意蕴深长的道理,给人以启示,"寓"含有"寄托"的意思。

寓言在语文教育中的价值是多方面的:它可以涵养学生的道德情操,可以引导学生观察、想象,可以提升学生的语言水平……但这些还不是寓言独特的价值体现。寓言的本质特点是它的双重结构性,它由两部分组成:前面的部分是故事,后面的部分是寓意。故事是寓言的表层结构,它塑造寓言的形象;寓意是故事的深层结构,它是寄托在故事里的寓言,是作者真正要表达的意图。寓言的表层结构联结着具体的形象思维,它的深层结构联结着抽象的逻辑思维。这种双重结构性决定了寓言在儿童的具体形象思维向抽象逻辑思维发展过程中起到的桥梁作用,也就是对人类个体思维发展的启蒙作用①。

小学低、中年段的儿童,从学龄前期的直觉行动思维逐步转变为初级的具体形象思维,主要是凭借事物的具体形象或表象,感知的影响占先导,还缺乏从事物的本质属性上进行分析、比较、概括、

① 陈蒨清.寓言传[M].长沙:岳麓书社,2014:7.

判断和推理的能力。统编小学语文教材的编纂，正好可以充分发挥寓言的这一独特价值，促进儿童思维从具体形象思维向抽象逻辑思维发展。

3. 神话

人类最早的故事就是从神话、传说开始的。神话反映了原始人对宇宙、人类本身的思考及解释。它往往借助想象和幻想把自然力和客观世界拟人化。多少年来，中外许多学科和学者都曾定义过神话，意见从来没有而且也永远不可能一致。虽然关于神话的定义说法众多，但人们对于神话的认识在很多方面还是相同的。在学术上，学者们所谓的神话，是指叙述人类原始时期，也就是人类演化的初期所发生的单一事件或故事。从小学语文教材中的神话来说，一些教育专家将神话解释为：神话是原始先民与世界之间相互对话的结果。这主要体现在，先民用神话来解释现实科学难以证明的事物，用神话来解释客观事物，解释人与自然，以及与他人之间的关系。

(1)神话类文本对传承民族文化的重要意义

作为浸润了古人思想和智慧的产物，神话在研究文化源头方面能起到基础作用。中国古代神话在流传的同时，也在向人们传递着人生观、价值观，其中的人物形象和故事精神，都对小学生的成长有很大的帮助，孩子们从神话故事中，不仅体会到神话的奇妙，而且其世界观、人生观和价值观也深受影响，同时能够体会到民族精神的伟大，养成了优良的精神品质，让学生们爱上大自然，追求美好生活，而且可以提高他们的想象力和创造力，同时获得美感的熏陶。

《课标》指出："语文课程的核心素养，是让学生在实践活动中积累、建构，并在真实的语用情境中表现的，是文化自信和语用、思维、审美创造能力的综合表现。"神话的创造者大多是原始社会的劳苦大众，他们以口耳相传的方式将神话故事传承并保留下来，之后，从口头方式逐渐演变成书面方式，最终形成了一种单独的文体。口语与书写的组合,即“语言”与“文字”的组合,是小学语文教材中不可缺少的一部分。所以,神话教学对提升学生的语言能力有很大作用。神话类文本给学生提供了正确的价值取向,对学生的情感、态度和价值观都有正面的影响,在培养学生健全的人格和对民族文化的热爱上都起到了非常关键的作用。

(2)神话类文本在语文学科教学中的价值体现

①神话类文本有助于发展儿童的语言表达能力

神话是最早的虚幻的口头随笔,它产生于人类早期,是文学的开端。神话的价值方面体现在其具有梦幻般色彩的语言,为学生的文化建构搭建了一个平台;另一方面,它还可以对学生的精神审美形成一种强烈的吸引力。当神话故事被选入语文教材,也就被赋予了语文学科特有的任务——发展学生的语言运用能力。在神话中,具有代表性的传奇人物、神奇的故事情节、深刻的精神品质,都通过独特性的语言来表现,可以帮助孩子们更好地理解、体会和吸收语言文字。

神话的语言简单、朴素,同时具有独特的想象力,加之许多情节都是具有跳跃性的,这些留白为师生提供了更大的发挥想象力的机会,可以用文字还是用书写的形式来表达。这也是神话教学中特殊的一点,可以帮助他们更好地锻炼口头表达和书面表达能力。

神话文体本身的字词句运用、行文结构与丰富的描写手法体现着文学价值,教师在开展神话教学时把握文体的独特性,引导学生进行想象,感受神话的奇妙,在复述中训练语言表达等。在这些教学过程中,学生所获得的是对语言文字运用的基础把握和对故事内容的想象与思考,在语言的建构与运用中体现出神话类文本的工具价值。

②神话类文本能够激发学生的想象力和创造力

神话的一大特点就是想象丰富。神话最大的魅力就是有奇幻的想象。想象丰富,人物性格独特。儿童的认知思维表现出不稳、发散性和新颖性,这一思维特性与神话的想象性一致。神话自身蕴含着丰富的想象力，同时为读者提供了想象、表达和创作的广阔空间。在小学神话故事的教学中，老师可以依据学生的年龄特征，为他们创造一个良好的环境，激发学生的学习兴趣，让他们在“听说读写”四个方面都能得到充分的发展。

4.小说

小说是一种以塑造人物形象为中心，通过叙述故事和描写环境，形象而广泛地反映社会生活的叙事性文学体裁。小说的三要素是：情节、人物、环境。小说的主题是反映社会生活。小说故事情节跌宕起伏、人物形象具体生动、环境描写多姿多彩，主题表达寓意深远。

在统编小学语文教材中，小说的选编并不多，因为小说的表达相对深刻。然而仅以数量不多的几篇经典小说为例，如托尔斯泰的《穷人》，节选的《少年闰土》以及古白话小说《猴王出世》等，我们也可以鲜明地感受到小说文体的典型特征：注重典型环境的营造、情节的推进以及人物形象的刻画。特别是六年级上册第四单元安排了三篇中外不同作家各具特色的小说，其语文要素就是“读小说，关注情节、环境，感受人物形象”目的就是要引导学生理解情节推进和环境描写对塑造人物形象的作用。

(1)把握情节推进的技巧

阅读小说必须从故事情节这个环节开始，只有细读小说，熟悉故事情节，才能把握人物性格，分析人物形象。

如《少年闰土》一课中有四个明显的情节设计，从回忆进入，由相识写到相处，最后写到离别，详略得当，一气呵成。这种情节设置的方式是非常典型的，也是值得学生学习和运用的。其中“相处”写得最为详细，毕竟这是最具体、印象最深刻的，回忆和离别写得最为简洁，作者看似随意，其实构思极为精巧。因为没有相处的快乐和融洽，就不会有离别的悲伤和思念，更不会有三十年后美好的回忆，而且回忆中的“看瓜刺猹”，正是相处中闰土讲得最详细、最惊险的，如此形成情节间的一种呼应。小说都有自己独特的推进情节的技巧，如《穷人》中通过桑娜大量的内心独白推进情节，《桥》中以洪水的惊险和人群的混乱推进情节，我们在教学中完全可以以此为主线，推进教学，正所谓：作者思有路，遵路识斯真。

(2)领悟人物形象的刻画

领悟人物形象是读懂小说的关键。小说主要通过鲜明而独特的人物形象打动读者、感染读者。作者运用各种艺术手法，进行肖像、语言、行动、心理、细节等描写，这一切都是为了刻画、塑造鲜明而独特的人物形象。在分析小说的人物形象，须准确把握主要人物的性格，挖掘作者在人物形象上积淀的爱憎之情，这是准确理解作品主旨的首要一步。

《少年闰土》教学中，教师要始终引领学生关注人物形象的刻画。比如在对“回忆”有滋有味的朗读之后，可以问学生：面对眼前在碧绿的西瓜地中间，戴着项圈、手捏一柄钢叉的闰土，如果要用一个词来形容你会用什么？学生纷纷回答：机智勇敢、英武不凡……随即让学生批注在文本旁边。在解读“相识”的过程中，作者写闰土只用了一笔白描：他正在厨房里，紫色的圆脸，头戴一顶小毡帽。此时可以尝试着让学生用词语来描绘眼前这个真实的闰土，诸如：活泼可爱、憨厚淳朴之类的词自然流泻。在“相处”的解读中，让学生直接用四字短语概括：无所不知、见多识广……到此，闰土这个人物形象已跃然纸上，而且学生在这样的阅读过程中，不断地发现文本平平无奇的语言之下的独特风景。比如在“相识”的片段中，教师可以做一个颇具创意的聚焦：看看作者描写闰土外貌的方法，跟我们平时描写一个人的外貌有何不同。说实话，在流行的、格式化的学生习作中，对人物外貌的描写已经走入一个僵化的程式，学生马上感知到作者写闰土寥寥几笔，没有对人物五官的细致刻画。此时引入丰子恺的漫画作品进行比对，让学生发现两位大师在刻画人物上都没有对五官的细致刻画，活灵活现的原因是抓住了人物外貌的特点。如此引导学生直观地感悟到作者人物刻画上的精妙。

小说的目的就是创造人物形象，因此教学小说，直面人物形象成为最为核心的语文内容。老支书在山洪暴发时舍己为人、不徇私情的光辉形象；桑娜和渔夫的善良，诸如此类，都是小说着力想展现的。教学中，我们不仅要让学生感知到人物形象，更要引导学生揣摩课文的语言是怎样表现人物的，最终感悟到人物形象刻画上的一些技巧。

(3)揣摩典型环境的营造

环境描写是小说三要素之一，是鉴赏小说不可缺少的内容。环境是人物诞生、成长和活动的场景。

《桥》一课开头用五个自然段描写故事发生的环境，“像泼、像倒”“近一米高的洪水已经在路面上跳舞了”等这些环境描写营造出死亡步步紧逼的危机感，也为下文埋下伏笔。《穷人》中典型环境的描写也在文章的开篇就密集呈现，铺垫了小说情节发展的背景。

《少年闰土》一课首先映入读者眼帘的是作者神异的想象，也是最为典型的环境营造：“深蓝的天空中挂着一轮金黄的圆月，下面是海边的沙地，都种着一望无际的碧绿的西瓜。其间有一个十一二岁的少年，项戴银圈，手捏一柄钢叉，向一匹猹尽力刺去。那猹却将身一扭，反从他胯下逃走了。”我相信任何一位读过《少年闰土》的人都会留下深深的烙印。究竟这语言的魔力何在？且看“深蓝的天空，金黄的圆月、碧绿的西瓜”，这些密集的色彩融汇在整个画面之中，柔和中透着亮丽，明净中透着鲜艳，给人以强烈的视觉冲击。而“天空、海边的沙地、一望无际”所编织出的是一种空间的旷远辽阔、浩渺无边，如此使整个场景透着一种神秘的静谧。再看少年刺猹，以“其间”开头，语言短促，节奏分明，动感十足。少年的英武不凡和猹的狡猾生猛呼之欲出，而且就其语势、用词，直如评书中等人物“开脸”般酣畅淋漓。整个空间的舒缓悠远与刺猹的短促激越构建出超乎寻常的文本张力，最终却又和谐地编织在一起，达成了一种美的极致。

我们知道，这样的画面环境其实是作者独特的心理感受和审美情趣，酝酿发酵的结果。由此，我们也可以感受到鲁迅先生三十年后回到故乡，想到童年的玩伴闰土，他是怀着非常热烈的向往的，以至三十年后，他仍对闰土充满着温暖的记忆。也是情感使然，才出现这样神异美丽的场景，这正应了所谓的“一切景语皆情语”。所以，这个典型环境的描写，使得我们阅读期待里的闰土更加神秘、更加勇猛。

教师应循着文本的文体特征，把童话教成童话，把寓言教成寓言，把神话教成神话，把小说教成小说，我们才能使语文教学朝着更为本真自然的方向发展。当然，彰显文本特征并不是简单地告诉学生文体的概念，或者先入为主地讲解一类文体的特征，使其演变成系统的知识讲授。我们是要通过直观感性的课文学习让学生感知到这种文体的特征。有文本意识，目光自然聚焦在文本表达的最大特色上，教得必然准确；有文体意识，课堂必定讲求整合，疏密有致，教得必然大气。

（三）信息类文本阅读情境特征

进入 21 世纪，随着整个社会信息化程度的加强，实用性、信息类文本的阅读也越来越受到各国阅读教育界的重视。PISA（国际学生评估计划）2018 认为，阅读素养是学生为了实现个人目标、增进知识、发掘潜能与有效参与社会生活，而对文本进行理解、运用、评估、反思的能力。可以说，阅读不仅关系到学生的学科学习和认知发展，还会影响其未来是否能够积极有效地参与政治、经济与文化生活。

1.信息类文本

“信息类文本”即主要以提供信息为主的功能性文本，旨在培养学生获得和使用真实世界信息的能力。如果说文学类文本阅读的目的是发现文学是如何发掘人类生命的丰富性和复杂性，进而拓展个体的经验视域和精神世界，而信息类文本则是为了获取和交流信息。

“美国国家教育进展评估项目”在 2009 年颁布的《阅读评价框

架》中，也将文本系统按阅读目的划分为两大类——文学文本和信息文本。在这个框架体系中，“信息文本”被分为三种类型：说明类文本、论证和劝服类文本、程序性文本。“说明类文本”即提出信息，提供解释和定义，进行比较，例如教科书、新闻报道和信息类贸易图书等就是这一类文本的典型；“论证和劝服类文本” 提出论据或试图说服读者倾向某种观点，往往通过自己的文章彰显其个人见解，政治演说、社论和广告等都属于这一类文本；第三类“程序性文本”，主要用散文的结构表达实现某个目标的具体步骤，或者用图文并茂的方式传达给读者或用户，包括一些手册和产品支持材料、某类活动的说明书等。在我们的教科书当中，信息类文本即实用性、说明性文本和非连续性文本。

2.信息类文本阅读

长期以来，我们的语文课程和教学存在着重视文学素养忽视文章素养的问题；偏重文学类文本和感悟体验式理解、忽视阅读的实用价值和方法策略指导的倾向；语文阅读教学与实际生活需求脱节等问题。因此，阅读教学要加强对信息类文本的关注与探究，信息类文本的阅读侧重于实用，即关注学生阅读过程中对信息的掌控情况，阅读方法、策略的习得及实际生活中运用所学策略解决实际问题的能力。只有明确了信息类文本的文本体式、阅读目的和教学价值，才能有的放矢地选择适宜的方法和策略，去指导学生进行这类文本的阅读。布卢姆教育目标分类理论认为，学生的认知过程可以划分为记忆、理解、应用、分析、评价、创造六种类型。PISA、PIRLS（国际学生评估项目、国际阅读素养进展研究项目）等国际学生测评项目则把提取信息、理解材料、阐述分析、评价反思视为阅读素养考查的关键要素——而这些，都为信息类文本的阅读教学指出了方向。

例如统编小学语文五年级上册的《太阳》一课，这是一节非连续性文本的阅读教学课，此次授课引申出“紫外线”这一和生活密切相关的话题，在此基础上采用多材料组合的阅读方式，聚焦于阅读能力的提升训练。因此，教师将教学目标确定为：①了解读图、读表格的基本方法；②能够在口语表达中，有理有据地发表自己的观点；③通过阅读材料，巩固提取信息与归纳概括的思路，解决生活中的实际问题。这样的教学目标的厘定，就明确指向了阅读策略的习得和阅读能力的培养。

在实际生活和学习中，我们面对的信息、需要解决的问题并非简单化和模式化，而是复杂多变的。而信息类文本的阅读，指向的正是学生应对未来社会生活的知识、技能的储备以及面对复杂情境解决问题的能力。因此，这类文本的阅读教学，其关注点也不应仅仅停留在“是什么”——文本内容的原生价值上，而更应关注“怎么样”——如何理解信息、解决问题的教学价值上，要从对学生初级语用能力的培养，转向通过阅读能够准确认知、深刻理解、学以致用的高级语用能力上。像上文提到的“紫外线”的教学，这类源于生活经验的“真”问题，以及这种问题解决和任务驱动的模式，极大地调动了学生们的兴趣，在解决问题的过程中，通过读数据、抓重点句、找关键词等方式，潜移默化地帮助学生们掌握到阅读这类文本的方法和策略。

信息类文本的阅读，不仅要求学生能迅速捕捉明确提供的信息，深入理解隐含的信息，而且能够在更高的归纳概括水平上去反思和评价文本。拥有高水平阅读能力的学生在面对新信息时，能够克服先入为主的固定看法，即使这些新信息与预期相反，他们也能识别出文本提供了什么，用批判性的观点来看待问题，达到对文本的适切、深刻的意义理解，并建立起与现实的有效关联。因此，我们有必要及时了解信息类文本的国际研究和教学应用，借鉴有益的经验和模式，丰富我们的阅读教学观念与方法，从单纯重视文本解读的结果，到更关注学生在阅读过程中的思维、认知能力的发展，从而借由信息类文本阅读教学的有效开展，切实提升中国学生的阅读能力与素养。

二、经历学习历程的阅读设计

阅读是一个复杂的心理活动，阅读过程也是由若干环节和多种因素组成的。从心理学的角度看，阅读是一个对文本感知、理解、想象、思考和迁移的过程。从行为科学的角度看，阅读又是一个对文本的认读、理解、评价和运用的过程。阅读就要经历这个过程，否则就是浏览式的，走马观花式的低效能阅读，这样很难把握和理解文本作品的深意，不能深入地理解，学生的阅读能力也得不到提高。要从走马观花到下马赏景，也就是让学生经历阅读学习历程，让学生能够进行深度阅读，而不是被动地接受。下马赏景的阅读过程不仅是学生学习知识和提高能力的过程，还是学生发展思维、形成情感态度和价值观的过程。

好的阅读设计是教学成功的一半，应最大化地满足学生的成长需求。经历学习历程的阅读设计可以看到学生的阅读成长。基于理解的阅读活动设计和目标引领的逆推阅读活动设计都能帮助学生实现学习成果的迁移，让学生获得看得见的成长。

（一）基于理解的阅读活动设计

什么是理解？不同专家有不同的表达。布鲁姆早在1956年就指出，“理解”是通过有效应用、分析、综合、评价，来明智、恰当地整理事实和技巧的能力。戴维·铂金斯在《为理解而教》一书中将“理解”定义为“能够灵活利用所学知识进行思考和行动的能力”。格兰特·威金斯和杰伊·麦克泰格则认为“理解是关于知识迁移的……对知识与技能的有效迁移能力是我们在不同的情境和问题面前创造性地、灵活地、流畅地应用所学知识的能力”，并指出理解有六个侧面，即“解释、阐明、应用、洞察、神入、自知”。纵观这些专家的论断，我们不难看出，真正的理解是指能运用一定的知识技能，恰当地解决真实情境中遇到的问题。

案例 1:"基于理解的阅读活动设计——以童话为例"

"推选童话故事大王"阅读活动设计

设计背景:

《风娃娃》是统编小学语文二年级上册第八单元的一篇课文。这个趣味盎然的童话故事围绕风娃娃想帮助别人的美好心愿,写了风娃娃来到田野吹动风车,来到河边吹动大船这两件好事,又因为方法不当在广场吹丢了风筝、吹跑了衣服、吹断了小树而帮了倒忙。通过风妈妈的点拨,明白了"做事情光有好的愿望还不行,还要看是不是真的对别人有用"的道理。依据任务群视野下的教学支点,本课旨在让学生在趣味盎然的童话学习中初步体验文学阅读乐趣,在理解故事内容的基础上借助提示语和关键词讲故事,并尝试创意表达。通过为学生创设为元旦联欢会准备节目这个真实情景,设计"讲故事"与"编故事"两场比赛来推选故事大王,充分调动学生参与课堂的积极性。并利用"活动式学习单"将课堂真正还给学生,在活动中锻炼学生的思维能力,并将思维可视化。

整体思路:

一、学习目标

1.巩固本课词语,回忆故事内容。

2.能借助提示语与关键词讲《风娃娃》的故事,懂得"做事情光有好的愿望还不行,还要看是不是真的对别人有用"的道理。

3.通过续编故事,积累"和风细雨""风和日丽"等词语,了解生活中的风还能做什么。

二、课时安排

1 课时

三、成果预估

学生以小组为单位进行合作,根据提示和关键词讲故事并尝试续编故事,根据两场比赛表现推选"故事大王"参加元旦联欢会。

活动设计：

【活动任务一】

学习目标：

明确“故事大王”评选规则；回忆故事内容，认读本课生字词；尝试小组合作，根据提示讲故事；通过改编故事明白与人相处的道理。

活动过程：

一、情境创设，讲好故事

（一）回忆故事，复习字词

师：同学们，前几天红领巾广播站发布了消息，马上要过元旦了，学校要举办元旦联欢会，正向各班征集节目呢！我们班要推选一名“故事大王”在元旦联欢会上为大家讲故事，好不好？在上节课学习的故事中我们认识了一位好朋友，他是谁呀？

生：风娃娃！（板贴：风娃娃）

师：我们一起和他打个招呼吧！

生：你好，风娃娃！

师：到底推选谁呢？今天我们就来比一比，看看谁是我们班的故事大王。请同学们先看故事大王评选规则。

课件出示：

> 故事大王评选规则：
>
> 1.故事大王评选分两场进行。
>
> 2.讲故事标准：
>
> （1）有顺序（2）讲流利（3）声响亮（4）有意思
>
> 3. 根据同学们在两场比赛中讲故事的综合表现推选故事大王。

师：比赛开始啦！下面进入第一场比赛：讲故事。同学们，你们还记得风娃娃都去了哪里，做了什么事情吗？请先翻开课本105页，快速默读课文，回忆一下风娃娃都去了哪里。（教师巡视，挑选一名学生上来圈一圈）

师：我们来看看他圈得对不对。我们一起来说一说风娃娃都去了哪里。

生：风娃娃先来到田野，再来到河边，最后来到广场。（同时板贴：田野、河边、广场）

师：同学们，风娃娃从这些地方吹来了一些词语，你们还认识吗？大风吹——

师：吹到你，你来读。（点学生读词）

课件出示：

田野　广场　点头　摇摇摆摆 断断续续　河边　高兴　无影无踪 哗啦哗啦　感谢　伤心　责怪 生气　委屈

师：同学们，这些词语也被吹到了我们的学习单上，帮助我们回忆故事内容，下面就请你们四人为一组合作比赛，请同学先来给大家读一下学习单上的学习步骤。

生（读）：

学习步骤：1.分，给词卡分分类； 2.说，说说分类的理由。

师：大家明白怎么做了吗？

生：明白了。

师：那就开始行动吧！

（小组合作，教师巡视，引导学生能按顺序摆放。）

师：准备好的小组回座位坐好。接下来开始展示，哪组想来展示一下你们小组的成果？

学生以小组为单位上来展示。

生 1：我们是按照地点，把与地点相关的词语分为一类。请大家和我一起读“田野、断断续续、哗啦哗啦、点头”，这是风娃娃在田野发生的事。

生 2：请大家和我读“河边、感谢”，这是风娃娃在河边发生的事。

生 3：“广场、摇摇摆摆、无影无踪、伤心”——

生4:“生气、责怪、委屈”,这些是风娃娃在广场发生的事。

师:你们组发动脑筋认真思考了,真棒!还有哪组想来展示?你们组来。

生5:请大家和我一起读“田野、河边、广场”,这些是按照风娃娃去的地点分的。

师:你们观察得可真仔细。

生6:请大家和我一起读“高兴、伤心、生气、委屈”,这些是按照心情分的。

生7:请大家和我一起读“点头、感谢、责怪”,这些是按照风娃娃做事后,秧苗、船工和人们对他的反应分的。

生8:请大家和我一起读“断断续续、哗啦哗啦、摇摇摆摆、无影无踪”,这些是按照四字词语分的。

师:还有哪组和他们分的不同?你们小组来展示。

生9:我们组和他们不同的是,我们把“高兴、委屈”分为一组,这是风娃娃的心情。

生10:“点头、感谢、伤心、生气、责怪”这些都是人们的反应。

生11:“断断续续、哗啦哗啦”是风娃娃做的好事,“摇摇摆摆、无影无踪”是风娃娃做的坏事。

师:你们组还分出了风娃娃做的好事与坏事,这也是一种新思路。感谢同学们的分享,你们可真会思考。

(二)小组合作,练讲故事

师:看来同学们对故事内容都比较熟悉,还能捋清故事顺序,那接下来我们就来试着讲一讲吧!同学们,接下来就请选择你们小组最喜欢的场景讲一讲,谁来为大家读一读讲故事的学习步骤要求?

生读:

学习步骤:1.读,把选择的场景读一读; 2.摆,按顺序摆词卡; 3.讲,小组合作讲故事。

师:不要忘记讲故事的要求:1.有顺序;2.讲流利;3.声响亮;4.

有意思(加上动作、表情以及自己的语言),咱们看看哪组能把故事讲得最吸引人。

(小组练讲故事,教师巡视指导。)

师:好了,同学们坐正,我们来比一比啦!

(组1上台展示。)

生:我们组选择河边这个场景。

师:好的,开始吧!

师:大家想给这组同学打几颗星?

生:我想给他们打三颗星,因为他们按一定顺序讲了,并且有自己的动作,声音还很洪亮。

师:这位同学发现你们组在讲故事的时候是按照一定顺序讲的,你们有什么窍门吗?

生:我们是按照“风娃娃来到—看到—怎么做—结果”(适时板贴)的顺序讲的。

师:真不错,其他组也可以向他们组学习,按照一定的顺序来讲故事。

(组2上前展示。)

生:我们组选择的田野这个场景。

师:大家想给这组同学打几颗星?

生:我想给他们打三颗星,我觉得他们有动作,有顺序,讲得很流利,要是声音再洪亮些就更好了。

师:你听得可真仔细,希望你们组继续努力。还有哪组想来试一试?

(组3上前展示。)

生:我们组选择的是广场这个场景。

师:你想为这组同学打几颗星?

生:我想为他们打四颗星,因为他们声音很洪亮,讲得也很有意思,而且是按一定顺序讲的,我觉得讲得很好。

师:感谢你的评价,你们组准备得可真充分呀!(小红花奖励）接下来我们试着把整个故事串起来讲一讲吧，哪位同学想来试一试？

（挑选三名学生串讲整个故事。）

师：同学们，我们不仅回忆了故事内容，还能按一定的顺序讲好故事，为你们点赞！

（三）结合情境，学习生字

师：同学们，我们跟随风娃娃来到了三个场景，“场”这个字是我们本课的会写字，老师把这个字请到了现场，大家来观察一下怎样才能写好这个字。

师：请你认真观察这个字，说一说这个字在字形结构上有什么特点？

生：“场”是一个左窄右宽的字。

生：它的提土旁是“土”字的变形，横要变提。

生：它还是一个左高右低的字。

师：真棒，“场”不仅左窄右宽，而且左高右低。我们书写的时候一定要注意。

师：请大家伸出右手食指，和老师一起书空这个字。

师：土做偏旁提要收，横折折折钩一笔成，两撇空隙要均匀，穿插避让真文明。

师：你能试着给这个字组个词吗？能不能试着说个句子？

生：广场、场地。

生：我们在操场上快乐地玩耍。

师：请翻开课本生字部分，自己来练习书写这个字吧！写字要练——

生：写字歌——头正、身直、臂开、足安。

学生调整坐姿，教师巡视，指导书写。

（四）赛间挑战，创意改编

师：同学们，你们在讲故事的过程中有没有发现，风娃娃在帮助人们时用了同一种方法——用力吹，但在广场上却好心办了坏事，受到了人们的责备，他很伤心，大家能帮帮他吗？

生：能。

师：老师给大家准备了一个小挑战，那就是改编故事。如果能有一次重来的机会，你觉得风娃娃在广场上应该怎么帮助别人呢？你能不能结合图片并按照本节课我们学习的讲故事顺序来说一说呢？

生：风娃娃来到广场上，看到孩子们在放风筝，他轻轻吹了一口气，孩子们的风筝飞得高高的，高兴极了，风娃娃也高兴极了。

风娃娃来到广场上，看到人们晾晒的衣服还没干，他轻轻吹了一口气，人们的衣服慢慢晾干了，人们开心地收起衣服，纷纷感谢风娃娃。

风娃娃来到广场上，看到新栽的小树苗在打蔫，他赶紧过去小心翼翼地吹了口气，让树苗直起身板，快快成长，小树苗有了力气，开心地笑了。

师：在你们的帮助下，风娃娃在广场上真正帮助了别人，风妈妈听到了这个消息十分高兴，也来到了现场，你觉得风妈妈会和风娃娃说些什么呢？

生：我觉得风妈妈会说："孩子，这回你知道了吧，做事情不能光有力气，还得做对别人有用的事。"

师：你仿佛就是风妈妈一样！还有谁想来说一说？

生：风娃娃，做事情不能光有好的愿望，还得看是不是真的对别人有用。

师：你和风妈妈想的一样，风娃娃终于明白了——

生：做事情光有好的愿望不行，还要看是不是真的对别人有用。

师：同学们，你们发挥想象帮助风娃娃真正帮助到了别人，让风娃娃的故事变得更圆满了，你们可真出色！

【活动任务二】

学习目标：

让学生继理解故事道理后，继续跟随风娃娃出发，发挥想象并结合叙事顺序进行创编，在创编的同时积累课后词语，并通过书籍拓展推荐，将讲好故事这一目标延伸到课外。

活动过程：

一、发挥想象，续编故事

师：风娃娃在明白了要做对别人有用的事后，又继续出发了，接下来风娃娃还会飞去哪里，做些什么好事呢？你能不能试着选择任意一个场景，根据词语提示并按照我们本节课讲故事的顺序，发挥想象来续编风娃娃的故事呢？

课件出示：和风细雨、风和日丽、风平浪静、风调雨顺四个词及配图。学生选择场景，尝试编故事。

生 1：我选择和风细雨这个场景——风娃娃又来到田间，看到农民伯伯们在播种，就轻轻吹了口气，天下起了蒙蒙细雨，给庄稼补充水分，让它们长得更快更好，农民伯伯们开心极了，纷纷谢谢风娃娃。

生 2：我选择风和日丽——风娃娃又来到田野，看到一个孩童坐在牛背上放风筝，他轻轻一吹，风筝飞得高高的，孩童高兴极了，风娃娃也开心极了。

生 3：我选择风平浪静——风娃娃又来到海上，看到一艘帆船停在海面上，没有风船是动不起来的，所以风娃娃吹了一口气，帆船慢慢动起来，船员们都向风娃娃表示感谢。

生 4：我选择风调雨顺——风娃娃又来到稻场上，看到农民伯伯们在收庄稼，累得满头是汗，他轻轻吹了口凉气，为农民伯伯们吹干汗水，丰收的他们高兴极了，风娃娃也高兴极了。

师：同学们，这几位同学的续编合在一起又成了一篇新的风娃娃的故事，真是太精彩了！让我们把掌声给他们吧！

二、根据表现，推选故事大王

师：同学们，不知不觉，风娃娃又去了这么多地方，做了这么多好事，我们的比赛也到此结束了！恭喜你，被推选为我们班的故事大王，希望你回去也能好好准备，争取在元旦联欢会上大放光彩！

让我们把掌声送给她吧！

三、书籍推荐，拓展阅读

师（总结）：同学们，虽然我们的比赛结束了，但风娃娃的故事并没有结束，你们看——

课件出示：有关风的书籍。

师：如果你还想向大家分享更多有关风娃娃的故事，课下就去这些书里继续探索吧，希望你们也能成为下一个故事大王！

（天津市东丽区华新小学 田甜）

教学评析：

一、梳理故事顺序，在理解中学会复述

童话作品生动、丰富的语言，适合学生练习复述，提升语言运用能力。通过再现语言完整点，引导学生复述、完整地再现文本语言，这其中也加入学生自己的创造。复述是对文本语言进行吸收、存储、内化的过程，是培养学生进行言语实践的好方式。本课教学中，引导学生通过小组合作分类词卡，回忆故事，然后分工练讲故事，让学生在讲故事前在组内先读好故事等，都是在帮助学生回忆故事内容、梳理故事脉络、把握故事叙事顺序，为学生建构讲好故事的支架。当学生对文本故事了然于胸，“讲故事”也就自然能够声情并茂，言意兼得。

二、整理故事架构，在理解中进行创编

在童话单元教学中，教师从单元整体出发，利用童话丰富的想象与生动离奇的故事情节等特点，引导学生展开想象，进行童话想象创编，可以让学生从中感受到创作童话给自己带来的乐趣。《课标》针对“文学阅读与创意表达”任务群要求提出鼓励学生在口头交流和书面创作中，要发挥自己的创造性。在学习《风娃娃》一课前，先让学生练讲故事，在此基础上整理讲故事的顺序并理解故事道理，然后结合课后词语让学生发挥想象进行创编，真正实现在对故事的深刻理解后，运用自己的语言去创编新故事，与本课任务也相联系，“故事大王”不仅能讲好故事，还要有自主创作的能力。

在童话教学中，教师从童话这一文体特征出发，从单元整体架构学习目标，让学生感受童话神奇的想象并自主创编新故事，这样教学，可以拓宽学生的阅读视野，让学生在童话奇妙的想象与创编中，感受到阅读童话给自己带来的乐趣，让学生逐渐爱上阅读。儿童是天然的审美大师，他们在每个真实的学习情境、激发内驱力的学习任务、富有激励的评价中，获得独特的学习体验和能力，实现了由“创”到“享”的审美创造。

三、让思维可视化，创新学习形式设计

本课根据二年级学生的学情特点设计了趣味性、合作性更强的活动式学习单，让学生在小组合作给词卡分类的过程中再次回忆故事内容与生词认读复习，促进学生进行自主、合作、探究学习，锻炼学生思维能力，并通过学习单展示，真正实现了学生思维的可视化，强调学生的主体地位，能够极大地促使每一位学生积极地参与课堂学习，真正地动起来。

语言发展的过程也是思维发展的过程。除了活动式学习单外，本课还通过学生小组合作练习的方式，借助提示和关键词分工讲故事，学生发挥想象改编与创编故事，训练学生的语言表达，通过加入表情动作和自己的语言发挥其思维能力与审美创造能力，并让思维过程依托展示讲故事的形式呈现出来，让成果可视化。

案例 2：基于理解的阅读活动设计——以寓言为例

“寓言故事课本剧”阅读活动设计

设计背景：

本活动依据统编小学语文二年级上册第八单元第 22 课《狐假虎威》一课展开。本单元围绕“相处”这个主题安排了 4 篇童话故事。《狐假虎威》是一篇家喻户晓的寓言故事，讲的是一只狡猾的狐狸骗过老虎，不但使自己逃脱了危险，而且借着老虎的威风，让其他动物纷纷逃窜的故事。故事情节生动有趣,角色个性鲜明,通过对本课的学习,学生能分清真伪,树立正确的价值观,并且明白成语“狐假虎威”的意思是比喻依仗别人的势力来欺压人。

“借助提示,复述课文”是本单元教学重点,《狐假虎威》课后习题要求学生先给词语分类,再分角色表演故事,理解词语的意思。此次学习活动设计,以“演好课本剧”为任务驱动,让学生在理解的基础上,用表演的形式把对词语的理解以及对故事的理解外显出来。重点词语可以通过分类、动作等形式去理解。表演故事就要以熟读课文为基础,活动时,引导学生以多种方式朗读,加深对课文的印象,并借助对话中的标点及提示语帮助学生体会角色的心理活动,在此基础上将分角色表演落实到位,从而感悟文章所传达的道理。

整体思路:

一、学习目标

1.复习生字词,读准“扯着嗓子、威风”等词语,会写“神、活”两个字。

2.朗读课文,能分角色演一演“狐假虎威”这个故事。

3.理解“神气活现”等四字词语的意思,了解狐狸的狡猾与老虎的愚昧。

二、课时安排

1课时

三、成果预估

学生借助标点和提示语,读好对话。在理解词语的基础上,表演故事,并通过课本剧的形式将自己对寓言故事的理解进行呈现。

活动设计:

【活动任务一】

学习目标:

创设情景,明确阅读任务,了解题目“狐假虎威”的意思。

活动过程：

师：同学们快看，红领巾广播站有新消息啦，学校要举办元旦联欢会，正在向各班征集节目呢！我觉得咱们班可以表演课本剧，正巧咱们课本里就有一篇文章，特别适合排一出戏，想不想试一试？

生：想。

师：让我们一起读出故事的名字——《狐假虎威》，看老师板书课题。“狐”是指？

生：狐狸。

师：“假”是什么意思？

生：借着。

师：“虎”是指？

生：老虎。

师：狐狸借着老虎的什么？

生：威风。

师：狐狸借着老虎的威风要干什么呢？咱们通过表演看一看吧！

【活动任务二】

学习目标：

学生自读课文，确定故事人物。

活动过程：

师：想要演好课本剧，咱们需要先把故事里的角色确定下来！请大家自己读读课文，一边读一边将文中角色圈画出来，开始吧！

生：（圈电子教材）老虎、狐狸、野猪、小鹿、兔子。

【活动任务三】

学习目标：

借助学习单，抓住句子的标点、提示语读好对话。在理解角色心理的基础上，分角色演好故事。

活动过程：

读好对话，演故事。

师：角色定下来了，我们可以开始准备排练啦！想要表演好，首先我们要读好它们的语言。请同学们读读第2到6自然段，借助学习单，试着读准老虎和狐狸的对话。

小组学习单(一)	
学习步骤	1.读：读第2–6自然段的内容。 2.画：将老虎说的话用“____”画出来；将狐狸说的话用“____”画出来。 3.演：一名同学读老虎说的话； 一名同学读狐狸说的话； 一名同学读旁白。 【朗读小贴士】①借助句子的标点，读准对话。 ②借助提示语，读准对话。

生1：这是我们小组画的句子，其中用“_____”画出来的是老虎说的话，用“_____”画出来的是狐狸说的话。

（生2、生3、生4读第2—6自然段老虎、狐狸、旁白的话。）

师：谁来评一评，这组同学演得如何？

生：我觉得这只狐狸演得好。

师：好在哪儿？

生：我觉得他把那句话“你敢吃我？”读出了疑问的语气。

师：真不错！我们可以借助句子的标点读句子，谁再来读读这句话？

生：你敢吃我？

师：你看你还读出来狐狸的狡猾感。我们还可以借助前面的提示语读好句子，看看狐狸是怎么样对老虎说话的？

生：扯着嗓子。

师：（出示词卡）我们读读这个词。

生：扯着嗓子。

师：那谁再读读这句话？

生：你敢吃我？

师：注意你现在可被老虎逮住了，正被死死压在老虎身下呢，马上就要被吃掉了，此时你扯着嗓子说？

生：你敢吃我？

师：这次读准了，听出来狐狸害怕被老虎吃掉的紧迫感。在茂密的森林里，老虎正在寻找食物。狐狸从老虎身边蹿过，老虎扑过去，把狐狸逮住了，狐狸扯着嗓子问。

生：（全班）你敢吃我？

师：老虎被狐狸问得一愣，说？

生：为什么不敢？

师：它为什么一愣？

生：因为老虎是森林之王，没有动物不害怕它。

师：谁再来读读这句话？

生：为什么不敢？

师：狐狸看到老虎愣住了，它心生一计，说道？

生：老天爷派我来做你们百兽的首领，你吃了我，就是违抗了老天爷的命令。我看你有多大的胆子！

师：（出示词卡）他把这个词读得很准确，我们一起读一读。

生：违抗。

师：刚刚我们学会借助标点读句子，谁来读读这句话？

生：我看你有多大的胆子！

师：狐狸把老虎这下彻底唬住了，谁来读读？

生：我带你到百兽面前走一趟，让你看看我的威风。

师：（出示词卡）他把这个词读得很准确，我们一起读一读。

生：威风。

师：谁再来读读这句话？

生：我带你到百兽面前走一趟，让你看看我的威风。

师：你读出了狐狸得意扬扬的感觉。

师：大家现在知道怎么把角色的语言读好了吧！我们男女生分

着读读它们的对话，男生读老虎的话，女生读狐狸说的话，老师帮你们读旁白。（分角色朗读）

师：有哪个组愿意再来为大家表演吗？（生汇报）

【活动任务四】

学习目标：

借助学习单，将四字词语分类。在理解词语意思的基础上，依靠动作演好故事。

活动过程：

一、理解词语，演故事

师：刚刚同学们将它们的对话读得很精彩，想不想继续表演后面更精彩的内容？

生：想。

师：我们还可以抓住角色的动作、神态进行表演。刚刚记台词时，出现了几个四字词语，你还记得吗？我们一起再读一读。（出示词卡）

生：神气活现、摇头摆尾、半信半疑、东张西望、大摇大摆。

师：现在请大家读读第7、8两个自然段，找到这些词语，并按照学习单的提示，继续开展后面精彩的表演。

<table>
<tr><th colspan="2">小组学习单(二)</th></tr>
<tr><td colspan="2">神气活现　摇头摆尾　半信半疑　东张西望　大摇大摆
　</td></tr>
<tr><td>学习步骤</td><td>1.读：读第7、8两个自然段。
2.连线：将上面的词语与图片进行连线。
3.演：一名学生读第7、8两个自然段；
一名同学表演老虎的动作；
一名同学表演狐狸的动作。</td></tr>
</table>

生1：将四字词语进行分类，将词卡贴到对应动物贴图的下面。

师：老师想问问你，为什么要这样贴词卡？

生1：我是按照书上的内容贴的词卡。

师：你是一个认真读书的孩子，还有没有其他同学愿意说说你的想法？

生：我觉得前面说过，狐狸把老虎已经唬住了，所以它肯定很得意，所以“神气活现、摇头摆尾、大摇大摆”都能表现出它的那种得意。而老虎前面说已经愣住了，所以它有点“半信半疑、东张西望”起来。

师：看来前面的课文内容你读明白了。真会学习，联系上文，理解词语。好，现在你们组可以继续表演啦！

（生2读第7、8两个自然段；生3和生4表演四字词语。）

二、回顾课文，表演课本剧

师：咱们现在把整个课本剧演一遍吧！谁愿意来试一试？

学生分角色表演。（老虎、狐狸、野猪、小鹿、兔子、旁白）

师：大家演得真精彩，这只小鹿你留步，我想问问你，你刚刚吓得撒腿就跑，你害怕什么啊？

生：害怕老虎。

师：你为什么害怕的是老虎而不是小狐狸呢？

生：因为老虎是森林之王啊，它能吃了我。狐狸又吃不了我，我怕它干什么？

师：那谁骗了谁啊？

生：是狐狸骗了老虎。

师：看来你读懂了这个故事。文中最后也是这样写的，一起读。

生：狐狸是借着老虎的威风把百兽吓跑的。

【活动任务五】

学习目标：

学会书写生字“神、活”，学会观察左右结构的字在书写时的不同点。

活动过程：

师：刚刚同学们把老虎和狐狸演得活灵活现，还记得刚刚课本剧中的这句话吗？这里面有一些生字需要大家补充完整。认真观察这些字，你发现了什么？书写时有什么需要注意的地方吗？先在小组里讨论说一说。

《狐假虎威》台词记录单

shén　huó

狐狸(　)气(　)现，摇头摆尾；老虎半信半疑，东张西望。

神　　活

生1：我认为这两个都是左右结构，“神”是左短右长，“活”是左窄右宽。

生2：我发现“神”字的竖画要写伸展。

生3：我看到活字右边的第二笔是个长横，而且起笔在左边提的上方。

师：同学们观察得仔细，大家可以按照同学们刚刚提到的书写提示进行书写，在空白田字格写一个吧，开始，注意书写姿势。(生练习书写)

师：同学们，来看看这个同学写的，谁来评一评？

生：我觉得他写的“神”字做到了左短右长，“活”做到了左窄右宽。

生：我觉得这个“神”字左右两边应该写得再紧凑一些。

生：那个“活”字，三点水写得不好看，“提”应该再靠上一些。

师：同学们评得真细致，看看你书写的字有没有这些问题？在后面的空白田字格再写一个吧。

布置作业：

请同学们利用课余时间，把这个故事排练得更完善，表演得更精彩，以班级为单位报名参加学校的元旦联欢会。

今天，老师还推荐大家一本书，名字叫《中国古代寓言故事》，相信从这里面一个个小故事中，你们能感悟更多的大道理。

(天津市河东区缘诚小学　徐雯)

教学评析：

语言是思维的外壳，思维是语言的内核。在语文学习过程中，通过语言文字，触摸思维本质，提高学生的思辨能力，是提升语文课程核心素养的重要途径。而寓言这一特殊的文学体裁非常适合在课堂教学中进行思辨性阅读教学。

寓言在我国源远流长，寓言故事具有篇幅短小，结构简单；情节虚构，生动形象；借喻描写，寓意深远等特点。寓言题材的教学是小学语文教学的重要组成部分。然而，小学低年级的学生，他们领悟故事内涵的能力还不是那么强。针对这部分学生，寓言该教什么，又怎么教，值得教师去探究思考。在本节课中，教师在学生理解的基础上，设计学习活动，在活动中培养学生的语用能力和思辨能力。

一、创设情境，激趣学习

利用元旦佳节这个契机，本节课以学校筹备联欢会向班级征集节目为由，借助表演课本剧的形式创设学习情境，激发学生学习兴趣，同时引出本节课的学习任务——演好故事。

揭示课题后，教师板书课题，在书写过程中，帮助学生回忆上节课所学，并初步了解“狐假虎威”的意思。

二、小组合作，演好故事

本节课，为了让学生最后能演好课本剧，达成预估成果，在理解的基础上，教师利用学习单中的学习步骤为学生搭建学习支架，主要设计了两个学习活动。

（一）读好对话，讲故事

《狐假虎威》中，老虎与狐狸之间的对话占据很大的篇幅，如何读好角色的对话，对后面表演课本剧起到至关重要的作用。学生借助第一张学习单中的学习步骤展开学习，通过找对话、读对话，初步了解对话内容。

教师在学生小组合作交流、汇报展示基础上，对句子进行朗读指导，引导学生关注句子的标点以及提示语，从而读好语言。另外，还穿插情景，让学生有身临其境之感，读好对话内容。最后，师生以分角色扮演的形式合作读好对话。

（二）理解词语，讲故事

《狐假虎威》的课后习题中，有一题是要求学生给词语分类，再分角色表演故事，理解词语的意思。为完成这一练习，学生可以利用第二张学习单进行小组合作。学生通过连线、贴词卡等形式，为四字词语进行分类。其实，这个分类的过程也是一种思维训练的过程。教师在学生贴词卡之后，顺势提问“为什么要这样分类”，有的学生是基于书本的内容，有的学生则会联系上文，揣摩角色心理，进行合理分类，这一过程也是学生之间思维火花的碰撞。

二年级的学生处于学习认知浅显的阶段，他们不能用准确的语言去诉说一些词语，但是他们已经有能力依靠动作去表达自己对于词语的理解。本节课，在对四字词语分类后，进入小组表演展示。可以看到，小组内的同学们已经能一边读课文内容，一边作出老虎和狐狸相应的动作，惟妙惟肖。这也向学生们传递出一种理解词义的方法，就是可以借助动作理解词语意思。

经过一堂课的训练、指导，《狐假虎威》这个课本剧最终被学生们演绎得活灵活现，充满童趣。

（三）基于理解，感悟内涵

寓言故事的教学最重要的就是让学生能感悟出故事背后的大道理，但是如果是教师直白地讲述或一味地教育，这种教学方式是无效的。本节课，学生基于自己对词语的理解，一步一步读好句子，在学习过程中把握角色的心理特征，了解故事内容。当最终表演完课本剧后，学生恍然大悟，一下子懂得这个小故事背后蕴含的大道理：在日常生活中要能分清真伪，树立正确的价值观，不能依仗别人的势力来欺压人。

总而言之，我们在教学时，应结合低年级学生的思维特点，研究寓言教学，搞好寓言教学。在学生理解的基础上，依据寓言文体特点而教，有效唤醒学生的阅读热情和创造潜力，促进学生语文素养的全面提升。

（二）目标引领的逆推阅读活动设计

格兰特·威金斯和杰伊·麦克泰格在《追求理解的教学设计》一书中指出，最好的阅读活动设计应该是逆向设计，以始为终。目标引领的逆推阅读活动设计就是以学习目标为导向，教学设计从学生最终全面发展的学习结果出发，逆向推到学习活动的设计与活动步骤，从而有效保障教、学、评活动的一致性。

逆推阅读活动设计将学习过程确定为三个阶段：1.确定预期结果；2.确定合适的评估证据；3.设计学习体验和教学。这里的逆推阅读活动设计，最大的特点在于“逆推”，即区别于传统设计中先依据教学内容设计学习活动，最后才设计评价的做法，教师首先确认预期的学习效果（教学目标），然后设计评价评估学习结果的证据，最后才设计学生的学习活动，三者形成“结果”“证据”“活动”的逆向因果关联。

案例 1：目标引领的逆推阅读活动设计——以神话故事文本为例

“我是神话故事传承人”主题活动设计

设计背景：

本活动依托统编小学语文四年级上册第 15 课《女娲补天》一课展开。《女娲补天》这个神话故事，处处充满着神奇的想象。这篇略读课文，讲述了远古时期女娲为了拯救处于水深火热中的人们，甘冒生命危险的故事。赞扬了女娲勇敢、善良的品质以及不怕危险、甘于奉献的精神。《女娲补天》这篇课文所在单元要求学生能够了解故事的起因、经过、结果，学习把握文章的主要内容；感受神话中神奇的想象和鲜明的人物形象；展开想象，写一个故事。在设计时，按照本单元语文要素的要求和本课的学习提示，我们将阅读活动设计重点放在介绍故事主要内容和发挥想象创编故事这两大方面。

由于本课是本单元的最后一篇课文，为了实践学生前期的学习成效，本课基于目标引领的逆推阅读活动去设计，先确立目标，以争当“我是神话故事传承人”为预期学习成果，创设争当“神话传讲人”“神话补充师”等学习活动，锻炼学生把握文章主要内容的能力，提升学生展开想象训练表达的水平。通过“自主学习—小组合作学习—交流分享”这样的学习方式，使他们真正参与到学习中来。学生带着学习任务去阅读、交流、补充，在一连串思维的碰撞中提升自身的语文学科核心素养。

整体思路：

一、学习目标

1.学会从课文中提取信息，了解故事的起因、经过和结果，并能连起来说说故事的主要内容。

2. 能发挥丰富的想象，把女娲从四处捡来五彩石的过程说清楚、说生动。

二、课时安排

1 课时

三、成果预估

学生以小组为单位介绍《女娲补天》这个故事，并能展开想象把女娲从四处捡来五彩石的过程说清楚。

活动设计：

【活动任务一】

学习目标：

复习导入，调动已有学习方法；创设情境，明确阅读任务。

活动过程：

一、复习回顾阅读方法，创设情境导入新课

师：同学们，这一单元我们学过的三篇课文，你还记得吗？

生：《盘古开天地》《精卫填海》《普罗米修斯》。

师：这三篇课文都是神话故事，给你留下了哪些印象？

生：这些神话故事都很有趣，很神奇。

师：哪个故事令你印象深刻，能说一说吗？

（生：汇报其中一篇课文的内容）

师：他介绍得怎么样？

生：他说得很清楚。

师：从哪看出来他说得很清楚？

生：他把故事的起因、经过、结果都说出来了。

师：是呀，将故事的起因、经过、结果说出来可以帮助我们概括故事的内容，这是我们之前学习课文时掌握的本领。谁还有补充？

生：概括故事内容时，可以借助文中的词语或语句，也可以按照自己的话去说。

师：你说得真好！我们可以用多种办法概括故事内容，只要把故事的主要内容说出来，简短说，说清楚就行。

今天我们要学习的课文是《女娲补天》，它也是一篇神话故事，让我们一起探索它的神奇之处吧，争做"神话故事传承人"。

二、阅读学习提示，明确阅读任务

师：阅读课文内容之前，我们先来了解一下本课的学习任务有哪些。请你默读课题下方的学习提示，找一找有几个学习任务？

（生：阅读学习提示）

师：谁能用简洁的语言汇报一下？

生：说说故事的起因、经过、结果，说说女娲从各地捡石头的过程。

师：非常好。想要当一名合格的"神话故事传承人"，本节课一共需要完成两个小任务，任务一：争当"神话传讲人"，概括文章主要内容。任务二：争当"神话补充师"，把女娲从各地捡五彩石的过程说清楚、说生动。

【活动任务二】

学习目标：

学生小组合作，自主阅读文本，运用梳理过的阅读方法，将《女娲补天》这个故事介绍清楚。

活动过程：

借助学习单，争当“神话传讲人”。

师：这篇课文和《盘古开天地》《普罗米修斯》一样，都是按事情发展顺序写的。请同学们默读课文，补充学习单上的内容，并在小组内推选出一名“神话传讲人”，一会儿汇报你们小组的学习成果。

（生进行小组学习，师查看学习情况）

<table>
<tr><th colspan="2">“神话传讲人”学习单</th></tr>
<tr><td rowspan="2"></td><td>1.默读课文，写一写故事的起因、经过和结果。
起因　　经过　　结果</td></tr>
<tr><td>2.讲一讲这个故事，争当“神话传讲人”。</td></tr>
</table>

师：同学们，先暂停一下，我听到有同学说，这个字太多，格写不开，应该怎么办啊？

生：可以把重点的句子摘抄一下就行，把字写小点。

师：其他同学还有补充吗？

生：还可以只写一些重点的词语，一会儿汇报时给自己做个提醒。

师：这真是一个不错的办法，抓关键词语，节省书写时间。还有补充吗？

生：我觉得可以把课文中一些复杂的句子变成自己的话，简短一点。

师：同学们，这些同学提供的办法都很好，你听明白了吗？听懂的同学请继续完成你的学习单内容。

（生继续进行小组学习，师接着查看学习情况）

师：我看很多小组已经完成学习单的内容，哪个小组愿意汇报一下你们学习成果？

生：我来汇报女娲补天这个故事的起因是：有一年，天地忽然发生了一场大变动。天上露出一个大窟窿，地上也裂开了一道道黑黝黝的深沟，洪水从地下喷涌而出，各种野兽也从山林里跑出来残害人类。

生：我来说一说女娲补天的经过，女娲从各地捡来五种颜色的石头，燃起神火熔炼。随着神火渐渐熄灭，五种颜色的石头被炼成了黏稠的石浆。女娲用这些石浆把天上的大窟窿修补好。

生：我来说女娲补天的结果，天和地终于恢复了平静，人类获得了新生。

生：我作为我们小组选出来的"神话传讲人"，为大家讲一讲这个故事。有一年，天地忽然发生了一场大变动。天上露出一个大窟窿，地上也裂开了一道道黑黝黝的深沟，洪水从地下喷涌而出，各种野兽也从山林里跑出来残害人类。女娲从各地捡来五种颜色的石头，燃起神火熔炼。随着神火渐渐熄灭，五种颜色的石头被炼成了黏稠的石浆。女娲用这些石浆把天上的大窟窿修补好。天和地终于恢复了平静，人类获得了新生。

师：其他小组的同学们，这组同学讲得怎么样？有没有什么补充？

生：这位同学讲得很好，他把故事的起因、经过、结果都介绍出来了。

生：我们组在故事经过那一栏有补充，我们还写了：女娲杀了一只大乌龟和在中原一带作恶的黑龙，她还把芦苇烧成灰，撒到水中，芦灰越积越厚，把喷涌洪水的地缝也堵住了。

师：她把这段精彩的内容加到了故事经过中，很好。我们在讲神话故事时要注意，一定不要遗留故事精彩的片段。还有补充吗？

生：我们小组跟他们写的起因、经过、结果不太一样。想跟大家分享一下。

生：我们在起因这一栏中写的是：大窟窿、黑黝黝的深沟、野兽残害人类、洪水喷涌而出、惊慌失措、四处奔逃。

生：经过这一栏写的是：捡五色石头、神火熔炼、黏稠的石浆、斩杀乌龟和野兽、芦苇烧成灰。

生：结果我们写的是：天和地、平静、获得新生。

生：我作为“神话传讲人”为大家讲讲这个精彩的故事吧！有一年，天地忽然发生了一场大变动。天上露出一个大窟窿，地上也裂开了黑黝黝的深沟，洪水从地下喷涌而出，各种野兽跑出来残害人类。女娲从各地捡来五种颜色的石头，燃起神火熔炼，石头被炼成了黏稠的石浆。女娲用这些石浆把天上的大窟窿修补好。她又斩杀了一只乌龟和在中原一带作恶的黑龙。最后，女娲用芦苇灰把地缝堵住了。天和地恢复了平静，人类获得了新生。

师：他们小组汇报得怎么样？

生：我觉得他们把重要的词语写在学习单上，既能帮助他们小组的“神话传讲人”介绍故事，还能减少抄写时间，这个方法非常好。

生：我觉得他们小组在讲故事时把起因、经过、结果都介绍清楚了，里面还提到了一些精彩的片段，故事说得很完整、很生动。

师：同学们讲的故事很精彩，评价的同学点评得也到位。我们要想当一名优秀的“神话传讲人”，不单单要把故事说清楚，还应该用一些精彩的片段或是词语补充到里面，丰富故事内容，将故事讲生动。其他小组的同学现在可以根据刚刚同学们汇报的内容补充、完善自己学习单上的内容。

【活动任务三】

学习目标：

学生小组分工，展开想象，搭建学习支架，将女娲捡五种颜色石头的过程讲清楚、说生动。

活动过程：

一、展开想象，搭建学习支架

师：天塌地陷后，当女娲看到人们生活在水深火热之中时，她难过极了，决心把天和地修补起来。可这是一项巨大而艰难的工作，女娲首先捡来了五种颜色的石头。课文是怎么写她捡石头的？谁能找到句子读一读。

生：女娲先从各地捡来赤、青、黄、白、黑五种颜色的石头，燃起神火熔炼。

师：课文第四段只用了一句话讲女娲捡石的过程，留给我们无限的想象空间。你能发挥想象，把这个过程说清楚、说生动吗？我们应该都说什么？

生：应该把女娲每次捡石头的起因、经过、结果说清楚。

生：说的时候可以加上一些精彩的片段或词语，把捡石头的过程说生动。

师：能具体说说要说什么内容吗？大家可以大胆表达。

生：想一想女娲会去哪些地方捡石头？

生：当时的环境怎么样，女娲是如何克服这些困难的？

生：女娲捡石头时会想些什么、说些什么或做些什么？

二、借助学习单，争当“神话补充师”

师：同学们补充的内容很丰富，带着这些问题，请大家展开你们的想象，与小组的伙伴们一起分工完成学习单的内容，想一想女娲捡五彩石的过程，争当“神话补充师”。（生进行小组学习，师下组查看学习情况）

<table>
<tr><th colspan="2">“神话补充师”学习单</th></tr>
<tr><td rowspan="2">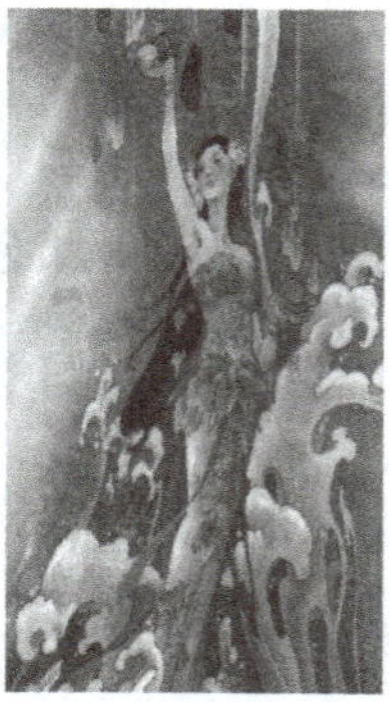</td><td>1.按照课文内容，选择一个你最喜欢颜色的石头，展开想象，写一写女娲捡到这块石头的故事。
我选择的是(　　)色的石头。</td></tr>
<tr><td>2.根据小组内成员撰写的内容，讲一讲女娲捡五彩石的过程，争当“神话补充师”。</td></tr>
</table>

师：哪个小组来汇报一下你们想象的女娲捡石的过程？

生:我选择的是赤色的石头。女娲来到了一座冒着浓烟的活火山口。她听说赤石就藏在那里。她从盘古那里拿来了神斧把火山口里的岩浆引入一片湖泊中,直到所有的岩浆都流入了湖泊后,她发现一颗发着红光的石头,她忍受着高温的灼烧,把这块赤色石头拿了出来。

生:我选择的是青石。女娲跳入了一片海藻之地,在水底,女娲发现了一片巨大的绿海草,下面发着绿色的光,她心想那里肯定是这块青色的石头,但是水下的海藻缠住了她,她使出浑身力气挣脱出来,游向水底,拿到了这块青石。

生:我选择的是黄石。女娲来到了陆地上寻找黄色之石,不一会儿发现一层土上面有闪着光和黄色的东西,于是把它挖了出来,果然是黄色之石,女娲赶忙把它紧紧抱在怀中。

生:我选择的是白石。女娲专心致志地找白石,找啊找啊,也没有找到,她一筹莫展,抬头望向天空,看到朵朵白云,她想:白石会不会就藏入其中?她飞向蓝天,果不其然,白石躲在白云里,她赶紧把它从白云中掏出来。

生:我选择的是黑石。女娲想找到黑石可不容易!它藏在黑龙的肚子里,是黑龙的保护神。女娲拿起屠龙刀,直入洞穴。她从黑龙背后砍了它的头,其他野兽也吓得逃出洞穴,不知去向。女娲劈开黑龙的肚子,里面滚出了一块亮晶晶的黑色石。

生:女娲终于集齐了五色石,用它们炼成了黏稠的石浆,补上了天。人们又过上了平静的生活!以上就是我们小组汇报的内容。

师:同学们,这组同学补充的捡石过程怎么样?精彩吗?

生:我觉得他们说得特别好,尤其是第一个同学,她还提到了盘古,这是我们前面课文学到的内容,是我们特别熟悉的神话故事人物。

生:这组同学的想象力真丰富,他们把捡石头的过程说得很细致。

生:女娲让他们说得都能上天入地了,砍杀黑龙那段说得很精彩、很生动，女娲取到这些石头真不容易啊！

师：同学们竟然从他们的讲述中说出这么多感想，真好！我们想把一个事情说清楚，就要把故事的起因、经过、结果交代清楚，里面再增加一些精彩的环节和形象的词语，就能把故事讲得更生动了。

【活动任务四】

学习目标：

运用已知的阅读方法，将课内课外神话故事相关联，感受中国神话的神奇之处。

活动过程：

师：《女娲补天》这个神话故事在同学们的创编中，内容更加精彩丰富了，相信女娲给你留下了深刻的印象。通过这一单元所有课文的学习，同学们已经了解了介绍故事的方法，那么本节课的作业我们一起了解一下：

1.将《女娲补天》的故事讲给身边人听一听，可以将女娲捡五彩石的详细过程补充到你的故事里。

2.阅读《中国古代神话》这本书，按照课上学会的介绍故事主要内容的方法，制作一张读书卡，与身边同学分享更多的神话故事。

（天津市河东区缘诚小学　徐雯）

教学评析：

一、创设阅读情境，开展阅读活动

《女娲补天》作为一篇略读课文，本课教学时教师不仅要遵循略读课文的教学特点，同时要遵循神话故事这种文学体裁的特点。在进行以目标引领的逆推阅读活动设计时，教师根据“阅读成果—心理期待—新的阅读”这一理念，结合文本内容，创设恰当的学习情境，开展符合学生自主探究的阅读活动。

开课伊始，教师为学生创设情境，鼓励学生争当“神话故事传承人”。在学习过程中，为达到学生个个成为“神话故事传承人”这个目标，创设了两个相关学习活动:“神话传讲人”“神话补充师”。结合相关主题活动,利用文本设计小组学习内容,进一步落实本单元语文要素,培养学生自主复述的能力。同时,让学生运用学到的阅读方法去展开想象,大胆表达。

二、搭建阅读支架,梳理阅读方法

由于学生的阅读基础存在较大差异,搭建阅读教学的支架就显得尤为重要。它是在给学生搭建理解文本的梯子,并提供适宜的阅读方法。教师为学生搭建阅读支架,目的是让学生逐渐走向掌握阅读方法进入深度阅读的境界。本课的两个学习活动,教师提前设计出相关的阅读支架，每一位学生参与其中，通过学习单的辅助作用,使学生有目的性地去阅读,在反复阅读中梳理方法。

活动一:“神话传讲人”

为了检验学生迁移运用本单元学过的方法,创设“神话传讲人”这一活动。借助学习单内容,学生能够在文本中提炼出故事的起因、经过和结果,并且经过其他同学的补充和教师的适当点拨,能用自己的话连起来说一说故事的主要内容。

活动二:“神话补充师”

关于女娲捡五色石这个情节,统编小学语文教材只用了一句话带过。教师恰好抓住这一文本特点,让学生发挥想象,补白创编,把这部分内容说清楚、说生动。在创编之前,学生通过提问、交流、补充的方式，搭建学习支架，按照预设的问题去创编女娲捡石的过程,在编写时又结合本单元学会的讲故事的方法,将故事介绍得更加精彩。

三、延伸阅读成果,拓展新的阅读

拓展阅读教学不仅可以让学生对课本知识有一个很好的实践,还可以让学生在最大程度上获取知识,提升语文综合能力。本节课,教师设计了两项作业内容,第一项作业是对课上学生的学习成果的展示,第二项作业则是利用已经掌握的阅读方法,拓展自己的阅读范围,将课内阅读延伸到课外阅读,将课上梳理的阅读方法真正实践运用到更多的阅读活动中去，生成新的阅读。这也是落实逆推阅读活动设计过程中，教师一直遵循的教学理念。

案例2：目标引领的逆推阅读活动设计——以信息类文本为例

“我是金字塔博物馆讲解员”阅读活动设计

设计背景：

《金字塔》是五年级下册第七单元的略读课文，编排了两篇短文，分别是散文《金字塔夕照》和非连续性文本《不可思议的金字塔》，用不同的表达方式介绍了古老文明的遗迹——埃及金字塔。本单元围绕“世界各地”的主题落实语文要素“体会静态描写和动态描写的表达效果”。学生在赏析语句中体会细节描写的表达效果，感受金字塔的壮观美景；在对非连续性本文的信息进行整合和概括中，加深对金字塔的认识和了解。

本课紧紧围绕“确立目标—选择评价方式—设计学习过程”展开，以学生的学习成果“撰写讲解词，成为讲解员”为任务驱动。为了落实这一阅读成果，进行目标引领的逆推阅读活动设计。创设“金字塔博物馆评选小小讲解员”这一贴近学生生活的学习情境，学生在“了解金字塔知识”“撰写不同展区讲解词”“讲解员评选展示”等多项活动中逐步达成阅读目标，收获学习成果。此外，本单元的口语交际是“我是小小讲解员”，习作侧重介绍文化遗产。因此，以“撰写讲解词”为学习成果进行逆推设计，有利于学生结合阅读策略进行自主阅读，开展语言综合实践活动。

整体思路：

一、学习目标

1.学会筛选文章信息，说出对金字塔的了解。

2.初步了解非连续性文本的特点，能说出对两篇短文不同表达方式的感受。

3.结合阅读成果“金字塔讲解词”的撰写，搜集资料、获取信息，进行有理有据的讲解。

二、课时安排

1 课时

三、成果预估

学生小组合作撰写博物馆金字塔展区讲解词，进行小讲解员评选。

活动设计：

【活动任务一】

学习目标：

明确阅读目的及阅读任务，初步了解非连续性本文的特点，结合两篇短文的不同表达方式，对金字塔进行了解。

活动过程：

一、创设阅读情境　确立阅读任务

师：某网络平台“跟着课本去旅行”活动正在火热开展。之前我们领略了各地的不同风光，今天我们来到金字塔博物馆，这里正在招募小小讲解员，相信大家已经做好充足准备。哪位同学愿意小试牛刀，结合课前搜集的材料介绍一下金字塔。

生：结合课前搜集的资料介绍金字塔。

师：看来大家准备十足，难分伯仲。让我们一起走进课文《金字塔》，相信学习后，对大家的讲解员竞选大有帮助。

二、运用阅读策略　自主探究学习

师：请同学默读本课的学习提示，说一说我们要了解哪些内容。

师：说说对金字塔有哪些了解。两篇短文用不同的方式写金字塔，更喜欢哪一种。

师：想要成为小小讲解员，就要对金字塔有更深入的了解。请同学们小组合作，阅读《金字塔夕照》和《不可思议的金字塔》两篇短文，提取你感兴趣的关键词写在便利贴上并粘贴在学习单中，再试着将对应的关键词句写在学习单中，说说你对金字塔的了解。

开展活动之前，同学们回顾一下阅读文章提取信息有哪些好方法。

生边读边圈画批注、图文联系整合、篇章联系、结合生活经验理解联想等。

师：请同学们运用这些阅读策略开始自主阅读吧。

我了解的金字塔

师：哪个小组来汇报你们的阅读成果？

生：我们小组提取的关键词有古老、金色、奇迹。从《金字塔夕照》这篇短文中我们知道在金色的夕阳下，金色的田野、金色的沙漠，连尼罗河的河水也泛着金光，而那古老的金字塔啊，简直像用纯金铸成的。这是一个静态描写，连用多个“金”字让我们感受到古老的金字塔在夕阳下十分美丽。

师：是啊，我们跟随你感受到这静谧之美。其他组的同学结合刚刚这一组的汇报做些补充？

生：我们也感受到了金字塔的古老，是从《不可思议的金字塔》中建于公元前2600年左右体会到的，用列数字的方法更为准确。

生：在《不可思议的金字塔》中，我了解了金字塔的重量、面积、体积等，都令人叹为观止，说明金字塔是奇迹。

师：看来两篇短文有联系，更有印证，大家不仅提取了关键信息，还进行了整合，为你们点赞。

三、方法归纳梳理　初步了解非连续性文本

师：两篇短文不仅有联系，还有区别，你发现了吗？请小组合作，完成以下学习单。

不同之处 篇目	文章体裁	具体内容	语言风格		
《金字塔夕照》					
《不可思议的金字塔》					

师：请小组同学进行汇报。

生：文章体裁不同，《金字塔夕照》是散文，而《不可思议的金字塔》有文字、示意图、地图等多种呈现方式。

师：这组同学火眼金睛，请你们在屏幕上将《不可思议的金字塔》中的文字、示意图、地图等圈画出来。我们看，这篇短文与连续性的文本不同，包含示意图、地图等，是一篇图文结合的非连续性文本，也是我们在课文中第一次遇到。这样的文本在我们的生活中其实有很多，你们知道有哪些非连续性文本呢？

生：目录、图表、地铁路线图、说明书等。

师：我们继续看这两篇短文还有哪些不同，哪组同学继续补充？

生：文章内容不同、语言风格不同、表达方法不同、情感不同等。

【活动任务二】

学习目标：

学生小组合作，自主阅读文本，在评选金字塔博物馆讲解员的情境下根据不同阅读目的撰写相应的讲解词，实践中运用所学阅读策略。

活动过程：

一、结合阅读情境　小组合作撰写讲解词

师：通过刚刚的学习，每位小讲解员都加深了对金字塔的了解。在金字塔博物馆中，这两个展区吸引了大家的注意力，分别是“美丽的金字塔”展区和“最大的金字塔”展区。请同学们小组合作，将课文《金字塔》作为阅读材料，选择一个喜欢的展区写一段讲解词。

展区一：美丽的金字塔
展区引导语：九月，夕阳西下，美丽的金字塔令人流连忘返。 我的讲解词：
展区二：最大的金字塔
展区引导语：胡夫金字塔是最大的金字塔，这一伟大奇迹令人叹为观止。 我的讲解词：

生：小组合作交流，撰写讲解词。

二、展区一成果汇报

师：同学们讨论热烈，撰写用心，真是分工明确，开展了一次有目的的探究活动。哪个小组汇报一下你们撰写的讲解词？请告诉大家你们选择了哪个展区，选择了哪些材料作为撰写依据，并作为讲解员为大家做讲解。

生：我们汇报的是展区一。展区一突出了金字塔的美丽这一特点，且介绍的是九月夕阳西下的金字塔，所以我们认为《金字塔的夕照》作为撰写依据非常恰当。请大家跟随我们一起进入展区一。

例：各位游客大家好，欢迎来到“美丽的金字塔”展区。大家看，这是金秋九月夕阳下的金字塔，多么美丽啊！在金色的夕阳下，金色的田野、金色的沙漠，连尼罗河的河水也泛着金光，古老的金字塔简直像是用纯金铸成的。

师：多么美的金字塔夕照图，激发了游客的向往之情。哪个小组还有补充？

生：我还会在讲解词中加入这句话：“你看，天上地下，黄澄澄、金灿灿，一片耀眼的色调，一幅多么开阔而又雄浑的画卷啊。”这句话最能打动我，选择这样的语句，很有感染力，能激发听众对金字塔的喜爱和向往。

师：是啊，抓住能打动人心的语句是写好讲解词的关键。

生：我觉得将材料中的句子转化成自己的语言会更好。

师：没错，融入真情实感让语句更有深度。

生：我不仅会介绍金字塔的颜色、形态，还会说这一片迷人的金色，会把你融入神奇的境界，充满无边的遐想，这里有古老的故事、神秘的传说……适当加入联想与想象，画面感更美。

师：无限遐想让我们思绪激荡，这里真美。作为听众我被深深吸引，肯定想了解得更多。小讲解员，你刚刚说尼罗河也泛着金光，映衬着美丽的金字塔，它为什么要建在尼罗河附近啊？

生：尼罗河被称为埃及的母亲河，每年定期泛滥，给河两岸带来肥沃的淤泥。古埃及人掌握精湛的造船技术，他们驾船在尼罗河上航行，能将上游开采的石块运送下来，于是在尼罗河附近建造了金字塔。

师：你依据什么得到的答案？作为讲解员可不能随意介绍。

生：根据第二篇短文《不可思议的金字塔》中"建造金字塔时的古埃及"这则材料，我进行了推测，推测是有理有据的。

师生总结：我们一起梳理出作为讲解员要具备的条件，情感充沛，有理有据，这样才能和听众进行良好互动。

三、展区二成果汇报

师：哪个小组的成员想成为展区二的讲解员？

生：我们汇报的是展区二。展区二介绍了最大的金字塔——胡夫金字塔，我们重点提取了《不可思议的金字塔》的信息，准确简练，能为听众做准确的介绍。

例：大家现在来到的是展区二，大家知道哪座金字塔是最大的金字塔吗？就是胡夫金字塔。它的重量约 600 万吨，面积约 5.3 万平方米，体积约 260 万立方米，塔现高约 137 米，塔基现边长约 227 米。

师：这组讲解员介绍得怎么样？

生：非常好，数据准确，我一下子就了解了这座最大的金字塔有什么特点。

生：讲解的确简练、准确。但是我没有去过这里，对这些数字没有太强的概念，没有感觉出最大来。

师：是啊，很多同学也有这个疑问吧？我们没有实地游览过，确实没有强烈的感觉，谁来帮帮他？

生：可以在讲解时加上这些语句。整座胡夫金字塔大概有50层楼高，塔基面积相当于126个篮球场那么大。远远望去像飘在沙海上的金山，真是雄伟壮观！

师生总结：看来介绍时不仅要数据准确，还要形象生动，使用听众易于接受的语言。

【活动任务三】

学习目标：

总结学习收获，学生小组合作，修改完善根据不同阅读目的所撰写的讲解词，进行展示评选。

活动过程：

一、总结讲解经验　完善评价标准

师：刚刚两个展区的小讲解员们各有特色，要想成为金字塔博物馆优秀的讲解员在评选中脱颖而出，要具备哪些要求呢？结合刚刚的学习，谈谈你的收获。

生：首先要情感充沛、语言优美，激发听众对金字塔的喜爱和向往之情。

生：要内容清晰，关键信息要准确精练，帮助听众了解更多感兴趣的内容。

生：推测要有理有据，要结合文本信息说清楚推测的依据。

生：要有良好的互动，作为讲解员，要了解自己的听众，与听众进行互动，让听众产生良好的参观体验。

二、明确评价标准　修改讲解词

师：请同学们结合文中交流的内容，结合以下评价标准，参考课前搜集的资料，修改讲解词。

评价项目	具体要求	自评	小组评	教师评
感情充沛	激发听众对金字塔的喜爱和向往之情。			
内容清晰	关键信息准确精练，帮助听众了解感兴趣的内容。			
有理有据	结合文本信息说清楚推测的依据。			
良好互动	了解听众，在互动中让听众产生良好参观体验。			
注：优秀三颗星，良好两颗星，再完善一颗星。根据实际情况送上你的星星吧！				

生：小组合作，修改讲解词。

三、成果展示　评选优秀讲解员

小小讲解员进行最终讲解展示，根据评价标准评选优秀讲解员发放奖状。

师：通过今天的学习，相信同学们了解了很多关于金字塔的知识。请同学们作为小小讲解员课后继续练习，将金字塔介绍给父母听。

（天津市河东区育才学校　杨霞）

教学评析

《金字塔》是学生在小学阶段第一次系统接触的非连续性文本，对于学生的逻辑思维的发展、实用文阅读能力的提升有着不可替代的作用。

一、开展阅读活动　形成学生主体意识

《金字塔》是一篇略读课文，注重以学生为主体，确立学习目标收获阅读成果。活动设计紧紧围绕着“学生在课堂上要学到什么？怎样达到学习结果”展开。活动伊始，便确立了本课要达成的学习目标，明确阅读任务。在进行以目标为引领的逆推阅读活动设计时，从阅读成果这一核心入手，在“阅读成果—心理期待—新的阅读”理念的指导下，开展符合学生自主探究的阅读活动。

为了落实撰写讲解词成为小小讲解员这一阅读成果，实现从结果入手进行逆推的活动过程，本课通过三个学习活动来展开。活动一，通过布置小小讲解员的目标，激发学生活动兴趣，为了达成这一活动成果，要先了解金字塔，为写好讲解词做知识储备；活动二，撰写讲解词，根据博物馆不同展区的要求撰写讲解词，在阅读中筛选、整合信息，进行语言综合实践运用；活动三，评选讲解员，根据评价要求完善讲解词后，进行讲解员展示评选。三个活动环环紧扣，层级提升。在生活化的自由阅读中，提高学生的逆推阅读能力。

二、搭建阅读支架　助力学生深度思维

阅读支架的搭建使学生在阅读中有方向、有抓手。基于“学习支架是促进学生思维发展的有效载体”这一理念，阅读活动中采取丰富多样的学习支架可以帮助学生加深对课文内容的理解，进而提升学生的思维能力。

《金字塔》一课由一篇散文和一篇非连续性文本组成，信息量较大。为了取得阅读成果，学生产生阅读心理期待，并借助词卡支架梳理信息提高阅读效率。在整体阅读文本时，借助便利贴提取关键词粘贴在学习单上，能够有效帮助学生了解金字塔，为后面的学习打好基础。利用表格支架也能较清晰理清学生的学习思路，如：借助表格梳理散文与非连续性文本的差异，通过学习单确定不同要求的讲解词如何撰写，利用评价标准表格有目的地修改讲解词等。这些学习支架在学生的自主阅读、合作探究中促进学生思维的延伸。

三、整合阅读策略　提高学生阅读能力

阅读策略的习得和运用通过对学生进行有目的性、针对性的阅读训练，帮助学生提高阅读能力。以学习成果为目标引领，运用阅读策略开展自主阅读，符合《课标》提出的“学会运用多种阅读方法，具有独立阅读能力”的要求。

回顾阅读策略、习得阅读策略、运用阅读策略是学生进行本课阅读活动的显著特征。课程伊始，学生回顾旧知，交流已掌握的阅读策略，为本课的学习奠定基础。随着课程推进，学生在进行讲解词交流的过程中又总结出新的阅读策略，如勾连文本阅读、有条理表述等。最后，可以进行新习得策略的整理和归纳，运用这些阅读策略完善阅读成果，修改讲解词。学生的逆推阅读能力得到实质性的优化和提升。

第三章

让阅读有行动

3

拿起一本书饶有兴趣地读，不断地读下去。这样的读有两种结果，一种是娱乐型阅读，一种是学习型阅读；前者是兴趣，后者是品质。我们更希望培养学生的阅读品质，所以不仅要让学生读起来，还要教会学生如何读。

统编小学语文教材从三年级开始，每个年级都安排了策略单元。事实上无论是预测、提问、提高阅读速度，还是有目的地阅读，对于学生来说，从开始阅读那天起，他们就已经在无意识地运用这些阅读策略，这是阅读过程中一种本能的，存在于意识中的思维方式。如今在统编小学语文教材中系统地编排起来，就是为了发挥语文课程的指导作用，把这些无意识思维转化成有意识的思考，从而让学习更可控，思维更深入，阅读更高效。通过课内阅读策略单元的学习，教会了学生如何读的策略，就可以指导他们运用这些策略自主阅读，在巩固运用中培养学生的阅读品质，让学生体会阅读策略的真正价值，让思考更有指向性。

第一节　猜读：让学生成为积极的阅读者①

一、猜读：保护阅读的兴趣

让学生爱上阅读成为积极的阅读者，保护儿童的阅读兴趣尤为关键。依从儿童的阅读心理，猜读是一个非常好的阅读策略。

（一）什么是猜读

1.猜与读

商务印书馆2017年出版的《现代汉语词典》中“猜”的解释为：“根据不明显的线索或凭空想象来寻找正确的解答。”一般作动词用，可以组成词语：猜测、猜想、猜度、猜料等。

“猜”和“读”两个动词组成联合词语——“猜读”，可以理解为

① 本部分由天津市津南区教师发展中心范立娜撰写.

边猜边读，边读边猜。猜读作为一种读书方法，是指阅读主体（学生）阅读文本时根据已知的内容，以联想或想象为手段，推知文中未知的内容，包括猜猜生字的读音、词语的意思以及情节的发展等。猜读不是胡思乱想，而是以原文的有关内容为依据，作出合理的推测。

2.猜读与预测

相比“猜读”，老师们更为熟悉的一个词语是“预测”。因为统编小学语文教材编排的第一个阅读策略单元主题就是“预测”。

这个单元的引导语“猜测与推想，使我们的阅读之旅充满乐趣”直接提示策略要点，也就是“猜测与推想”。该单元的语文要素中阅读方面的有两个要点：一是一边读一边预测，顺着故事情节去猜想；二是学习预测的一些基本方法。

单元课文中学习伙伴的批注，以及课后练习，交流平台等板块也多次提示了边读边猜的阅读方法。比如，《总也倒不了的老屋》的第五处批注：“我猜到了老屋会怎么回答。”课后练习第一题中学习伙伴的话：“当我读到老母鸡请求老屋不要倒下时，我猜到老屋可能会不耐烦。”“一读到小蜘蛛来请求老屋，我就猜到老屋会同意，因为故事中的老屋很乐于帮助别人。”语文园地“交流平台”中的学习提示：“我在图书馆找书时，会根据书名先猜猜书的大致内容，再决定要不要看这本书。”

由此可见，统编小学语文教材把这种边猜边读的阅读策略称为“预测”。我国香港、台湾地区，以及国外一些阅读策略的研究者多称之为“预测”或“猜读”。猜读与预测都是以激发学生兴趣，唤起学生好奇心、求知欲，引导学生积极阅读、主动阅读的方式。

猜读与预测，虽然是相同策略的不同说法，但是两个概念之间还是有细微差别的。从字面意义上分析，猜和读是两个相互关联、相互融合的学习活动，猜读更注重学生的实践体验，关注学生阅读过程中的情感态度、思维发展。因此，本文选用“猜读”的说法，凸显阅读行动。

（二）为什么要猜读

1.顺应儿童的阅读心理

“猜”有揣测、推测之意，儿童对不确定的事物往往心怀好奇，他们不仅喜欢猜谜语，平时也喜欢跟小伙伴猜来猜去，手里藏着什么东西啦，今天老师会穿什么颜色的衣服啦，这次比赛谁能得冠军等等。他们读书时也总想追根求源，顺着故事的线索一探究竟。看动画片、影视剧，听故事等，都是如此。

例如，他们读《神笔马良》，知道马良的神笔能够让画上的东西变成活的。于是，当马良遇到困难时，孩子们会不由自主地猜测马良的神笔会创造什么奇迹，他们的好奇心也会在一次次猜测中得到满足。

再如，阅读经典童话《七色花》，孩子们的想象会随着七色花的每一片花瓣飞起来，他们会随着故事情节的发展，随着每一片花瓣的落下，猜测珍妮接下来的愿望，猜测花瓣的奇妙变化。

但是，儿童的这些猜测与想象往往是随意的、不稳定的，情绪化特征比较明显。采用猜读的策略，就是顺应并强化儿童的这种阅读心理，让这种心理更加凸显，思维过程也更加清晰。以猜读唤起学生在阅读中的好奇心，形成更加强烈的阅读期待，进而利用阅读期待激发阅读兴趣，不断提升学生想读、要读、爱读的动力。

2.增强学生阅读的积极性、主动性

阅读对于学生的成长有着非常重要的影响。但是从目前中小学生的阅读状况看，他们大多数是因为学习需要，抑或是在老师的要求下进行被动阅读。缺乏“我想读”“我要读”的主动愿望，很难形成阅读的持续动力。

猜读作为一种阅读策略，并不等同于一般意义的“猜猜看”。阅读者要结合自己的经验与知识积累，依据文本中已有的一些线索，对文本内容发展形成假设，进而在阅读中不断验证或修正先前的假设，进而形成新的假设，并带着新的假设继续阅读。这种策略是阅读训练及阅读理解中一种自觉参与性的心理活动，它是一项有效的认知技能，同时也是一种良好的阅读习惯。

从策略到习惯，这个过程中教师的工作就是引导学生把猜读运用到阅读实践中，通过方法的指导、路径的点拨，让猜读的策略逐渐内化于心，逐步由教师引导下的运用，转化为自主需求的主动运用。当猜读由策略转化为学生在阅读中自觉运用的习惯，那阅读也就会在习惯的驱使下自然发生。

因此，在阅读过程中运用猜读的策略对提升学生阅读主动性，帮助学生成为积极阅读者是至关重要的。只有成为积极的阅读者才能让阅读真正服务于学生的学习。

（三）怎样猜读

怎样猜读呢？如前文所述，从概念上分析，猜和读是两个相互关联、相互融合的学习活动。这种阅读策略的实施最为通俗的表述就是“边读边猜，边猜边读”。这其中的关键是读到哪里猜？猜什么？怎么猜？猜和读怎样融合？

1. 读到哪里猜

猜读应该从文章的标题开始，因为标题就像是文章的窗户，往往揭示文章的主要内容、重要线索，或者是主要人物。文章的标题也是最吸引读者眼球的地方。标题会带给读者无限遐想，因此文章的标题应该成为猜读的第一个落脚点。

如果是整本书阅读，除标题之外，封面上的插图也可以作为一个猜测点，因为封面上所选的插图一般都会揭示书中的重要情节。这样在读书之前，先关注标题和封面插图，就能积蓄更多的好奇与期待，积蓄更多的阅读动力。

进入阅读之后，一些有悬念、有转折的情节，也是非常重要的猜读点。比如：《总也倒不了的老屋》中小猫、母鸡、蜘蛛，这些小动物的每一次出现，都是情节的一次转折，老屋是否答应小动物的请求也都会有悬念的产生。读到这些地方，就可以引导学生进行预测，猜一猜接下来会发生什么？这样，随着一个个悬念的揭开，学生的阅读兴趣也会越来越浓厚。

文章的结局也是一个猜读点。因为，文章虽然结束了，孩子们的阅读想象、阅读思考却并没有终止，他们可以从结局继续想开去。比如：《长袜子皮皮》这篇小说的结局是皮皮选择留在小镇，跟自己的好朋友在一起。对于很多小读者来说，这个结局就意味着会有更多好玩的事情发生，脑海里也会充满无数奇妙的猜想。这个地方的猜读也非常有意思。

文章中一些特殊的描写，比如：人物的外貌、动作、语言、神态等细节描写，环境描写也可以作为猜读点。

有些长篇小说的开头总会有一些暗示性的语言，往往交代故事发生的环境、时间、相关人物等重要线索，在整部作品中起着至关重要的作用。如《草房子》的第一章：

> 那是一九六一八月的一个上午，秋风乍起，暑气已去，十四岁的男孩桑桑，登上了油麻地小学那一片草房子中间最高一幢的房顶。他坐在屋脊上，油麻地小学第一次一下就全都扑进了他的眼底。秋天的白云，温柔如絮，悠悠远去，梧桐的枯叶，正在秋风里忽闪忽闪地飘落。这个男孩桑桑，忽然地觉得自己想哭，于是就小声地呜咽起来。
>
> 明天一大早，一只大木船，在油麻地还未醒来时，就将载着他和他的家，远远地离开这里——他将永远告别与他朝夕相伴的这片金色的草房子……

这些话语，往往暗示着故事的走向，预示着人物的命运。抓住这样一些暗示性的开头大胆猜测，美好的阅读之旅便悄然开启。

2. 猜什么

猜读主要是读者根据已知内容推测出未知内容的过程。因此，猜读首先要“猜内容”，其次可以发现文章的表达特点“猜语言”，再次可以根据故事表达情境“猜留白”。

(1)猜内容

猜内容就是猜测故事情节的发展，也就是接下来会发生什么，是顺着前面的情节线索发展，还是会出现新奇的事情。

例如：《小狗学叫》这篇课文，读到小狗和公鸡学叫的时候，大多数学生猜测小狗可能学不会公鸡叫，因为它毕竟是一只小狗啊。可是勤奋的小狗竟然学会了。那么，接下来这只小狗是不是就一直像公鸡一样叫了呢？接下来又会发生什么故事呢？随着故事情节的发展，学生就会产生新的猜测。

(2)猜语言

猜读不是没有依据的胡思乱想，而是以原文为依据，从文章体裁、脉络层次、具体词句出发进行合理的推测。阅读中，不仅可以猜测故事的情节内容，还可以把握规律推测具体的语言表达。

比如：《总也倒不了的老屋》的第五处批注："我猜到了老屋会怎么回答。"为什么读到这里就能猜到老屋怎么回答呢？因为小猫这样请求："再过一个晚上，行吗……"老屋这样回答："哦，是小猫啊。好吧，我就再站一个晚上。"母鸡这样请求："再过二十几天，行吗……"老屋这样回答："哦，是老母鸡啊。好吧，我就再站二十几天。"

读了前面的情节，学生会发现，每一次老屋对小动物的请求都是有求必应。那么，现在小蜘蛛这样请求："再站一会吧……"老屋一定这样回答："哦，是小蜘蛛啊。好吧，我就再站一会儿。"

再如：《胡萝卜先生的长胡子》一课，胡萝卜先生一边走，胡子一边长，越长越长，每当遇到需要帮助的人，文中都会有一句关于胡子的描写："胡萝卜先生的胡子刚好在风里飘着。"为后面胡子的作用做好铺垫。阅读中就可以抓住这样的规律，不仅可以预测胡萝卜先生一路上遇到哪些人，他们遇到了什么苦难，他的胡子可以发挥什么作用，还可以根据原文的表达规律预测语言的形式。

(3)猜留白

留白，中国画传统技法之一，顾名思义就是在作画时留有空白，这是建立在艺术想象上的创造性表达形式。这种凝聚中国传统的艺术智慧和美学思想的表现技法，后来被艺术创作所借鉴。文学艺术中的留白就是创作时留有空白，让读者在空白中凭借想象进行再创造，把创作与欣赏、读者与作者联结，共同创造余味无穷的深邃意境。

比如：统编小学语文六年级上册的微型小说《桥》，惊心动魄的逃生场面，在小伙子和老汉被洪水吞没之后，只一句“一片白茫茫的世界”，让一切归于宁静。作者再起笔，第一句则是：“五天以后，洪水退了。”这其间的留白给读者以无限的遐想。

3.怎么猜

猜测点不同，猜的内容也会有差别。读到哪里猜和怎么猜之间的联系是非常密切的，为了表述更为清楚，按照上面的猜读点整理出如下表格：

表 3-1　猜读点

猜读点	怎么猜	示例
标题	1.顺着题目的内容去猜想，这样的标题会写什么呢？ 2.猜想标题表达的意思。	例 1：老屋真的倒不了吗？文章写了老屋的什么故事呢？ 例 2：老屋为什么倒不了？是被施了魔法吗？
插图	1.猜测画面表达的意思，在阅读中找到相关情节验证自己的猜测。 2.猜想插图中人物的性格、关系、命运等。	例：插图中的老屋像一位老爷爷，看上去慈眉善目，一定非常善良。
情节	阅读中顺着故事情节去猜想接下来会发生什么？	老屋会答应母鸡的请求吗？这一次他会倒下来吗？
结局	1.顺着结局中的情节继续猜想，故事还可能怎样发展。 2.故事还可能有怎样不同的结局。	例 1：这个故事没有结束，一定还有其他小动物来请老屋帮忙。 例 2：当老屋完成了他的使命之后，他可能会心满意足地倒下去。

（四）猜读的意义

在阅读中，只读不猜是死读；只猜不读是空想。只有把读与猜有机地结合在一起，阅读才能更有趣味、更有灵性。学生打开阅读的多种视角，调动多种感官，带动多种思维，以积极主动的态度进行阅读实践，边读边猜，边猜边读，进而丰富阅读体验，开阔阅读思维，增强阅读兴趣。

1.提升阅读兴趣

猜读是阅读者以积极主动的姿态进行学习实践的过程。作为一种新的阅读方法，它可以有效改变传统阅读教学的机械、呆板的现象，化枯燥为有趣。当学生发现自己猜想的内容与文章中作者写的内容相同或者相近的时候，他们会产生一种满足感与自豪感；反之，如果不同或者差异较大，他们的好奇心会大大增强，往往会形成进一步探究的动力。猜读无疑是阅读兴趣的“保鲜剂”，让学生在阅读过程中，充满探秘的好奇心和强烈的求知欲。经历猜读，学生的心情也会随着假设的形成、验证、修正而跌宕起伏，进而产生主动阅读的愿望，促使他们成为积极的阅读者。

2.丰富阅读体验

猜读的过程是在阅读中“形成假设、验证假设、修正认知”循环往复的过程。每一次假设都会激发学生的好奇心，引发阅读期待；每一次验证的怦然心动，都会带给学生十分真切的情感体验；每一次修正也都触动学生的自我反思，让他们产生继续阅读、继续假设、继续探究的欲望。这些不一样的阅读体验，都会在猜读的过程中不断产生，不断丰富。

3.发展创新思维

《课标》明确提出：“思维能力是义务教育语文课程培养的核心素养之一，是指学生在语文学习过程中的联想想象、分析比较、归纳判断等认知表现。”

猜读最重要的特征就是调动阅读者的思维。积极的阅读者会在阅读过程中融入认知、分析、判断、推理、质疑、联想、想象等多种思维。更重要的是在这个过程中，不断有新的思考、新的判断、新的想象产生。因此，这种边读边猜、边猜边读的阅读方式不仅能够使学生的思维得到发展，而且能够激活阅读者的创新意识，发展创新思维。

二、猜读的教学策略

在语文教学过程中，合理、适度的猜读，既可以帮助我们还原文本情境、丰富课文内容，而且还可以缩短学生与文本的距离，实现学生与文中人物情感的共鸣，进而提升阅读品质，提高阅读效率。

统编小学语文三年级上册第四单元以“预测”为主题，这是统编教材在小学阶段安排的第一个阅读策略单元，旨在引导学生在阅读的过程中顺着情节去猜想，学习预测的一些基本方法，引导学生把无意识的猜想变成有意识的预测，从而体验到阅读的快乐，成为积极主动的阅读者。

预测单元的设立是统编小学语文教材中的一个特色点和创新点，有助于开发学生的思维意识，提高学生的逻辑分析能力，使学生能够结合事物的语言规律和已有的生活经验去推测后续的发展形态，进而实现其有效思考、高效探究的学习目的。

语文教师应该明确教科书的编写意图，用好这个特殊单元引导学生习得阅读策略，让学生学会猜读，自觉运用猜读。猜读教学与常规的阅读教学不同，重点是在学习阅读策略的过程中发展思维，发展语言，引发阅读期待，激发阅读兴趣。

（一）基于学生真实的阅读经历，引导学生回顾思维的过程

猜读中的“猜”，主要是猜测文章中未知的故事情节。很多老师教学这个单元时会感到很困惑，三年级的学生已经具备了一定的阅读能力。很多学生一拿到教科书，就会把其中的好玩故事一口气读完，像《总也倒不了的老屋》《胡萝卜先生的长胡子》《小狗学叫》这样的课文。它们的题目就很有意思，一定最先引发小学生阅读兴趣，一定最先阅读。

也就是说，学生在学习这个单元之前已经知道了这些课文的故事情节，即使没有提前阅读，整篇课文就摆在学生面前，故事情节也是一目了然。这种情况还怎么引导学生对接下来的情节进行预测呢？假设学生不知道吗？当然不行。因此，猜读教学要依据学生

的实际情况，把教学的视野向前延伸，基于学生真实的阅读经历，引导学生回顾第一次读到这个情节时的真实想法，回顾第一次阅读时的真实思维过程。

二年级上册的“快乐读书吧”就有根据书名猜故事的学习要求。所以，很多学生读到课文题目时，头脑中都会闪过一些猜测。比如，读到《总也倒不了的老屋》这个题目，他们可能会想：既然说是老屋为什么还不会倒呢？一定用了特殊的建筑材料吧！这可能是一个科幻故事吧。再如，读到《小狗学叫》的题目，学生可能会想这只小狗太小了，还不会叫，课文的故事应该是小狗跟自己的爸爸、妈妈学叫吧。

这些思维过程都是在学生阅读实践中真实发生的，教师要引导学生回顾、捕捉这些阅读中的真实想法。课堂上，我们要做的是把引导点向前延伸，我们可以尝试下面的几种提问方式：

第一次读到文章的题目时你猜到了什么？

第一次读到这里的时候你是怎么想的？

第一次读到这里的时候，你是怎么预测接下来的故事的？

第一次阅读时你在哪些地方做了预测呢？故事的发展跟你预测的一样吗？

第一次看到这个插图时，你猜到了什么？你猜对了吗？

……

这样的教学过程，这样的提问方式，不仅是引导学生关注自己阅读时的思维过程，也是对学生思维习惯、阅读习惯的关注。课堂上，如果老师经常这样引导，其实会对学生形成一种暗示，阅读时不仅要关注故事情节，还要关注自己内心的真实想法。这种暗示，这种阅读习惯一旦形成，对学生阅读品质的提高是非常有益的。

（二）借助旁批中学习伙伴的思维过程，进一步完善自己的阅读行为

以批注的方式提示学习方法是统编小学语文教材在编写上的亮点之一，三年级的预测单元的精读课文《总也倒不了的老屋》是这个单元中唯一的相对完整的故事。这篇课文在单元中的目标定位是学习预测。为了帮助小学生学习阅读策略,教科书编者以旁批的方式，在标题以及情节发展的不同阶段编排了七处学习伙伴预测的内容。

这些批注,我们可以看做是预测的示范,这些学习伙伴先读先学,先预测,学生阅读课文故事的同时,关注这些学习伙伴阅读时的想法,会从他们的思考中受到启发,打开预测的思路。教师也可以借助这些批注,引导学生学习一些预测的方法。更重要的是探究这些批注背后的学习伙伴的思维过程,推测“他为什么会有这样的想法”“这样的猜测有道理吗”,以学习伙伴的思维推动学生的深度思考,并联系自己的阅读体验,进一步完善自己的阅读行为。

《总也倒不了的老屋》一课,老屋帮助小猫躲避暴风雨之后,又想倒下的时候,老母鸡又来请老屋帮忙了。教科书在这里有一处学习伙伴的预测:“我想老屋可能会不耐烦了。”下面是相关的教学片段:

师:又有一位动物朋友来请老屋帮忙了,我们来读读他们的请求——

(学生读老母鸡的话)

师:第一次读到老母鸡的请求时,你们是怎么预测的呢?哪些同学觉得会答应,哪些同学认为老屋不会答应呢?

(学生依据老师的要求,分别说出预测的结果和依据。)

师:教科书里的学习伙伴也做了预测,我们来读读他们的想法。

生:我想老屋可能会不耐烦了。

师:他为什么会这样预测呢?你能不能变身心理学家,根据学习学习伙伴的这段预测,猜一猜他读到这里的时候是什么想的?

生:我觉得学习伙伴之所以这样预测,是因为他想到老屋已经一百多岁了,他就像一位老人。老人一般都不喜欢被人打扰的。

生:还有一点原因,小猫的请求是住一个晚上,老母鸡要住二十几天，而且还要孵小鸡，时间太长了，也太麻烦了，所以，他觉得老屋可能会不耐烦。

师：看来这位学习伙伴是联系了上文的故事情节，还联想到了生活中的老人，才有了这样的想法。学习伙伴的预测有理有据，刚才也有同学觉得老屋会答应，你们又是怎么想的呢？说说你们的理由吧……

上面这个教学片段，教师先是唤起学生最初的阅读体验。而后聚焦教科书中学习伙伴的预测内容，以此为线索反向推测他的思维过程。从课堂上学生的发言情况可以看出，寻找线索推测学习伙伴思维轨迹的过程，也是学生对故事情节、文中人物再次梳理，再次思考的过程。说出学习伙伴的预测依据的学习实践，也是学生对预测方法再次认知，再次运用的过程。课堂上，经历这样的心理探秘、思维揣摩，一定会对学生预测思考产生影响。那些认为老屋会答应的同学也要认真回顾自己当时作出预测时的心理过程，而不是仅仅作出“会不会答应小动物请求”这样的简单判断。

（三）指导预测方法，提供表达范例

1.指导预测方法

小学生阅读随意性很强，思维活动往往也会天马行空。猜读作为一种阅读策略，是有其规律和方法的。教科书编排策略单元的主要意图是把这些常规的阅读策略纳入课程体系，通过课堂教学，让学生在教师的指导下学习阅读策略，了解一般规律，掌握基本方法。这个单元的教学，尤其是在起始课指导学生掌握预测的基本方法是非常重要的。

《总也倒不了的老屋》的目标定位是学习预测，教科书编者在这篇课文的批注、课后练习等助学体系中渗透了多种预测方法。

（1）根据题目进行预测

学生读到文章标题的时候就会对文章内容进行一次整体的假设，在阅读的过程中不断验证假设。另外，文章题目有时还可以为学生预测情节发展提供依据。比如，有些同学一开始就觉得老屋会答应老母鸡的请求,他的理由是:“课文的题目就是‘总也倒不了的老屋’,所以老屋当然不会这个时候倒下来,它一定会帮助母鸡,还会帮助其他小动物。”这位同学竟然从题目中发现预测的终极答案。可见,借助标题进行预测是一种很重要的方法。

(2)借助插图进行预测

《总也倒不了的老屋》一课的第二处批注提示了借助插图进行预测的方法:图中的老屋看上去那么慈祥,它应该会答应吧!

很多文学作品,尤其是儿童文学都非常注重插图的绘制。插图与故事情节发展密切相关。《胡萝卜先生的长胡子》这篇课文虽然写到“鸟太太寻找晾衣绳”就戛然而止,但是教科书的这幅插图,胡萝卜先生的长胡子就在鸟太太的头上飘动,俨然就是一根晾衣绳。看到这幅图,学生自然会猜到接下来的故事。

(3)联系生活进行预测

《总也倒不了的老屋》课后编排了两组学习伙伴的对话。第一位学习伙伴提示的预测方法是联系生活:当我读到老母鸡请求老屋不要倒下时,我猜老屋可能会不耐烦。因为不断被别人打扰,可能会觉得很烦。

联系生活是小学生最常用、最惯用的预测方法。读到“老屋”想到自己身边的老人,读到胡萝卜先生一路走,一路遇到需要帮助的人,就会联想到自己曾经遇到的一些困难。

阅读时,小学生会很自然地把文中的人物和情节与自己生活中的人和事相联系,是一种积极的阅读心理,这样的联系能够让学生进入文本情境,产生情感共鸣,这样的联系也能带动学生对文本的深入思考,这样的联系需要鼓励和倡导。

(4)联系前文进行预测

这种预测方法就是依据已知推测未知,在已知的故事情节中寻找线索推测接下来的情节发展。《总也倒不了的老屋》中的后面四个批注,基本都是联系前文预测的。

“一读到这句话,我就知道,一定又有谁来请老屋帮忙了。”

——这是老屋第三次这样说了，前面两次说的时候，都有小动物出现来请老屋帮忙，这次肯定也不会例外。

这种方法能够让学生更多关注文中的具体细节，关注具体语言，在细节处留下自己更多的思考。

(5)抓住规律进行预测

这种方法是在联系前文基础上进一步思考，这种方法一般不会发生在文章阅读的开始阶段，而是随着故事情节的发展，在不断假设、不断验证的过程中，通过联系、比较，发现故事情节或者语言表达规律，进而抓住规律进行未知内容的推测。

第四处批注，老屋想要倒下时猜到："一定会有谁来请老屋帮忙。"这是抓住了情节发展的规律。

第五处批注，小蜘蛛请老屋帮忙时猜到"老屋怎么回答"。这是抓住语言表达的规律。

学生能够在阅读中发现规律，并能借助规律进行预测，说明这个时候学生已经进入到文本情境之中，故事情节的发展线索基本清晰，阅读的自信心、成就感油然而生。

2.提供表达范例

学习语言文字运用是语文课程的根本任务。猜读教学要注意把语言发展与思维发展有机融合。最有效的方法就是在引导学生说出自己预测依据的时候，为他们提供语言表达范例。如："我读到……就猜到……因为……""我读到……想到……猜到……"。

学生依据教师提供的范例表述自己猜读的思维过程，语言的表达规范了，预测的思路也更加清晰了。

(四)在丰富的阅读实践中尝试运用

猜读的最终目的是帮助学生爱上阅读，成为积极的阅读者。因此，预测的学习运用绝不仅仅是三年级上学期一个单元的教学任务。教师要着眼于学生发展，在丰富的阅读实践中引导学生尝试运用猜读，促进阅读能力形成与阅读习惯的养成。这里的实践主要有两个层面，一是课内文本，二是课外读物。

1.充分利用课内文本

统编小学语文教材共计编排了四个阅读策略单元。这四个单元都编排在上册，而且都在前四个单元的位置。编者的意图其实很明显，在学年初期学习阅读策略之后，要在后面大量的时间内长期运用。

三年级编排的猜读策略不仅可以运用于童话阅读，其他叙事性作品也可以运用。这类文本在中高年级的教科书里占比较大，比如：《灰雀》《急性子顾客和慢性子裁缝》《一只窝囊的大老虎》《猎人海力布》《桥》《穷人》等等。四年级下册还编排了小学阶段的最后一个童话单元。教科书中的这些内容都是学生猜读实践的非常好的素材。教师应该充分利用课内资源，在教学中有意识地指导学生运用猜读的策略。怎样运用呢？首先课前预习时，提示学生要一边读一边预测，猜一猜接下来会发生什么？还可以像教科书中的学习伙伴一样用批注的形式记录自己的思维过程。另外，在课堂教学中也可以设计相关活动，借助猜读提高学习兴趣。

《灰雀》是预测单元之后编排的第一篇以写人记事为主的课文。课文虽然篇幅较短，但是文中关于灰雀的去向、小男孩是否放回灰雀等情节，还是很有悬念的。教学这篇课文就可以运用猜读的策略。

例如，读到第二自然段："一天，列宁又来到公园，走到白桦树下，发现那只胸脯深红的灰雀不见了。他在周围的树林中找遍了，也没有找到。"教师可以这样引导："灰雀去哪里了呢？预习时，第一次读到这里的时候，你们猜到了什么？"读完列宁和男孩的对话之后，还可以引导学生猜测灰雀会不会回来？这样的猜读的实践，不仅训练了学生的思维，还让课堂变得更有生趣。

2.课外阅读中主动运用

这里的"课外阅读"包含两层意思：一是指教科书之外的阅读材料，二是指课堂之外的阅读时间。要想把猜读真正落到实处，让学生真正掌握猜读的策略，并能形成在阅读中主动运用的良好习惯，教师既要精选课外阅读文本，利用课内教学时间指导学生运用猜读的方法进行阅读，上好猜读推进课；又要把指导的点延伸到课外，推荐相关读物，借助阅读单等学习支架，引导学生在课外阅读中自觉运用猜读的策略。

（1）精选课外阅读文本，上好猜读推进课

统编小学语文教材把专题指导阅读策略的预测单元编排在第四单元。在此之后，以叙事为主题的是第八单元。第五到第七单元编排的都是写景状物的课文，关联习作单元的“观察”主题。如果单单依托课内文本，在学习策略之后学生的下一次课内猜读实践要等三个单元，按照常规课时计算至少相隔一个半月的时间。这样自然就会错过能力形成与习惯养成的最佳时机。因此，教师非常有必要精选课外阅读文本，利用课内时间上好猜读推进课。

课外文本的选择可以先从与教科书单元体裁一致的童话开始，尽量选择有反复情节的，让猜读更有趣味。比如：王尔德童话《快乐王子》、安徒生童话《老头子做事总是对的》以及美国谢尔·希尔弗斯坦编写的绘本童话故事《爱心树》等。很多学生没有读过这些课外的童话故事，他们对这些故事充满好奇。推进课上，教师可以不把整个故事的全貌一开始就呈现给学生，而是依据情节发展分批次呈现，让学生经历真实的猜读过程，通过阅读交流，让学生之间产生真实阅读思维的碰撞。

（2）推荐课外阅读材料，引导猜读实践

学生阅读实践的主要阵地在课外，学习猜读的主要目的也是引导学生把阅读策略变成一种阅读自觉，内化于阅读思维，进而提升阅读品质。因此，在猜读能力的形成期教师要充分利用课外阅读这一重要途径，推荐适合运用猜读策略的课外阅读材料，引导学生在丰富的阅读实践中尝试运用猜读的策略。

课外阅读实践要充分发挥学生的主动性，教师可以借助思维图、阅读单等学习支架引领实践思路，监控阅读过程。

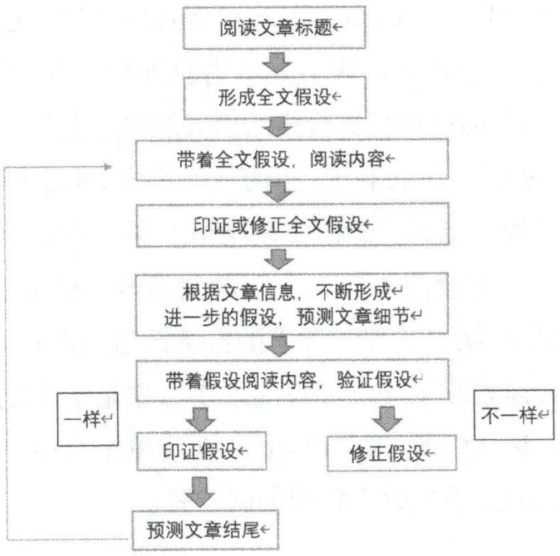

图 3–1　预测思维图

这幅预测思维图是在策略学习过程中师生共同认定的猜读实践的思维路径。课内学习，教师帮助学生把无形的思维，外化成看得见的路径，课外实践，教师要引导学生把看得见的图表路径内化为看不见的思维，融入阅读实践过程。这样有形与无形的转化之间，逐步让边读边猜、边猜边读的阅读策略转化为学生的习惯，预测思维图也逐步植入学生的阅读思维，潜移默化地影响学生的阅读实践。

为了引导学生关注自己预测的思维过程，可以设计相关阅读单。例如：儿童小说《罗伯特的三次报复行动》，可以设计预测阅读单。（图 3–2）

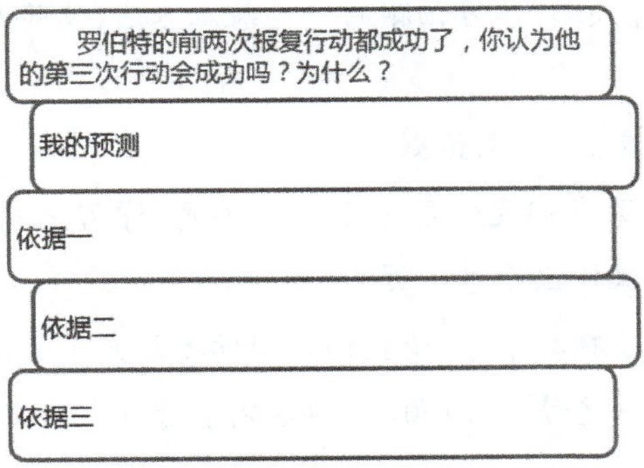

图 3–2　预测阅读单

总之，猜读是学生认知文本的复杂心理过程，运用猜读的策略，学生要做到在读的过程中对文本内容进行分析、比较、鉴别，还要联系生活积累、阅读积累进行推断，猜读的过程是一个不断假设，不断验证，不断形成新的假设、新的认知图示，思维图示不断变化的动态阅读过程。统编小学语文教材虽然编排专题单元，专题学习、专项训练，但猜读绝不仅是一个单元的教学任务，如果缺失了课外阅读的拓展，缺失了课堂教学的持续跟进，阅读策略也会随之流失。教师必须着眼于阅读策略的落实，立足学生能力的持续发展，指导方法、拓展资源，课内外结合，在读思结合中开发学生的智慧，启发想象，助力学生成为积极的阅读者。

三、课例评析

【教学活动设计一】

《总也倒不了的老屋》教学活动设计

教学目标：

1.随文认读“暴、凑、喵”等8个生字，读准重点字音，理解重点词语的意思。

2.顺着故事情节猜想，学习根据“题目、插图、故事内容、情节规律”等线索进行预测的方法，体验阅读的乐趣。

教学重难点：

边阅读边预测，学习预测的一些基本方法，体验阅读的乐趣。

活动过程：

一、预习交流，初探预测

师：这节课我们要学习一个新的单元，学习之前，我们先看单元导读页。（课件出示单元页）

生：（读）猜测与推想，使我们的阅读之旅充满了乐趣。

生：（读）一边读，一边预测，顺着故事情节去猜想。学习预测的一些基本方法。

师：这个单元我们要学习预测，还要学习预测的基本方法。谁知道什么是“预测”呢？（板书：预测）

生：我觉得预测就是预知一下后来会怎么样。

生：就是还没有发生之前去想象。

生：预测就是一边读一边猜。

师：读一读，猜一猜；猜一猜，读一读。预测就是猜读。（板书：猜读）

师：平时在课外阅读的时候你有没有过边读边猜的体验呢？

（学生谈阅读体验）

师：这节课我们就先来学习这个单元的第一篇课文，齐读课题——总也倒不了的老屋。

师：课前大家预习了课文，谁来说说这篇课文和我们之前学的课文有什么不一样？

生：这篇课文旁边有一些红色的小字，这是学习伙伴的批注，之前的课文没有。

师：学习小伙伴边读边预测，并把想到的内容用批注的形式写在了课文的旁边。课前预习的时候，我们结合这些批注对学习伙伴的预测进行了分析，做了“预测分析图”，我们先来交流一下。

（学生以小组汇报的形式展示“预测分析图”）

师：这节课我们还有一个特别重要的任务。（课件出示学习任务）

生：（读）做一回小小心理学家，探索学习小伙伴的心理，猜一猜小伙伴阅读时是怎么想的？为什么会有这些预测？

二、任务驱动，学习预测

师：小小心理学家们准备好探秘之旅了吗？读到题目的时候，学习小伙伴为什么会想到“被施了魔法”呢？他是怎么想的，小小心理学家们，你们想到了吗？

生：我想这位小伙伴一定是想到了《哈利·波特》里施魔法的情节，就想到老屋也被施了魔法。

师：这位同学猜到学习伙伴可能是联系阅读经验。说得非常好！我们继续读，继续猜。

生：(读)老屋已经活了一百多岁了，它的窗户变成了黑窟窿，门板也破了洞。它已经很久很久没人住了。

生：(读)“好了，我到了倒下的时候了！”它自言自语着，准备往旁边倒去。

生：我觉得会有人把老屋推起来。

生：我觉得有人会需要他。

师：是不是这样呢？我们继续读——

生：“等等，老屋！”一个小小的声音在它门前响起，“再过一个晚上，行吗？今天晚上有暴风雨，我找不到一个安心睡觉的地方。”

师：读到这里，学习小伙伴是怎么猜测的呢？一起读。

生：(齐读)图中的老屋看上去那么慈祥，它应该会答应吧。

师：看看插图，这样猜有道理吗？

生：我觉得有道理，因为我印象中的老人都是非常慈祥、非常善良的。

师：第一次读到这里的时候，你们认为老屋会不会答应？说说你的理由。

生：我觉得会答应，因为课文里说老屋很久很久没人住了，说明很久很久没人陪他了，所以有人来找他帮忙他会答应。

师：这位同学联系了老屋孤单的心情作出了预测，真棒！

生：我觉得不会答应，因为老屋要倒了，暴风雨要来了，老屋就更站不住了，有人住进去会有危险。

师：我们接着读，接着猜，只要你有想法，就可以举手。

生：(读)老屋低头看看，吃力地眯起眼睛：“哦，是小猫啊。好吧，我就再站一个晚上。”

生：(读)第二天，天晴了。小猫从破窗户里跳了出来：“喵喵，谢谢！”

生：好了，我到了该倒下的时候了。

生：我猜老屋有可能不会倒，因为后面有可能还会有小动物找他帮忙。

师：你和学习小伙伴想到了一起去了，这次来的动物是老母鸡。读到这里学习伙伴想到了什么呢？

生：老屋可能会不耐烦了。

师：小伙伴为什么会觉得老屋不耐烦呢？他为什么会这样想呢？

生：我觉得小猫已经来了一次了，现在又有人来，所以，小伙伴会觉得老屋可能不耐烦。

生：小猫是让老屋站一个晚上，而母鸡是让他站二十一天。所以，学习伙伴认为老屋可能不耐烦。

生：小猫是找不到安心睡觉的地方，而老母鸡是找不到安心孵蛋的地方。太麻烦了……

师：看来学习小伙伴是想到了自己的生活经历呢。我们继续读。

生：（读）“好了，我到了倒下的时候了！”……老屋说：“再见！好了，我到了倒下的时候了！”

生：我觉得老屋他这次会倒下了。

师：说说理由。

生：这已经是第三次了，我觉得老屋肯定会不耐烦了。

生：我认为不会不耐烦，我觉得后面还会有别的小动物来。

师：你们猜对了，真的又有小动物来了。它是谁？

生：小蜘蛛。

师：我们先看看学习小伙伴的预测。学习小伙伴为什么能猜到老屋怎么回答呢？

生：一年级的时候我们学过《小蝌蚪找妈妈》，小蝌蚪找了很多人，都不是他的妈妈，最后才找到的青蛙。

师：也就是说有些故事的情节是有规律的，我们可以抓住故事情节规律去预测。抓住了规律就知道老屋会怎么回答了。老屋回答小猫的时候是这样说的，一起读。

生：(读)“哦！是小猫啊。好吧，我就再站一个晚上。”

师：他是这样回答母鸡的，读——

生：(读)“哦！是老母鸡啊，好吧，那我就再站二十一天。”

师：发现了语言规律，我们就会猜到老屋怎么回答小蜘蛛了。谁来说——

生：“哦！是小蜘蛛啊。好吧，那我就再站几天。”

师：她回答得对不对呢？我们看看，来读一读老屋的回答吧！

生：“哦！是小蜘蛛啊。好吧，我就再站一会儿。”

师：故事快要结束了。自己把它读完，看一看还有没有其他的猜测。

生：我觉得老屋不会倒，因为课文里说小蜘蛛给老屋讲故事，但是小蜘蛛一直没讲完，所以我觉得他没有倒。

生：我猜到可能还会有小动物请老屋帮忙。

师：原文中的确有其他小动物找老屋帮忙，有哪些小动物来了呢？他会对老屋说什么呢？老屋会怎么回答呢？

生：百灵鸟来请老屋帮忙了。他说：“等等，老屋！我是百灵鸟，一星期后有一场演唱会，我需要练歌，可是我找不到可以练歌的地方，我能在您这儿练上一星期再走吗？”

师：这位同学的预测太精彩了。课文的结尾，学习小伙伴在结束的时候有这样的预测：估计老屋不会倒了。你们跟他的想法一样吗？

生：我跟学习小伙伴的想法一样。我觉得老屋不会倒是因为小蜘蛛的故事一直没有讲完。

生：我跟学习小伙伴的想法不一样。我觉得有一天小蜘蛛会被吹走，老屋也会被吹倒。

生：我觉得老屋不会倒了，因为还会有很多很多小动物来找老屋帮忙。

师：有很多像你们一样充满好奇心的小读者，他们写信给慈琪阿姨。于是慈琪阿姨给小读者续写了一个这样的结尾。

生：(读)又过了许多年，老屋更破旧了，看起来像一堆破烂的木头，身上落满阳光和灰尘。房梁和窗框都静悄悄的，杂草已经长得很高了。老屋说："好了，我总算可以休息了。"

师：(读)它停下来听了听，这次没有人请它再等一等，屋外一片安静。鸟儿和虫子仿佛都飞到很远的地方去了。它整整等了一天，下定决心，明早一定要倒下去。

朝阳落在房梁上，很暖和。老屋醒来，清清嗓子……

生：(读)"好了，我到了倒下的时候了。"说完，它认真地竖起了耳朵。等等吧，再等等吧。

师：作家慈琪的想象跟我们不太一样。边读边预测，我们不仅可以体验到跟原文一致的惊喜，也有跟原文不一样时的好奇。我们的阅读之旅正是因为有了猜测，有了推想才更加有趣。

同学们，下课。

教学评析：

统编小学语文教材在阅读与写作的专项能力培养方面进行了非常大胆的尝试。小学三年级开始编排了专项的习作策略单元和阅读策略单元。

三年级上册第四单元是第一个阅读策略单元。小学生要掌握的第一个阅读策略是"预测"。导读页明确提示了单元语文要素：一边读一边预测，顺着故事情节去猜想。学习预测的一些基本方法。

围绕"预测"这个专题，这个单元编排了一篇精读课文，两篇略读课文。值得注意的是，这三篇课文除第一篇《总也倒不了的老屋》外，后面两篇都是不完整的，有的缺少情节，有的缺少结局。编者意图非常明显，就是突出精读课文教方法、学方法，略读课文用方法的思路。

闫君燕老师执教的《总也倒不了的老屋》是预测单元的第一篇精读课文。这节课非常准确地把握了编者的意图，把统编小学语文教材理念转化为有效的课堂教学实践。

（一）落实课标理念，突出任务驱动

《课标》在课程理念中明确提出：义务教育语文课程结构遵循学生身心发展规律和核心素养形成的内在逻辑，以生活为基础，以语文实践活动为主线，以学习主题为引领，以学习任务为载体，整合学习内容、情境、方法和资源等要素设计语文学习任务群。学习任务群的安排注重整体规划，根据学段特征，突出不同学段学生核心素养发展的需求，体现连贯性和适应性。①

这节课一开始，闫老师就为学生创设了“做小小心理学家，探秘学习伙伴思维过程”的任务情境，整节课学生在学习任务的驱动下进行学习实践。任务明确，主线清楚，增强了学习的主动性与趣味性。

（二）认真研读教材，突出单元重点

作为统编小学语文教材的第一个阅读策略单元的第一篇精读课文，《总也倒不了的老屋》在编排上还是很有特点的。首先，教科书中第一次出现了“旁批”的形式，提示预测的思路和方法。另外，课后练习的两项内容，先是提示了在阅读中预测的一般样式，而后强调“预测不是随意猜测，要有一定的依据”。又以学习伙伴交流的方式具体展示了从“预测依据”到“预测内容”的思维过程。可以说，教科书编者在指导学生学习预测方面做足了工夫。

闫老师认真把握编者意图，合理运用教材资源。首先是对于“旁批”的使用，很多老师在教学时，不知道应该什么时候用、怎么用。闫老师先是设计了一项预习任务，就是绘制学习伙伴的预测分析图，整体了解学习伙伴的批注情况。而后，在“做小小心理学家”的任务驱动下，不仅引导学生关注学习伙伴的预测内容，而且反向推测其思维过程。教师充分利用这些批注，有效引导学生学习预测

① 中华人民共和国教育部.义务教育语文课程标准[S]北京：北京师范大学出版社，2022.5.

的方法，引导学生的阅读实践。

纵观这节课，我们可以看出在教学设计过程中，老师非常认真地解读教科书，仔细分析每一处编排的实际意图，并且运用适切的教学策略，很好地融入教学环节。闫老师努力让教科书的每一处编排，都能够充分发挥引导学生学习的作用。

（三）设计课堂活动，突出学生实践

这节课老师的问题特别少，整堂课几乎只有一个大问题：读到那里，你猜到什么？（或者学习伙伴猜到了什么？）你（或学习伙伴）是怎么想的？

老师的问题少了，学生实践的空间就充裕了。课堂上，学生读的实践、猜的实践、说的实践都非常充分。教学设计时，闫老师还关注到实践的层次性与活动的丰富性。从猜题目，到猜情节，再到猜语言；从猜课文中已有的情节，到想象课文中没有的情节。学生这些实践，都在大问题、大任务的驱动下自然发生。

（四）突出策略学习，突出思维发展

“思维发展”是语文课程核心素养的关键要素。语文教学应该注重激活学生的思维。“预测”在阅读的过程中可以理解为预想和猜测，这项策略本身就伴随着非常鲜明的思维过程。

这节课闫老师在引导学生预测的过程中，尤其关注学生思维的发展。一个题目，多种猜测；一个结论，多种理由，以及在预测过程中引导学生发现故事情节的规律，老屋回答小动物语言的规律，最后“还有可能出现哪些小动物”的预测等，这些环节都有意识地发散学生思维，拓展学生思维的广度，开发其思维的深度，促进学生思维的发展和提升。

（天津市海河教育园区南开学校　闫君燕）

【教学活动设计二】

《长袜子皮皮》阅读活动设计

教学目标：

1.通过师生共读、学生自读等方式，初步感知故事内容、人物特点。

2.运用猜读策略，结合目录、插图、情节，引导学生一边读一边猜，使学生产生阅读期待。

3.激发学生阅读整本书的兴趣，帮助学生养成良好的课外阅读习惯。

教学重难点：

运用猜读策略进行《长袜子皮皮》导读，激发学生的阅读兴趣，使学生产生对整本书的阅读期待。

活动过程：

一、标题预测，激发阅读兴趣

师：同学们，今天这节课我们要读一本书，书的名字是——

生：（齐）长袜子皮皮。

师：书名是不是很特别呢？你们第一次见到这个书名的时候，猜想到了什么？

生：我想这可能是个童话故事，主人公可能是一只或者一双袜子，名字叫皮皮。

生：我猜想故事里的主人公一定总爱穿着一双长袜子吧 。

师：你们的猜想很有意思。《长袜子皮皮》是一部十分经典的童话作品。至今已经被翻译成 30 多种文字，总发行量超过了一千万册。这本书的作者是瑞典的著名作家林格伦，她一生创作了很多儿童作品，因此被大家亲切地称为童话奶奶。

师：老师想了解一下，这本书最吸引你们的是哪些地方？

生：皮皮有花不完的金币，而且她的力气很大，居然能举起一匹马。

师:你注意到了封面上的信息,很会读书。还有谁从书的封面上有发现?

生:我看到封面上这个小女孩把鲨鱼抛向远处呢!

生:我觉得她的名字特别奇怪。

生:我还注意到里面有一个故事写的是皮皮捡破烂,我不明白她为什么要去捡破烂?

师:关于皮皮,书中有这样一段介绍,找同学来读。(出示课件,指名读)

生:(读)她头发的颜色像胡萝卜一样,两条梳得硬邦邦的小辫子直挺挺地竖着。她的鼻子长得就像一个小土豆,上边布满了雀斑。鼻子下边长着一张大嘴巴,牙齿整齐洁白。她的连衣裙也相当怪,那是她自己缝的。她穿一双黑色的鞋,正好比她的脚大一倍。她的又细又长的腿上穿着一双长袜子,一只是棕色的,另一只是黑色的。

师:读了这段介绍,你们能猜到这是一个怎样的女孩吗?

生:我觉得她的打扮特别有意思,因为她的头发像胡萝卜一样,而且还有两条梳得硬邦邦的小辫子。

生:我觉得她有点奇怪,因为我们肯定不会穿着不同颜色的袜子出门。

师:是啊,用书中的一个词来形容,这是一位"奇特"的女孩。她叫什么名字,你们知道吗?

生:皮皮。

师:不对,这只是她名字的简称。这个小女孩有一个特别奇怪的名字。而且我敢打赌,你们肯定没有听过像她这样的名字,想知道吗?

生:想——

师:竖起耳朵,伸出双手。一边听一边来数一数她的名字到底有多少个字。她就叫做皮皮露达·维多利亚·鲁尔加迪娅·克鲁斯蒙达·埃弗拉伊姆·长袜子。

师：怎么样，你们听过这么长的名字吗？

生：没有！

师：皮皮就是这样一位奇特的女孩。她的奇特不仅仅体现在她的名字、她的穿着打扮。更重要的是，她有着天马行空的想法，她作出的每件事情都是那么奇特。

二、真假判断，产生阅读期待

师：你们看，这本书一共有24个章节，每个章节讲了皮皮的一个故事。下面请同学们快速浏览目录，看看你对哪个章节的内容最感兴趣，从目录里的这些小标题中你能猜到什么？（课件出示目录）

皮皮搬进维拉·维洛古拉

皮皮捡破烂并和别人打架

皮皮和警察玩拍人游戏

皮皮上学了

皮皮坐在大门上和爬树

皮皮组织了一次野游

皮皮看马戏

皮皮接待小偷拜访

皮皮过生日

皮皮去商店买东西

皮皮玩海上遇险

皮皮接受一次难忘的访问

皮皮举行告别宴会

皮皮去航海

皮皮寻找斯彭克

皮皮组织问答比赛

皮皮赴咖啡宴

皮皮接到一封信

皮皮再次去航海

皮皮上岸

皮皮劝告鲨鱼

皮皮劝告基姆和伯克

皮皮离开霍屯督岛

皮皮不愿意长大

生：我对《皮皮和警察玩拍人游戏》这个章节最感兴趣，我猜皮皮和警察一定是好朋友，他们在一起玩游戏，一定很开心。

生：我对《皮皮去航海》很感兴趣。我猜皮皮一定是驾驶轮船去探险了，这个章节的故事一定很刺激。

生：我觉得《皮皮劝告鲨鱼》这个故事一定很有意思。皮皮真勇敢，竟然敢去劝告鲨鱼，如果是我，我可不敢。我猜这个故事一定很惊险。

生：我想读这本书，因为这些故事看上去特别有意思。

生：我特别想读《皮皮上学了》这个故事，我猜想皮皮这个特别的小姑娘去上学一定会发生很多有趣的事情。我还特别想知道皮皮上学跟我们上学有什么不一样。

师：你猜得不错，《皮皮上学了》这个章节确实有意思，大家先来猜一猜在这个故事中会发生什么事情呢？

生：我觉得皮皮会在学校里和同学发生矛盾。

生：因为皮皮力气大，她可能会在学校里帮老师做很多事情。

生：我猜皮皮可能不喜欢穿学校统一的服装吧。

师：你们猜的都有道理，但是这个章节里的很多事情超乎你们的想象。阅读这个章节之前，我们先来做一个“真假皮皮”的小游戏。

出示课件：

1.皮皮上学是为了能有圣诞节假期。
2.皮皮骑着马去上学。
3.皮皮不喜欢数学喜欢语文。
4.皮皮爱上了学校生活。

师：大屏幕上的这些情节有真有假，你们猜一猜哪些情节是真的，哪些是假的？

（学生进行猜测，教师随机提问学生猜测的理由）

师：原来皮皮上学真的是为了圣诞节假期，她真的是骑着马去上学。前两个情节竟然是真的，出乎了很多同学的预料。皮皮不喜欢数学也不喜欢语文，她最后离开了学校。后面两个情节是假的。很多同学没有猜对哟。这个故事里出人预料的事情还多着呢！想不想读一读林格伦奶奶是怎么写的呢？

生：想！

师：就让我们一起走进《皮皮上学了》这个故事。

三、共读故事，感受奇特人物

师：故事发生在皮皮入住维拉小镇不久，她认识了一对兄妹——杜米和阿妮卡。他们很快便成了形影不离的朋友。杜米和阿妮卡特别希望皮皮能和他们一起去上学。于是在这天下午他们来到了皮皮的家里，并向她发出了邀请。

（出示PPT，师生共读故事）

师：这个故事已经读完了。故事中的哪些情节出乎你的预料呢？

生：我没想到皮皮真的会骑着马去上学，如果是我的话，说不定会有生命危险呢！

生：我猜到了皮皮不爱学习，但是我没有想到皮皮居然在课堂上顶撞老师，还敢捣乱。

生：我想到了皮皮会骑马上学，因为刚才老师已经介绍了她是一位奇特的孩子，所以她什么奇怪的事情都能做出来。

生：我没有想到原来真的会有人为了放假而去上学，这简直太不可思议了。

生：我没想到皮皮竟然这样做数学题，她跟老师的这段对话简直太有意思了。

师：刚才我们经历了一次先猜测，再验证的过程。通过这个章节的阅读，皮皮又给你留下了怎样的印象呢？结合书中的内容谈谈你的感受。

生：皮皮上课不遵守纪律，我认为皮皮是个散漫，而且不太听话的孩子。

生：我认为皮皮是一个特别天真的孩子，她想做什么就做什么，我很羡慕她。

生：我不太喜欢这样的皮皮，如果她是我的同学，会影响我们上课的。

师：看来大家都认为她是一个调皮、任性、不遵守纪律的孩子。林格伦奶奶笔下的皮皮真的是这样的吗？我们来读一读皮皮对老师说的这段话——

生：（读）“我表现得很坏？可是我自己不知道。”皮皮吃惊地说。这时她显得很伤心，谁也没有见过比皮皮不高兴时更伤心的孩子了。她静静地站了一会儿，然后用颤抖的声音说：“老师你知道吗，当一个人她的妈妈是天使，爸爸是黑人国王，而她自己一直漂泊在大海上，她怎么能知道学校里的东西，回答数学、刺猬这样的问题呢？”

师：读到这里，谁有不一样的看法呢？

生：我觉得皮皮很可怜，缺少父母的疼爱。

生：我很同情皮皮，现在也特别能理解她刚才的那些行为。

师：是啊，这是皮皮第一次走进校园，她并不是在故意扰乱课堂秩序，她只是在用自己认为对的方式和大家相处。她也想和其他人一样做一名正常的小学生。但是她无法做到，所以在故事的最后，她只能骑着马离开了。

四、自主阅读，交流阅读感受

师：同样是上学，皮皮的经历和你们一样吗？

生：不一样！

师：这本书你们还想继续读下去吗？说说理由。

生：我还想继续读下去，因为我想知道皮皮还做了哪些有趣的事情。

生：《皮皮去上学》就发生了这么多我们意想不到的事情，所以我还想看看皮皮还会做出什么我想不到的事情。

师：我们再来看看目录，说一说你们还想读哪个故事。你觉得会发生什么？

生：我想读《皮皮劝告鲨鱼》，因为鲨鱼是一种很凶猛的动物，我想知道皮皮是怎样劝告它的。

生：我最想读《皮皮接待小偷拜访》这个故事。我们看到小偷都想把他们抓起来，而皮皮却要接待他们，我想知道故事里发生了什么。

生：我还是最想读《皮皮和警察玩拍人游戏》……

师：下面的时间请同学任选一个你最感兴趣的章节自主阅读。

（10分钟的时间，学生自由读书）

师：老师想知道在刚刚这10分钟的时间里你们读到了什么？想到了什么？哪些情节出乎你的预料？

生：我阅读的是《皮皮劝告鲨鱼》这个故事，我没想到的是皮皮为了救自己的朋友，竟然冒着生命危险去劝告鲨鱼。

生：我读了《皮皮和警察玩拍人游戏》，原来皮皮不是在和警察做游戏，而是两位警察想送皮皮去儿童之家，皮皮不想去，他们在房上爬来爬去，皮皮还把警察举了起来，然后放在地上。皮皮真是太厉害了。

生：我看的是《皮皮看马戏》，我知道了皮皮在看马戏的时候为朋友们买了最好的座位。我没想到皮皮竟然比任何一个马戏演员都厉害。

生：我读了《皮皮接待小偷拜访》这个章节的内容。我猜到了小偷果然不是拜访，而是来皮皮家里偷东西。我没想到的是皮皮竟然让两个小偷和她一起跳舞，还给他们金币作为酬劳。

师：还有谁也读了这个故事？有没有不一样的想法？

生：我一开始也觉得皮皮在捉弄两个小偷，吹篦子、跳舞都是皮皮的恶作剧。但是读到“这是你们体面的收入”，我才明白了皮皮的真正用意。她是想让这两个人通过自己做事来获得收入，这样才体面。这一点是我完全没有预料到的。

生：我读了《皮皮捡破烂并和别人打架》的故事，我没想到皮皮他们捡破烂还能捡到这么多宝贝。

师：捡到了哪些宝贝呢？你能给大家读一读吗？

生：（读）

“哎哟！”他惊奇地大喊一声，把手从树洞里退出来。他的手指抓着一本精装皮封面的笔记本。洞里还有一个很奇特的盒子，里边有一支银笔。

阿妮卡把手伸进去，立即掏出一串红珊瑚项链来。杜米和阿妮卡惊奇地张着嘴巴半天说不出话来。他们打算以后每天都去当捡破烂儿的。

师：你们觉得这些宝贝是杜米和阿妮卡无意间捡到的吗？

生：我觉得不是，怎么会有人把这些东西不小心丢在树洞里呢？一定是皮皮不想让好朋友失望，故意放进去的。

生：皮皮的善良，重情重义也是我没想到的。我以为她是个只知道调皮捣蛋，搞恶作剧的孩子。

五、设置悬念，体验阅读乐趣

师：如果你把刚才的这个故事继续读下去就会发现，故事的结局远远超出了我们的想象，皮皮总能把一件件普普通通的小事变得离奇曲折。

师：例如《皮皮去商店买东西》。根据插图，大家猜一猜皮皮在商店里会发生哪些好玩的事情？

生：她在商店里买了很多自己喜欢的东西。

生：她为杜米和阿妮卡购买了礼物。

生：她买完东西之后没有让售货员找零钱。

师：你们肯定猜不到她在商店里购买了整整36公斤的糖果！而且分给了镇上的每一个孩子。

师：生日应该是同学们最期待的一天，根据你们对皮皮的了解，再来猜一猜皮皮过生日时又会做些什么？

生：她邀请了很多小伙伴，并且为他们准备了美味的食物。

生：在吃蛋糕的时候，她很可能把蛋糕抹在其他人的脸上。

师:这个答案你们一定猜不到,因为在生日当天她带着杜米和阿妮卡居然拜访了鬼怪和幽灵!

师:还想继续猜吗?

生:想!

师:刚上课的时候,很多同学都对《皮皮劝告鲨鱼》这个故事感兴趣,在故事中皮皮带领着杜米和阿妮卡经历了一次航海之旅,他们来到了霍屯督岛。在岛上游玩的时候,杜米一不小心掉进了充满鲨鱼的海里,经过一番激烈的战斗,皮皮最终救出了受伤的杜米。而当皮皮上岸后,一向勇敢坚强的她却大哭起来,你们来猜猜这是为什么?

生:因为她觉得自己没有保护好同伴,所以才会哭的。

生:可能皮皮是因为在和鲨鱼战斗的过程中受了伤吧?

师:皮皮的回答一定是出乎你们预料的,皮皮究竟是怎样说的呢?

生:(读)皮皮擦干了眼泪,生硬地回答道:"我哭是因为那条饿得要命的小鲨鱼今天没吃到早饭。"

师:同学们,《长袜子皮皮》这本书中皮皮作出的天马行空的事情还有很多,一节课的时间我们肯定读不完,也说不完,这本书你们想继续读下去吗?

生:想。

师:你们想用多长时间读完这本书呢?

生:我一会儿就想接着读下去,计划两天读完吧。

生:我计划用三到四天的时间读完。

生:我想最晚这个周末就能读完。

师:这节课,我们一边读,一边猜,虽然很多情节出乎我们的预料,但越是这样,我们就越想读下去。因为,这位古灵精怪的女孩总能给我们带来意想不到的惊喜,总能让我们产生新的想法、新的判断。这样边读边猜的过程,才更有意思。希望同学们能利用课下时间继续阅读林格伦奶奶的《长袜子皮皮》,一边读一边猜,看看还有哪些情节是出乎你的预料的。老师给大家一周的时间，一周之后我们再来交流那些让你意想不到的情节，交流让你意想不到的皮皮。下课！

（天津市津南区北闸口第二小学　周兴健）

教学评析：

《长袜子皮皮》是瑞典儿童文学作家阿斯特里德·林格伦的童话代表作之一。主人公皮皮是个奇怪而有趣的小姑娘。名字奇怪，打扮奇怪，性格也很奇怪。她力大无比，能轻而易举地把一匹马、一头牛举过头顶，能制服身强力壮的小偷和强盗，还降服了倔强的公牛和食人的大鲨鱼。她有取之不尽的金币，常用它买糖果和玩具分送给孩子们。她十分善良，对人热情、体贴入微。她好开玩笑、喜欢冒险，很淘气，常想出许许多多奇妙的鬼主意，创造出一个又一个的奇迹。

周兴健老师执教的《长袜子皮皮》是一节整本书的预读课，预读课的主要目标是了解整本书的全貌，让学生初步感受人物特点、情节特点，指导阅读方法，引领阅读思路，进而激发学生阅读整本书的兴趣，调动学生阅读的积极性。上课之前，绝大部分学生没有读过这本书。课堂上，在老师的引导下，师生共读一本书，共同开启阅读之旅。

上这节课的是三年级学生，时间是在预测单元学习之后。学生在课内学习了预测的阅读策略，教师精选《长袜子皮皮》这部童话作品为学生提供了非常好的实践素材。

一、关注阅读心理，突出趣味性

这节读书课从书籍选择到教学活动的设计与实施都充分考虑儿童的阅读心理，着力激发儿童的阅读兴趣。

中国少年儿童出版社出版的这部经典童话《长袜子皮皮》，其封面和内文设计都很吸引孩子们的眼球。故事的主人公皮皮独立勇敢、爱憎分明，还有用不完的金币。皮皮的世界多么令人向往啊，可以说几乎每个孩子心里都住着一位皮皮。这本书对孩子们具有极强的吸引力，应该说选择这本书作为阅读内容本身就充满趣味。周老师特意在上课之前，把书放到每位学生的书桌上，用这种最直接的方式调动学生兴趣。

纵观整节课，周老师始终在做的一件事就是激发和调动学生的阅读兴趣。这节课最重要的实践方式其实就是一个字——“猜”。周老师充分利用学生的好奇心，把“猜”作为贯穿课堂的实践主线。

先猜标题，再猜封面。依据文字和图像信息猜测故事情节，猜测人物性格。而后，依据目录的题目猜测章节的故事内容，这也是一个激发学生兴趣的重要过程。

另外，全书15万字，一节课时间不可能全部通读，教师在设计教学环节时，也是抓住儿童的阅读心理，精选了孩子们最感兴趣、最能引起共鸣的《皮皮去上学》这个章节进行课堂共读。让学生窥见这本中最有意思的地方，激起他们迫不及待想要阅读的心理。

二、注重方法点拨，体现层次性

三年级的小学生在课内学习中，已经初步掌握了预测的阅读策略。这节整本书的阅读课，主要是让学生在实践中尝试运用。这节课上，教师并没有刻意强调预测的方法，而是在阅读的几个关键点设计有层次的猜读活动，并在学生猜读的过程适时点拨，适当引导。

这节课依循阅读进程设计了五个层次的猜读活动：一是猜题目；二是猜封面；三是猜目录；四是猜情节；五是猜细节。学生在这样有层次的猜读实践中，逐步走进整本书的阅读世界。学生边读边猜，边猜边交流。教师在学生交流的时候，依据他们的发言，适时点拨猜读的方法。比如，在学生关于封面的猜测交流之后，周老师这样引导：“看来无论是封面上的信息，还是书中的情节，都是我们猜测整本书故事内容的重要依据。”只是这样一句看似不经意间的评价，其实教师是在有意回应课内预测单元强调的猜读方法。这样的点评会自然引发学生对课内方法的联想，学生也会自觉把方法运用于接下来的实践。教师这样潜移默化地引导，让方法策略外化于行，内化于心。

三、设计师生共读，凸显实践性

整本书的预读课，必须要让学生多读。教师要认真规划读的时间，精选读的内容，设计读的形式，监控读的过程，才能优化学生的阅读效果。我们看到这节课共计用时40分钟，学生在几个环节中读书时间累计超过20分钟。

全班共读一本书，师生之间、学生之间的交流非常关键，如果只是让学生一味地自主阅读也就失去了共读的意义。这节课，在读的内容和形式上做了非常精心的设计，不仅有学生自主选择内容，自主阅读的"个性阅读"板块，也有集中一个章节，重点阅读、重点交流、重点引导的师生共读板块。

师生共读板块的阅读内容是《皮皮上学了》这个章节。这个板块可以分为三个小的层次。

首先是把章节中重点情节呈现在课件上，为了突出趣味性，老师还依据情节内容绘制了相关插图。插图中配的文字大多是人物之间有趣的对话，教师和学生分角色朗读，很容易把学生带入故事情境，也为接下来的自主阅读做好铺垫。

第二层次是学生的自主阅读，阅读之后就"没想到的情节"和"皮皮印象"两个话题展开交流。

第三层次是教师看到同学们觉得皮皮是个调皮捣蛋、没有礼貌、不守规矩的坏孩子之后，提示学生关注皮皮真诚地对老师说的话，进而再次阅读发现不一样的皮皮。

《皮皮上学了》这个章节的阅读，通过师生共读的方式，逐步把学生的阅读实践引向深入，成功激发了学生阅读整本的兴趣。之后的10分钟，学生自选章节，自主阅读，更加凸显了读书课的实践性特点。

四、关注阅读思维，彰显独特性

猜读这一阅读策略重要意义在于带动学生的阅读思考，发展学生的阅读思维。这节课，周老师不仅引导学生经历边读边猜，边猜边读的实践过程，还特别关注学生在猜读过程中的思维痕迹、思维状态。

我们看到课堂上，在学生阅读的每个阶段，周老师都要引导学生进行一次思维回顾——让学生说一说哪些情节是你没有想到的。因为，这个古灵精怪的皮皮总能作出一些完全出乎学生预料的事情，所以，这个话题正好切中学生阅读思维中的关键。课堂上，每到这个环节学生的发言都会特别踊跃。下面这位同学的发言体现了她在阅读中清晰的思维过程：

> 我一开始也觉得皮皮在捉弄两个小偷，吹篦子、跳舞都是皮皮的恶作剧。但是读到“这是你们体面的收入”，我才明白了皮皮的真正用意。她是想让这两个人通过自己做事来获得收入，这样才体面。这一点我完全没有预料到。

阅读《皮皮上学了》之前，“真假皮皮”这个环节的设计也体现了教师对于学生思维的关注。周老师在课件上出示了四个情节，让学生辨别真伪。学生因为没有读过这本书，猜测的依据大多是生活实际。但是，这个皮皮的行为恰恰不合常规，所以，课堂上孩子猜测大多是错误的。这种错误更加激起了学生探究真相的强烈欲望。我们也发现，在学生阅读之后，再次交流时，还有些学生联系了“真假皮皮”的猜测过程。看来，这一处设计切实引起了学生的关注，引发了他们的个性思考。

另外，关于主人公皮皮的评价，因为学生阅读的章节不同，关注的内容不同，对皮皮的认识也就有所不同。这节课，周老师关注学生独特的阅读感受，珍视他们的独特的阅读体验，有意识地让这些不同的观点、不同的认识进行碰撞。这样的碰撞也成为学生阅读整本书的强大动力。

最后，我想再次强调，阅读策略的自觉运用，阅读能力的提升，只靠课内一个单元的教学是远远不够的，教师必须适时拓展课外阅读材料，引导学生在丰富的阅读实践中尝试运用，才能让阅读策略在真实阅读中真正发生。

第二节　提问:走向阅读的深度①

一、提问:关注思维发展

南宋教育家陆九渊说过:“为学患无疑,疑则有进。小疑则小进,大疑则大进。”《课标》多次强调语文课程要激发学生的好奇心、求知欲。“思辨性阅读与表达”任务群在第二学段提出:“在日常生活中,主动记录、整理、交流自己发现的问题和思考,学习辨析、质疑、提问等方法。”②统编小学语文教材四年级上册第二单元特别安排了“提问”策略单元。

(一)什么是提问

“阅读是个体依靠头脑中的原有知识,积极主动获取信息的过程,是从文字(图画)中建构意义的过程。”③提问是在阅读中,文本信息不能与阅读者已有经验体系产生合理联系,进而被接纳、融合,由此形成认知上的断裂、矛盾、疑惑、需求,被阅读者捕捉、表达,并寻求解决,用以实现对文本有效理解的过程。提问的基础是对文本信息准确、有效的提取。提问的产生是文本信息与已有经验关联产生的矛盾。提问的呈现是对矛盾和寻求矛盾解决的表达。提问是一种阅读策略(其实可以更广义地认为是一种学习策略),也是运用这种策略的行为能力。

汪潮教授认为:“构成语文阅读问题意识的基本要素是:(1)认知的不平衡状态。学生在阅读认知活动中遇到难以解决的问题时所产生的困惑、探索的状态。(2)质疑的思维品质。心有所疑,提出

---

①本部分由天津市河西区教师发展中心丁文静撰写.

② 中华人民共和国教育部.义务教育语文课程标准[S]北京:北京师范大学出版社,2022:29.

③ 伍新春.阅读策略——促进阅读理解与提高阅读速度[EB/OL].人教云教研,2023-3-15.

以求得解答。它既体现了思维的深刻性和批判性，同时又反映了思维具有质疑特色的独立性和创造性。(3)学习的元认知能力。包括元认知控制、调整与评估认知活动的能力，具体表现为反思能力和发现问题的能力。"[①]可见，提问既是一种思维策略，也是一种元认知监控策略；既是深化阅读的策略，也是自我反思进步的策略。

提问的关键环节是发现矛盾，其核心是思维。但也与阅读者的经验（包括知识经验和阅读经验）、能力（包括阅读能力、日常的观察以及思考能力），甚至情感的认识和体验水平、阅读的个性品质和习惯有关。

（二）问题的类型

提问，顾名思义就是提出问题。分析提问的成果表现——问题，可以帮助我们认识提问的产生过程。关于问题类型的研究，中外不同学者有不同的划分方法。有学者将问题划分为事实性、理解性、应用性、评价性四类。[②]这是日常阅读最重要的四个思考角度，主要针对的是内容和思想的理解。语文学习中的提问，必然还包括对语言表达方法的学习和体验。

统编小学语文教材四年级上册第二单元《夜间飞行的秘密》一课提示，问题思考的角度包括：针对内容提问、针对写法提问、将启示与生活经验联系提问。这是从提问的内容指向划分的。《一个豆荚里的五粒豆》一课提示了提问的时机，包括读中针对局部提问和读后针对全文提问。这是从阅读过程角度划分的。《呼风唤雨的世纪》一课提示了提问的价值和作用，包括不影响课文内容理解的问题和有助于课文内容理解的问题。这是从提问的功能角度划分的。这些不同类型的问题交叉、融合地出现在阅读活动中，共同促进着阅读的深化，也为教师明确了教学指导的目标。

---

① 汪潮.有问题的阅读——兼谈统编本教材四上"提问策略"的教学[J].小学语文教学，2020(10)：4.

② 杜永强，陈伯华.课堂师生互动行为研究[J].教育科学研究，2014(10)：67.

（三）提问的支持

这里我想以统编小学语文教材设置的问题为例分析问题形成的内在支持条件。教材设置的问题都是有效促进深度阅读的问题，虽然不是学生的提问，而且有着明显的功能目的，但它们也蕴含着有迹可循的思维路径，可以作为提问范例和探究提问内在支持的凭借。

1.思维方法的支持

《课标》提示："思维能力是指学生在语文学习过程中的联想想象，分析比较、归纳判断等认知表现，主要包括直觉思维、形象思维、逻辑思维、辩证思维和创造思维。思维具有一定的敏捷性、灵活性、深刻性、创造性、批判性。"①在提问过程中，这些不同的认知表现和思维方式是积极参与，而且可能是综合参与的。其参与程度越高，获取的文本信息越准确、越深入，与自身经验建构出的问题越具高价值。

一般来说思维水平较低或阅读深度较浅的读者，发现的问题可能主要是：(1) 文本信息与自身经验系统出现明显断裂或冲突。如《呼风唤雨的世纪》提出的"什么是声控电话？"就是文本信息没能在自身经验系统中找到融合点而提出的。(2)较易形成关联而产生的问题，如"'发现'和'发明'有什么区别？"这组相似词语几乎无缝出现，极易形成关联，因而比较容易被提出。(3)文本信息不能第一时间纳入阅读者逻辑认可范围，如《军神》提出的："沃克医生是怎么发现刘伯承是军人的？"是因为课文在沃克医生说刘伯承"你是军人！"之前，没有显示两者有过往的联系，学生经验中也没有对军人重伤从容镇定的认知，即在逻辑上前文没有支持沃克医生结论的信息，由此带来明显的逻辑断裂，因而提出这样的问题。上述问题，一般在浅层次阅读和信息轻加工的阅读中就会被发现。而比较有深度的问题，往往是在综合运用更多阅读策略的高阶思维中产生的。

---

① 中华人民共和国教育部.义务教育语文课程标准[S]北京：北京师范大学出版社，2022：5.

《灯光》课前提示："课文中，天安门前璀璨的灯光、郝副营长书上插图中的灯光和战场上微弱的火光，三者之间有什么联系？它们与课文题目又有什么联系？"这个问题是在整体把握了课文内容，梳理出课文描写的三个场景，基于以往习作选材和组材的经验，自然提出："三个场景为什么写在同一篇文章中？三者之间有什么关系？"基于习作拟题的经验，提出"题目与三个场景有什么关系？"可见，这个问题调动了综合分析、关联比较等多种逻辑思维，可能还有基于以往经验的直觉思维参与。

《去年的树》课后提示："鸟儿睁大眼睛，盯着灯火看了一会儿，鸟儿在想什么？""唱完了，鸟儿又盯着灯火看了一会儿，就飞走了。鸟儿在想什么？"这个问题，是置身童话美好意境中，想童话中人物所想，深度融合形象思维和想象策略产生的。

《夜间飞行的秘密》课后示例："飞机在夜间安全飞行仅靠雷达就可以吗？"这个问题是基于课文"飞机靠雷达飞行就更安全了"的信息，可能是出于对飞机安全的关心和担忧，认为飞机夜间飞行仅靠雷达是不够的，提出的批判性问题；或者是出于对"更"字的敏感，希望了解飞机安全飞行还有哪些凭借，而提出的探索性问题。在这个问题中，调动了批判思维或探究思维，显现了思维的严谨和深刻。

综上，提问是思维力的体现。高质量的问题是调动多种思维方式，综合运用多种已有阅读策略，获取、处理文本信息而产生的。

2. 情感体验的支持

情感体验也可能是提问的引导力量。初读《田忌赛马》，大致了解孙膑用了比齐威王差的马赢了齐威王。出于好奇或敬佩，就可能产生进一步弄清楚"孙膑到底是怎样用差一些的马赢了齐威王？""他为什么能赢？""他是怎样想出这样的办法的？""这样的方法还可以用在哪里？"等一系列问题的愿望。

《两茎灯草》严监生濒死还执着地伸着两根手指，直到赵氏挑掉一茎登时没了气，令人忍俊不禁。幽默的体验使人不禁想回味，回读课文数数几次写严监生手指灯草？都被别人误解成了什么？其实就是在细致回顾和梳理小说情节。

《小岛》课文结尾段写:“他向着太阳,向着那片绿色,也向着小岛,行了一个标准的军礼。”特别场面化的描写带来强烈的情感冲击。此刻，我们可能只是在阅读瞬间收获了一种强烈但模糊的感动。这份感动会驱动我们反思:“我为什么而感动?”“将军为什么行了一个标准的军礼?”(这也就是课前提示的:“说说你对课文最后一个自然段的理解。”)

好奇、兴趣、感动等强烈的情感,都可能驱动阅读者回读文本,再次感受引发自己情感体验的人、事、景、物,自我提问去探究他们的特点和文章表达的方法。

3.文体特点的支持

提问因文本的主题、内容、表达不同而不同,但是也有一定的规律性。相同文体决定了提问共性的思考方向。根据《课标》课程目标对不同文体阅读的要求和统编小学语文教材相关单元的关键点、课后习题的提示,我们大致可以梳理出小学阶段应该获得的文体阅读经验,及其所对应的一般提问方向。

叙事性文章,一般突出的是事件、人物、环境。提问可能指向(1)内容:课文写了几件事?什么事?(小说是写了哪些情节?)(2)中心:通过事件说明什么道理?塑造人物什么形象?(3)写法:如何写清事件过程?人物塑造运用哪些方法?如何描绘场景?直接描写外还写了什么内容,起什么作用?如何处理详略?(4)启示:我对事件、人物有什么看法?事件和人物与我的生活有什么联系?等等。

童话、神话,故事生动,想象神奇。提问还需关注:哪些地方很神奇?带给我怎样的体验?

寓言,小故事大道理。提问可以关注:告诉我们什么道理?这个道理跟我的生活有什么关系?等等。

说明性文章,一般条理清晰,语言精练、准确,使用恰当的说明方法。提问可关注:(1)内容:说明了事物的什么特点?或者说明了一个什么道理?(2)按照怎样的层次条理来说明清楚?(3)运用了哪些说明方法？有怎样的说明效果？说明的语言有哪些值得学习？(4)说明的事、理跟现实生活有哪些联系？等等。

诗歌、散文都是意境优美、抒情性极强的文体。提问可以关注(1)写了什么内容？表达了怎样的情感？(2)是如何抒发情感的？(3)想象进入诗文的意境，我看到了什么？听到了什么？感受到了什么？等等。

4.表达需求的支持

在语文课程中，阅读不限于对文本内容、主题的理解，还带有语言学习的需求。这种需求可能来自阅读者长期学习的自觉意识或兴趣，也可能来自阅读前承接的习作任务。在统编小学语文教材读写一体的教学思想引领下，很多时候我们以单元习作为大任务，驱动单元阅读。表达需求支持的阅读提问也就成了提问的重要方向。

上面文体支持的提问中，其实已经涉及大量指向表达方法和效果的问题。本节后面提供的《夜间飞行的秘密》教学设计，在第二课时中也提示了针对写法提问的指导，涉及了针对遣词造句、修辞、表达方法、详略处理、开头结尾、拟写文题等多方面的提问。这里再补充两个值得关注探究的语言点。

(1)陌生化的表达

陌生化的表达，是指与我们一般表达习惯不同的表达。它常常是作者匠心独运之处，是更准确、形象之处，是更能表达作者情感之处，也是特别值得咀嚼和探究之处。比如《爬山虎的脚》在写脚爬墙时，用词是“一脚一脚”地往上爬。这跟我们平常描写行走所用的“一步一步”不同，就是一种陌生化的表达。这里就应该关注揣摩“为什么用‘一脚一脚’，而不是‘一步一步’呢？”再如白鹅本是动物，课文为什么把它称作“鹅老爷”？《圆明园的毁灭》为什么用那么多笔墨写圆明园昔日的辉煌？围绕文题，不是应该重点写圆明园为什么被毁灭？怎样被毁灭？毁灭后的圆明园是什么样子吗？

(2)文章中的关键语句

包括文章的中心句、总起句、总结句、过渡句、抒情议论部分、含义深刻的句子、反复出现的语句等等。对这些关键语句，要问一问自己能理解它们的意思吗？能理解其言外、深层的意思吗？能联系上下文理解它们的意思吗？能联系生活理解它们的意思吗？能感受到它们的表达作用和效果吗？

上面支持提问的四个方面往往并非独立存在，它们同样是相互融合的整体。比如，我们基于表达需求进行阅读，想寻求写法方面的帮助，但又感觉无从下手。这时情感体验的支持可能就架起了桥梁。我们可以抓住文章给我们印象最深的内容、使我们最受触动的内容细读，与我们自身可能的表达进行对比，文章的表达方法和效果就会比较容易显现出来。这里“表达需求”“情感驱动”“思维支持”就是融合发生的。

（四）提问的形式和功能

1.提问的形式

提问策略习得的主体是学生，提问能力发展的主体是学生，提问的主体无疑也是学生，而不是教师。提问的对象首先应该是学生自己，是要求自己深入阅读，或者拓展阅读范围寻求问题的解决。当问题不能自己解决时，提问的对象也可能扩大到同伴、老师、家长或专业人士。即首先是自问自答，其次是互问互答。

从呈现形式看，提问包括口头提问和书面提问，如阅读材料上的批注、预习单、笔记、问题卡的记录等。这些都是引导后续自主学习、同伴互助和教师有针对性指导的依据。

2.提问的功能

（1）发展综合素养

思维、情感、以往的阅读知识经验、表达需求支持着提问的产生，同样提问产生的过程和解答问题的过程也反过来促进思维的发展、情感的体验和认识、阅读知识策略的积累，以及由读到写所提高的表达能力。

另外，支持提问的还有高专注性的阅读品质，在涵泳中追根求源的阅读习惯等。没有阅读中的高专注度，不要说高阶思维引领的高价值问题，可能连凸显的浅层次问题都不会被捕捉。同样没有追根探源的习惯，即使能发现问题，缺少后续问题的解决也是没有意义的。提问需要良好的阅读品质和习惯支持，也会反过来提升学生的阅读品质，涵养学生的阅读习惯。

(2)提升阅读效果

提问是主动性学习的表现，可以推动学生不断地走向深度阅读，提升阅读效果。

(3) 改变课堂态势

提问使学生学习者的中心地位进一步凸显，课堂中师生关系得到调整，教师教学的针对性、实效性提升，学生自主、合作、探究学习更容易实现。

二、提问的教学策略

《课标》要求语文课程应以促进学生核心素养发展为目的，以语文实践活动为主线。要从学生语文生活实际出发，创设丰富多样的学习情境，设计富有挑战性的学习任务，促进学生自主合作，探究学习。这也是我们设计提问教学的依据。

(一)调动已有经验着力发展提升，让进步的梯次看得见

学生是带着前经验进入学习的。提问，从学前亲子阅读就已经发生。进入学校，教师的提问是一种范例，也常会有鼓励提问的教学活动。三年级“预测”更是隐含着提问为前提。但这些提问对学生来说大多是无意识的，是碎片化的。提问策略单元学习，教师应注意唤醒学生的前经验，为学生提供充分的阅读实践时空，引导学生有意识地进行提问，提炼提问的方法，使提问策略明晰、系统起来。从教材编排和学生表现看，学生的困难点主要在：

◆从学生差异看，困难生自信不足，假问题、低价值问题降低课堂效益。

◆从阅读过程看，忽略读前提问和读后提问，缺少相应的习惯。

◆从提问思维看，积极调动多重思维和综合运用阅读策略思考的能力不足。

◆从提问角度看,针对写法和启示提问的能力不高。

◆从提问作用看,不会筛选对理解课文价值高的问题。

突破这些难点,我们主要采用以下方法:

1.单元目标整体设计

从一般序列看,提问似乎经过大胆提问、有效提问和高价值提问的发展阶段。但是在单元教学初期,我们发现课堂常常充斥着假问题、浅问题,极大地浪费了教学时间,降低了课堂效益。对此,我们从始至终都强调要提真问题,提自己不能解决的问题。

对于提问的难点,我们不停留在学生知道方法的层面,而是拿出充足的时间,在真实阅读中进行专门的针对性训练,充分展开尝试实践、反思提炼、迁移运用的过程。每一个关键点在后续课文学习中不断被巩固,就像发展链条中的一环,相互交叉,滚雪球式融入个人经验体系。本节选编的《夜间飞行的秘密》教学设计就是从巩固前一课针对全文提问难点入手，重点突破针对写法提问新难点,设置多种活动迁移巩固的具体演示。

2.提供更多阅读文本

提问的一些关键难点并不是一篇文章的阅读可以解决的,多关键点的融合运用更是一个长期训练的过程，需要大量的阅读实践去巩固。因此教师要注意根据某个关键难点提供丰富的阅读材料,或提供相应文体的阅读材料。教师还应注意在后续的阅读教学构建“提问引领的教学模式”,在预习、总结和重要内容点上,给学生提问的机会,强化学生提问的习惯。以教学常规化带动策略迁移应用的熟练化和自动化。

3.尊重差异分层评价

提问产生于实践,实践的前提是学生有兴趣。学生基础不同,能力不同,提问水平也不同。多种方式、多层标准的过程评价,可以帮助我们保护不同程度学生的提问积极性。比如，通过小组学习第一时间解决掉低价值问题；以小组推选、挑战集体、全班共研等形式鼓励高价值提问，特别是有突出特点或个性化的提问。像“《一个豆荚里的五粒豆》中的小女孩的病最后好了吗？后来又发生了什么故事？”（具有形象性的想象问题）“20 世纪是呼风唤雨的世纪，人们真的能利用科技随心所欲地支配自然吗？”（具有批判性的辩证问题）“科学家是为了发明雷达才研究蝙蝠的吗？”（具有逻辑性的探究问题）。把这些问题作为示范，集体探究问题产生的思维过程或共同解决问题，以成就感促进学生的后续提问。对困难学生给他们长一点、多一点的尝试时间，降低要求，比如更多请他们交流读懂了什么问题，强化他们阅读中思考的习惯和对问题的感知。

（二）设置自然阅读和生活实践情境，让习得的路径看得见

1.自然的阅读情境

自然的阅读一般经历读前审题、读中思考、读后归纳的过程。与此对应，教学可以安排“读题提问”“读中提问”“读后提问”。“读题提问”和“读后提问”虽然在日常教学中也很常见，但是学生一般是在教师引导下被动进行的，主动意识和自觉习惯尚需强化。要让学生在经常的“读题提问”中感受到猜想和预测的快乐，体验由此给阅读带来的增速增效，以及对习作拟题的帮助。

“读后提问”也是容易被忽视的环节。一方面是习惯的缺失，另一方面是方法的缺失。读后提问与读中提问不同，它需要建立在对文章整体回顾、梳理、反思的基础上。“掩卷沉思”是一种美好的阅读意境，是主动将文本意义与自身意义融合建构的重要过程。阅读完毕，想一想文章的主要内容、结构、主题以及重要信息。想一想哪些内容还不够清晰，进而回读解决。伴随着这样的过程，阅读由零散走向整体，由已知发现未知，由模糊达到明晰。

“读后提问”还可以问问自己：文章内容、思想、语言哪里值得学习？（欣赏评价性问题）文章的内容或思想使我联想到了什么？对我的生活学习有什么启发？（联系迁移性问题）我是否完全同意文章的观点？（批判创新性问题）使阅读由文本走向自我，走向更加广阔的生活。

2.真实的实践情境

提问策略不仅存在于阅读活动，也存在于识字、交际、习作、跨学科学习，以及日常生活、社会实践各个领域。本节选编的两篇教学设计都有将提问置于真实生活情境的活动设计。《夜间飞行的秘密》以采访科学家和作家拟写提纲为任务驱动，将阅读提问与场合、对象关联，提升学生情境应用意识，学习有选择地提问。跨学科学习《寻长征足迹，悟长征精神》在总任务驱动下，不断发现问题，分解、优化任务，每一个新的任务背后都是由“发现什么问题”“解决什么问题”支撑起来的。

由一篇文章的自然阅读，到丰富的拓展训练，再到日常教学的不断巩固，最后是真实生活场景任务，这是学生习得策略的路径。

（三）发挥同伴交流和教师引导作用，让助推的动力看得见

1.有效的同伴互动

实践是学生发展的真实路径。学生不是白纸，具有或多或少、或深或浅的前经验。教学设计时，首先要充分保障学生自主学习。设置内容明确、程度适合、隐含着清晰训练目标的情境任务；提供充分的学习、思考、探究时间，以及必要的方法、条件等资源支持。其次保障共同体学习。珍视学生差异，充分利用这些宝贵的课程资源，在比较、辨析、判断、欣赏、批评的过程中得到共享、生成、改进、丰富、升华、创造。

在教学实施中，教师要摆正自己的位置。后置自己，“闭上嘴”“管住手”“睁大眼”“开动脑”，作为一个课堂观察者，去发现、捕捉有价值的信息，成为学生交流的组织者、推动者。

《呼风唤雨的世纪》一课的学习重点是“筛选对理解课文有帮助的问题”。在讨论课后提示“‘忽如一夜春风来，千树万树梨花开’是什么意思？20世纪的科学成就为什么可以用这句诗来形容？”这个问题的价值时，教师以“把理由说充分”为推动，前置学生讨论，后置教师,实现了共同体的有效学习。

生 1:这个问题能帮助我理解课文。(搬用课后练习提示的理由)

师:它帮助你理解了什么?请把理由说充分。

生 1:我理解了诗句的意思,体会到 20 世纪的科学技术也像梨花一样多。

师:对比读诗句和课文中写 20 世纪科学成就的段落,你们还有什么感受?

生 2:我觉得这句话就是对第四自然段的概括,相当于是这段话的总起句。

生 3:我初读时只是感受到 20 世纪科技成就很多、很了不起,改变了人们的生活。用这两句诗形容,还让我感受到了科学技术发展得很快。

学生就是在这样的相互补充中加深了对课文的理解,也加深了对问题价值的认识。在课尾,我们将学生筛选出的有价值问题进行归总讨论:这些有价值的问题大多针对哪里提问?它们引发了我们什么样的思考?

◆为什么说 20 世纪是一个呼风唤雨的世纪呢?

◆20 世纪有哪些发现和发明?给人类的生活带来哪些改观?

◆"忽如一夜春风来,千树万树梨花开"是什么意思?20 世纪的科学成就为什么可以用这句诗来形容?

◆科学是怎样改变人类的精神文化生活的?

◆为什么说科学使得我们这个时代不同于以往的任何时代?

◆在新世纪里,科学技术还会创造哪些奇迹?

◆现代科学技术给我们带来的全是好处吗?

讨论发现,很多有价值的问题是针对课文关键语句提出的,这些关键语句包括总起句、总结句、过渡句、中心句、名人名言等等。它们能引导我们抓住重点,关联前后内容,深入思考,放飞畅想,拓宽我们的知识。

在这个案例中，教师通过不断地鼓励个体把理由说充分，群体进行补充、修正，最后共同反思成果，寻求规律，这就是教师促进同伴合作学习的基本要点。

2.必要的教师引导

教师在开放的自主学习课堂中，首先是助推，其次是在学生遇阻时做必要的引领和示范。例如，针对写法提问是一个突出难点。分析课后习题范例，学生也只是知道有这个角度，了解了问题产生的思路（这部分的指导在本节选编的《夜间飞行的秘密》教学设计中有具体说明），但很多学生还是觉得困难。此时就需要教师出手指导。下面通过《夜间飞行的秘密》教学片段分析教师的引导策略。

（1）缩小范围，聚焦关键，适配能力

出示三个语言点，要求：认真读下面的句段，尝试针对写法提问。

◆蝙蝠能在夜里飞行，还能捕捉飞蛾和蚊子；无论怎么飞，从来没见过它跟什么东西相撞。即使一根极细的电线，它也能灵巧地避开。

◆一次把蝙蝠的耳朵塞上，一次把蝙蝠的嘴封住，让它在屋子里飞。

◆（课文的1—2自然段。这里省略）

（2）顺学而导，反思思路，提炼方法

学生很快发现，同样表示"堵住"的意思，耳朵用的是"塞"，嘴用的是"封"，从而提出"为什么说'塞'耳朵，'封'嘴？"师生总结思路支架1："读到哪里，发现什么语言现象，提出什么问题。"

（3）启发愤悱，引导思维，总结方法

其他两个语段，学生没有发现语言特点。

老师提示第一段话给你怎样的感受？学生答："蝙蝠夜间飞行很灵巧。"老师问："非常灵巧吗？感觉突出吗？"学生回答："突出。"老师提示对感受突出的内容，可以追问是怎样写的。进而师生总结思路支架2："读到哪里，我有什么突出感受，提出了什么问题。"

第3个语言点，教师引导学生回顾文章主要内容，设想如果你写文章会怎样开头？学生经过思考提出可能会用总述句直接点明内容："飞机夜间安全飞行和蝙蝠有关系。"教师引导课文又是怎样开头的？我们可以提出什么问题？学生提出："课文为什么不用总述句直接点明主要内容，而是先写飞机夜航的情景，还提出了一个问题？"师生总结思路提炼支架3："读到哪里，感觉这里我会怎样写，跟课文比较后提出了什么问题。"

（4）语境迁移，运用方法，促进精读

细读课文运用3种支架提供的思考方法提问，再交流。

（5）审视成果，寻求规律，联系经验

教师将新旧问题排列，引导学生观察提问对象、提问内容，并交流观察之后学生的发现。学生发现提问对象可以是词、句、修辞、开头结尾、详略处理、题目，以及阅读中印象、感受最深的地方。提问可以问"是怎样写的""为什么这样写""这样写的好处是什么"。

教师继续引导你觉得针对写法提问和日常语文课学习语言有什么关系吗？学生发现这些问题，很多是日常教学中教师提出的问题，我们可以迁移教师的示范，今后也要多留心学习教师的提问方法。

上面案例是教师指导的示例，其标题体系也是指导策略体系。分析上述过程，教师采用的扶助方法主要有：缩小聚焦，适配学生探究发现的能力；引导学生从语言现象、阅读感受、自身经验多角度出发，运用多方面比较的方法，形成3个思路支架；鼓励学生运用3种不同支架，支持后续提问；利用学习成果反推提问规律，并与日常学习建立关联。

特别需要注意的一点是，教师引导也应以学生实践为前提，只有当学生遇阻时，才会补充情境资源、思考方法等方面的支持。而支持后面，紧跟的还是学生的尝试探究。其间最困难的无疑还是思维方法。上述3种思考方法中，融合运用了大量的已知阅读策略。除了特别凸显的比较策略，也包含联系反思、推理设想等。这些思维方法不能以名词概念传递给学生，而是具象化为 3 个支架，使学生能理解、能操作。

在教师引导下本活动成果是：强化了学生认真、专注阅读的意识，联系迁移自身学习经验的意识，思考中关注情感体验的意识；促进了学生对课文内容的理解，对表达方法和效果的理解，助推了后续提问实践，相信也一定程度地强化了学生对语言文字的情感。

（四）精修提问语言解决阅读问题，让提问的成果看得见

1.精修提问语言

提问最终靠语言呈现，这就涉及了提高语言表达水平的问题。提问语言在传达意义时可能有正确、准确、明确不同的层次，对应着清楚、简练、重点突出的效果。教师应关注学生对问题的表达，必要时组织同学交流对提问语言的接受情况。如，这个问题大家听明白了吗？怎样表达可以更明白？过于啰嗦的怎样表达得简练、明确？逻辑不清的如何说清楚？同一指向的提问，哪种提法更加清楚、明确？

2.解决问题，深化阅读

提问的目的是解决问题、深化阅读、提升阅读效果。在解决问题的过程中，也可能带来新的思考和新的问题，引发新一轮的深入阅读。

我们学习《蝴蝶的家》一课时，“蝴蝶的家到底在哪里？”引发了大家的兴趣，但没有讨论出准确的答案。

有同学提出可以下课查找资料或请教科学老师。有同学则在老师的启发下提出课文只是小作者的猜想，我们也可以仿照写一写自己的猜想。于是诞生了下面的作品：

作品 1：蝴蝶的家到底在哪里呢？它们的家会不会是在花园的亭子里？但是野外没有亭子该怎么办呢？

作品 2：蝴蝶的家到底在哪里呢？它们会不会是躲到蘑菇下面呢？这倒是说得通。蘑菇撑着美丽的花伞，还有坚固的伞柄，应该经得住风吹雨打。蘑菇应该就是蝴蝶的家吧！

这个案例中，小组推举的有价值问题，触动学生对未知的好奇，引发了课外阅读探究的欲望。令人欣喜的是，由文本美好猜想和优美语言引导了创作的兴趣。更为闪光的是在大量顺向思维的仿写（就是像课文一样猜想后被否定）中出现了具有创造性的逆向思维的作品（作品 2）；还有逻辑清晰、初具辩证意义和人文关切的作品（作品 1）。这些作品是学生直觉思维、形象思维、逻辑思维、辩证思维、创造思维的协同作战；归纳反思、联想想象、分析比较多策略的综合运用；好奇求知、积极思考、探索创新的系统联动，以及人文情怀和审美情趣的自然融合。它推动的不仅是阅读，还包括表达。这些都是提问带来的可见成果。

三、课例评析

【教学活动设计一】

《夜间飞行的秘密》阅读活动设计

设计背景：

统编小学语文教材四年级上册的第二单元是围绕“提问”编排的阅读策略单元。本单元的阅读训练点是：阅读时尝试从不同角度去思考，提出自己的问题。

《夜间飞行的秘密》作为本单元的第二篇精读课，起着承前启后的作用。前一课《一个豆荚里的五粒豆》重点训练了：在阅读中针对课文局部提问和阅读后针对课文整体提问。本课在此基础上将训练重点设定为：尝试多角度思考，从内容、写法和启示的角度提出问题。本课的学习，为后面《呼风唤雨的世纪》一课学习“筛选对理解课文有帮助的问题”和《蝴蝶之家》一课学习“综合运用提问方法阅读”奠定基础。

整体思路：

一、学习目标

1.认识“蝙、蝠”等 11 个生字，读准多音字“系”，会写“蚊、即”等 14 个字，会写“蚊子、即使”等 12 个词语。

2.学会从不同角度提问。

3.能借助问题理解课文内容。

二、课时安排

3 课时

三、成果预估

1.掌握本课生字词语，理解课文内容。

2.掌握多角度思考的方法，能够从内容、写法和启示的角度提出问题。

3.能够根据课文内容或通过其他途径自主解决问题。

活动设计：

【活动任务一】

学习目标：

1.强化边读书边思考的意识，巩固“阅读中”和“阅读后”提问的习惯。

2.能借助问题，加深对课文内容的理解。

活动过程：

一、新课导入，审题提问

1.回顾旧知，谈话导入。

上节课，同学们边读书边思考，学习了如何在“阅读中针对局部提问”和“阅读后针对整体提问”的方法。今天我们继续学习本单元的第二篇课文《夜间飞行的秘密》，看看大家还能收获哪些提问的方法。

2.齐读课题，大胆质疑。

预设：◆谁在夜间飞行？

◆夜间飞行有什么秘密？

◆这是一篇童话故事，还是一篇介绍科学知识的科普文章？

3.小结：提问应该从读文前，看见题目开始。

二、初读课文，尝试提问

（一）教师布置活动任务

自由读课文，圈画出不认识、不理解的字词和不明白的内容。

（二）小组交流，解决问题

小组交流，同伴互助解决问题。暂时解决不了的问题，由组长记录在问题清单中。

（三）集体讨论，交流提问思路

1.关注教材批注，猜测伙伴思路。

（1）一位小伙伴将自己的问题批注在了课文旁边和文后，请你猜一猜：他读到_____时，想到_____，所以提出了这个问题。

交流示例：

◆我猜他读到“想要了解其中的秘密，我们可以从蝙蝠说起”时，想到飞机和蝙蝠是不相干的两种事物，所以提出了“飞机的夜间飞行和蝙蝠有什么关系呢？”这个问题。

◆我猜他读到“蝙蝠夜里飞行，靠的不是眼睛，而是嘴和耳朵配合起来探路的”时，感到很奇妙，所以提出了“蝙蝠是怎样用嘴和耳朵配合探路的？”这个问题。

◆我猜他读完雷达工作原理的介绍时，想到飞机的安全飞行太重要了，还是有些担心，所以提出了“飞机在夜间安全飞行，仅靠雷达就可以吗？”这个问题。

◆我猜他读完课文，觉得“超声波”很神奇，想到“在科普读物中也读到过有关‘超声波’的介绍”，所以提出了“超声波在生活中还有什么用途呢？”这个问题。

（2）聚焦问题，明晰方法

想一想课文旁边和文后两组问题分别在什么时候提出的？这样提问有什么好处？

要点：两处旁批是在阅读过程中提出的；两处尾批是在读完全文后提出的。这样提问既能督促我们一边读书一边思考，及时记录阅读中产生的疑问，又能提醒我们读完全文后还要进行整理和归纳，思考产生了哪些新问题。

2.交流小组中尚未解决的问题。

（1）按照“我读到______，想到______，所以提出了______问题”的思路交流问题。

（2）按照“读中提问”和“读后提问”进行问题分类。

三、强化重点，引导提问

1.提问源于获得文中的信息，因此读后想想“读懂了什么，还有什么不懂的地方”，是很好的阅读习惯。大家读了课文，从文中知道了什么、读懂了什么呢？我们来交流一下。

预设示例：

◆读懂了科学家做了三次实验，证明了蝙蝠夜间飞行靠的不是眼睛，而是靠嘴和耳朵配合起来探路的。

◆读懂了雷达就是根据蝙蝠探路发明出来的，它的工作原理和蝙蝠探路相似。

◆读懂了这篇课文先写了科学家通过三次实验发现蝙蝠是如何在夜里飞行的，然后写了人们利用蝙蝠探路的原理发明了雷达。飞机上安装了雷达，才能在夜间安全航行。

2.板书并小结：有的同学读懂了课文中重要的内容；还有的同学读懂了全文的主要内容。

附板书：

读懂的内容
- 三次实验
- 蝙蝠探路方式　雷达工作原理
- 蝙蝠和雷达的关系

借助板书引导提问：大家觉得哪些内容特别重要，需要我们深入地学习才能理解得更清楚呢？请你用问题的形式提出来。

预设示例：

◆科学家怎样做的三次实验，为什么能得出蝙蝠是靠嘴和耳朵配合探路的结论？

◆蝙蝠是怎样靠嘴和耳朵配合探路的？

◆飞机雷达的工作原理是什么？跟蝙蝠有什么关系？

3.解决问题，深入理解课文内容。

（1）借助表格，用自己的话讲解三次实验的过程和结论，说说为什么能得出蝙蝠是靠嘴和耳朵配合探路的结论？

蝙蝠实验				
实验次数	实验准备	实验经过	实验结果	实验结论
1	在一间屋子里横七竖八地拉了许多绳子，绳子上系着许多铃铛。	把蝙蝠的眼睛蒙上	蝙蝠飞了几个钟头，铃铛一个也没响。那么多的绳子，它一根也没碰着。	蝙蝠夜里飞行，靠的不是眼睛，而是靠嘴和耳朵配合起来探路的。
2		把蝙蝠的耳朵塞上	蝙蝠就像没头苍蝇似的到处乱撞，挂在绳子上的铃铛响个不停。	
3		把蝙蝠的嘴封住		

（2）摆放教师提供的蝙蝠、雷达、超声波、障碍物等图片，讲述蝙蝠探路和雷达工作的原理。

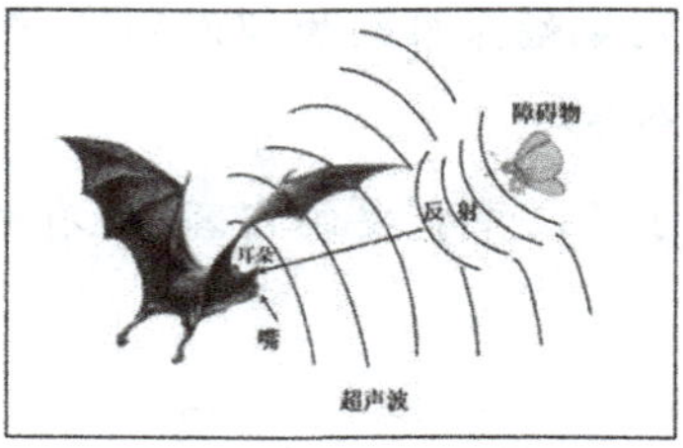

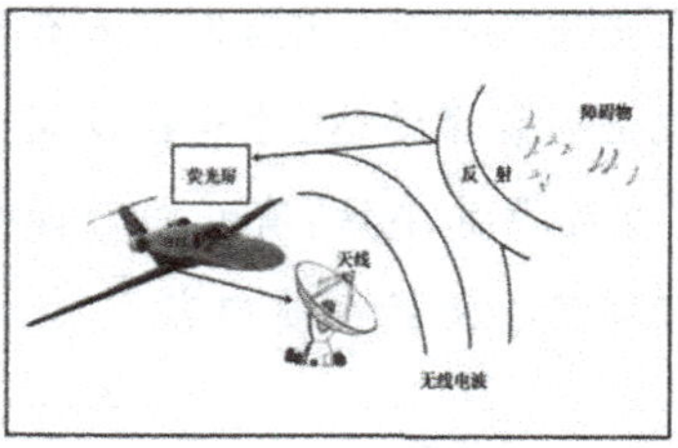

（3）借助表格梳理蝙蝠和雷达的关系。

蝙蝠和雷达的关系		
雷达 ↓（发射）	相当于	蝙蝠的嘴 ↓（发射）
无线电波 ↓（反射后传送到）		超声波 ↓（反射后传送到）
荧光屏		蝙蝠的耳朵
关系	雷达是仿照蝙蝠夜间探路发明出来的。	

四、回顾清单，解决问题

回顾问题清单，看看还有哪些问题没能解决？暂时不能解决的问题怎么办？

不能解决的问题示例：

◆蝙蝠为什么不靠眼睛探路呢？

◆为什么人的耳朵听不到超声波?

◆飞机在夜间安全飞行仅靠雷达就可以吗?

◆无线电波和超声波一样吗?

解决方法:查阅资料、上网搜索、请教他人等。

设计意图:

提取文本信息是提问的前提和基础。在学生初读课文时,我们将“读懂内容”和“提出问题、解决问题”有机融合。安排了整理阅读所得再提问环节,引导学生交流“读懂了什么?还想解决什么问题?”旨在强化学生对重点信息的抓取和整体归纳的意识,使提问伴随着阅读的全过程,并推动阅读走向深入。

【活动任务二】

学习目标:

1.知道可以从内容、写法和启示角度进行提问。

2.能够从写法和启示角度提出问题。

活动过程:

一、复习导入

上节课,你学到了哪些提问的方法?

预设:读书时,要边读边思考。将阅读过程中产生的问题记录下来;读完后,也要及时整理,反思自己还有哪些疑问。

二、结合书后练习,发现提问角度

(出示书后练习题二)读读书后练习题中这个学习小组列出的问题清单和对问题的讨论,想一想可以从哪些角度进行提问?

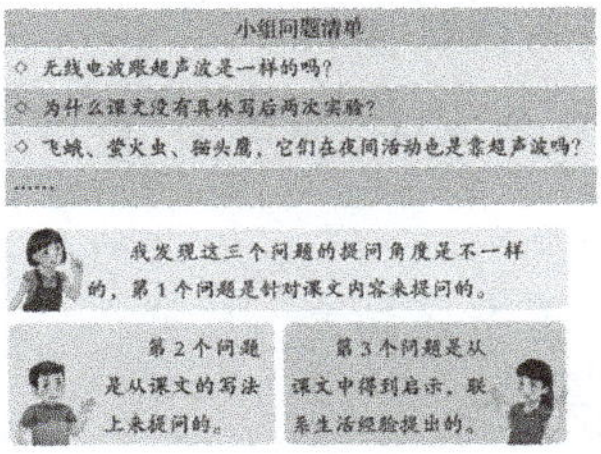

预设要点:三个问题分别是从课文内容、课文写法和联系生活获得启示的角度去提问的。

三、精读课文，学习针对写法提问

1.探究如何针对写法提问。

默读课文，想一想小伙伴是怎样提出“为什么课文没有具体写后两次实验”这个有关写法的问题的？

预设：小伙伴读到课文写三次实验时，发现第一次实验独立用了一大段，而后两次实验合在一起只用了一小段，提出了“为什么课文没有具体写后两次实验”这个问题。

2.认真读课文，尝试针对课文写法提问。

提示：可以按照下面的思路汇报：“我读到_____，发现_____，所以提出了_____问题。”

3.学生交流“写法角度”的问题。

问题示例：

◆我读到“科学家一次把蝙蝠的耳朵塞上，一次把蝙蝠的嘴封住”时，发现作者用了“塞”和“封”两个不同的动词，所以提出了“作者在写堵住蝙蝠的耳朵和嘴时，为什么用了‘塞’和‘封’两个不同的动词？”这个问题。

◆我读到“蝙蝠就像没头苍蝇似的到处乱撞”时，发现这里使用了比喻的修辞方法，我想知道为什么要用这个比喻，所以提出了“为什么把蝙蝠比作‘没头苍蝇’，这样写有什么好处？”这个问题。

◆教师可以补充：这篇课文过去的题目是《蝙蝠和雷达》，现在叫《夜间飞行的秘密》。你有什么问题吗？

教材为什么这样改题目？哪个题目更好？

4.讨论：如何针对写法提问？

要点：可以就发现的写法，如用词、修辞、拟题、文章结构等进行提问。

5.再读课文，解决上面的问题。

四、学习针对启示提问

1.探究如何针对启示提问。

默读课文，想一想小伙伴是怎样提出“飞蛾、萤火虫、猫头鹰，它们在夜间活动也是靠超声波吗"这个问题的?

预设要点:

小伙伴读懂了蝙蝠夜间探路靠的是超声波,联想到飞蛾、萤火虫、猫头鹰也是夜间飞行的动物,提出了这个问题。

2.再读课文,尝试针对启示提问。

提示:可以按照下面的思路汇报:"我读懂了____,联想到____,所以提出了____问题。"

3.交流"启示角度"的问题。

◆我读懂了人类受蝙蝠的启发发明了雷达,联想到生活中可能还有其他发明创造也受到了动物的启发,所以提出了"还有哪些发明是受到了动物启发创造出来的?"这个问题。

◆我读懂了雷达通过天线发出超声波时,联想到医院的检查设备、我的超声波牙刷,觉得超声波可能用处很广,所以提出了"超声波还可以用在哪些地方?"这个问题。

4.讨论:如何针对启示提问?

预设:联系生活和阅读经验思考。多问还有哪些这样的情况?这可以用在什么地方?

5.尝试解决上面的问题,讨论暂时不能解决的问题怎么办?

预设:可以通过查阅资料、上网搜索、询问他人等方法解决并相互交流。

设计意图:

针对写法和启示提问是本课的难点。本环节深度聚焦语言文字,关注课文在遣词造句、布局谋篇、拟写文题等方面的表达特点,引导学生思考如何针对写法提问;建立文本与生活之间的联系,思考如何从启示角度提问,从而突破难点,使阅读走向广阔的生活。

【活动任务三】

学习目标:

1.创设情境,尝试有目的地提问。

2.迁移语境,巩固多角度提问。

3.巩固生字词语。

活动过程：

一、根据情境，有目的地提问

1.假如你是一位记者，要参加一场“新闻发布会”，届时可以采访本文的作者和文中的科学家。请以小组为单位，确定一位采访对象。再次读文，设计“采访问题清单”。

2.小组讨论，同伴互助，设计“采访问题清单”。

3.分组汇报，相互评价。

评价要点：根据科学家和作家的不同身份，分别主要从内容方面和写法方面进行提问。

采访问题示例：

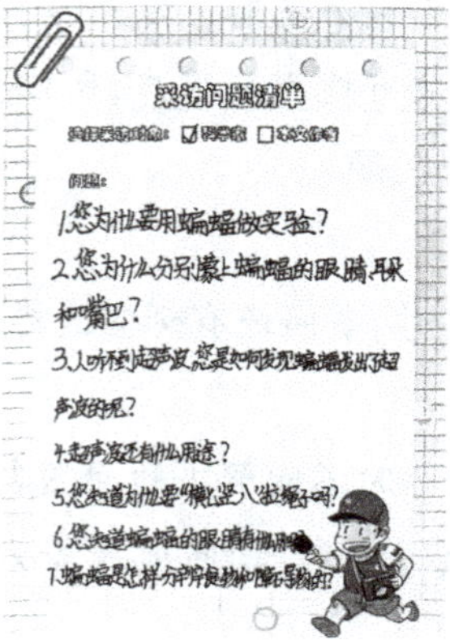

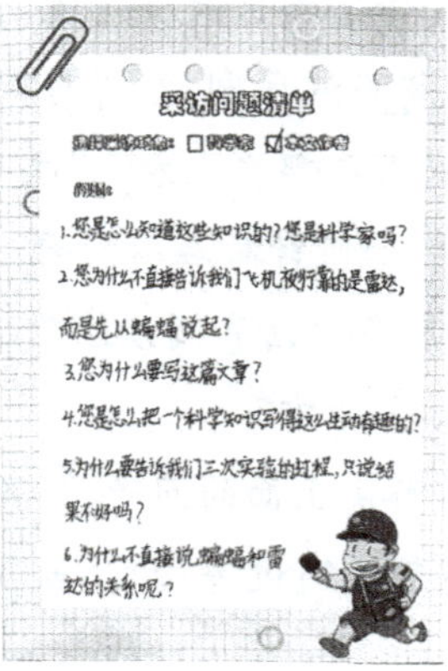

二、拓展阅读，迁移运用提问方法

(一)自读片段，完成下面学习任务

阅读任务单

阅读课后第 3 题的语段，完成下面的任务：

一、你读懂了什么？（用喜欢的方式，做简单概括）

二、从不同角度思考，记录自己的问题。

针对内容的提问：

针对写法的提问：

联系生活的提问：

（二）小组交流

1.评议问题角度分类是否正确。

2.相互解答问题。

（三）集体交流

1.小组汇报。

其他小组评议问题角度是否正确，并分类补充问题。

2.解决可以解决的问题，交流其他问题的解决途径。

三、字词整理与复习

1.出示本课的生词，学生认读。

蝙蝠　立即　敏锐　系铃铛　苍蝇　证明　障碍物　荧光屏

2.指导多音字“系”的读音和用法。

3.交流本课生字书写应注意的问题。

四、布置作业

抄写词语表中的本课词语。

设计意图：

迁移运用是真实学习的必然归宿。本活动先是创设了一个真实的生活情境，用任务驱动学生有目的地提问，既激发学生运用“提问”策略进行阅读的兴趣，又推动学生将“提问”策略迁移运用到“从阅读中学习”的过程。接着利用课后第3题作为新的语境，及时将本课学到的多角度提问的方法迁移运用，构建课内外的联通。

（天津市河西区新会道小学　张婧男）

教学评析：

统编小学语文教材四年级上册第二单元是阅读策略训练单元，其关键点是“阅读时尝试从不同角度去思考，提出自己的问题”。《夜间飞行的秘密》是本单元的第二课。前一课《一个豆荚里的五粒豆》重点训练了“在阅读过程中思考，针对局部提问”和“读后归纳整理，针对整体提问”两个要点。本课训练重点则是在此基础上学习“从内容、语言、启示等不同角度提问”。张婧男老师的教学设计主要突出了以下几个方面的特点：

一、融合提问与真实的阅读过程

教学应该关注训练目标和它的知识发展逻辑，同时也要关注学习者真实学习的一般认知逻辑。本案正是基于教材知识逻辑和学生真实阅读过程、真实难点而设计的。

1.顺应学生的一般阅读过程

本案设计了“审题提问”“初读提问”“精读提问”“生活情境提问”“拓展阅读提问”五个活动板块，是顺应学生读前、读中、读后，初读、深度、迁移阅读的一般过程而设计的。

2.关注学生容易忽略的环节

“审题提问”和“读后反思再提问”，虽然在课堂教学中很常见，但是在学生自主阅读中却是极易忽略的两个环节。为此，我们给予了特别的关注。在读题提问环节，强化学生关注问题的意识，培养学生读前进行预测和猜想的习惯，以此引导阅读，提高阅读效率。

“初读提问”板块，除了自读尝试提问，还特别安排了教师引导的整理归纳阅读所得，再提问的环节。我们引导学生读后交流读懂了什么？你还想解决什么问题？强化学生抓取重点信息和进行整体归纳的意识，在主动进行自我建构的基础上提问。这既是对前一课“读后针对整体提问”这一难点的巩固，也是对学生这一读书习惯的强化。

3.突破学生提问的难点

本案在“精读提问”板块特别突出了“针对写法提问”和“针对启示提问”两个难点的探究。不是停留在知道有这样两个提问角度的层次，而是通过交流问题的思考过程，整理、比较、反思问题这两项进阶活动，深化学生对提问方法的认知，细化知识点，使之更加便于操作。

此外，本案还特别关注了字词教学的时机问题。将陌生或难以理解的字词理解，纳入初读的内容理解提问范畴，后置字词读音、书写等方面要求的落实，避免因预习字词而干扰初读时应有的对内容的思考。这样，立足单元整体目标，突出本课难点目标，置提问于常规的、真实的阅读过程中，提升策略学习的情境性和有效性。

二、融合提问与思维的同步发展

提问的内核是思维。本案三个角度的提问是容易被学生理解的，但是真正学会从这三个角度进行思考并不容易。因此，本设计紧扣“思维”，让思维外显，成为能够进行交流、分享的存在。我们不仅关注学生提问的结果表现，同时紧抓学生提问思维的过程。把“探寻学习伙伴的思维过程”和“反思自身提问的思维过程”作为两个重要的训练途径。

1.探寻学习伙伴的思维过程

我们充分利用教材旁批、尾批和习题提供的三组问题示例。引导学生思考：小伙伴是“读到了哪里”“怎样想的”才提出了这个问题。学生把教材提示的问题放回课文，阅读中加以体会，就像跟着小伙伴一起思考，真切地经历了问题提出的全过程，也是思维运转的全过程。从中感受到每个问题，都是源于认真读书，读书才能有所发现；源于认真思考，在综合分析、比较发现、联系迁移中才能提出高质量的问题，从而强化了学生潜心读书的意识和动脑筋思考的体验。

2.反思自身提问的思维过程

无论自我提问、小组交流还是集体汇报，涉及提问我们都要求学生同时讲述自己提出问题的思考过程。

我们还充分利用学生提问的成果，引导学生进行比较分析。比如，针对写法提问这一难点，我们不仅拿出时间放手让学生进行实践，而且注意引导学生在比较中，进一步归纳提炼方法。学生在整理问题清单时，更加深入地认识到针对写法提问也有更细致的思考角度和方法：我们可以针对课文用词提问，可以针对句式、修辞提问，可以针对表达方法提问，可以针对开头结尾的方法提问，可以针对布局谋篇的方法提问，还可以针对文题提问。在发展学生对写法提问能力的同时，也要培养学生反思整理的思维习惯，促进学生元认知能力的发展。

三、融合提问与阅读理解的同步发展

提问，作为一种重要的阅读策略，其目的是促进、深化阅读理解。因此，提问应始终伴随着阅读，促进着阅读。本案主要表现在两个方面：

1.在深度阅读中提问

浅层次的阅读，往往只是聚焦于文本的零散信息，基于文本中的某个点发现自身认知体系中缺少的可融合信息，提出“是什么”之类的问题。有的与自身认知冲突比较强烈，可能会提出“为什么”的问题。而要提出价值比较高的问题，可能有两个途径。第一是对文本信息进行了综合分析、联系比较、迁移拓展而产生的，第二是对文本深度聚焦而产生的。本案在突破针对写法提问这一难点时，就是在理解课文内容基础上，深度聚焦课文的语言文字，关注其文题、遣词造句、谋篇布局、开头结尾的特点而提出的。这些问题提出的过程本身就是阅读深化的过程。

2.借助提问深化阅读

提问的成果，又是推动阅读深化的凭借。初读问题的解决，促进了学生对课文内容的理解；针对写法问题的解决，促进了学生对语言表达方法、表达效果的认识和体会，关系着学生表达能力的提高；启示类问题的解决，则引导了学生后续的、课外的阅读，拓宽了阅读面，也加大了认识问题的深度和广度。

四、融合提问与真实生活需求

本案设计的采访科学家和作家，为采访拟定提问清单的活动，将提问置于真实生活的情境下，激发了学生参与的兴趣，强化了学生对提问的实用性认识，使学生认识到不同情境、不同对象、不同目的，应从不同角度进行提问，也再次锻炼了学生提问的能力。

【教学活动设计二】

“寻长征足迹，悟长征精神”跨学科学习主题活动设计

设计背景：

“提问”作为一种重要的思维策略，不仅存在于阅读活动，也存在于各种真实的学习、生活情境中。“跨学科学习”任务群，联结课堂内外，拓宽语文学习运用领域，为学生学习提供了极具真实性、综合性的实践活动。“发现问题、分析问题、解决问题”是贯穿跨学科学习活动的线索，其间“提问”策略不断被需要，也不断在运用中获得巩固。

本活动设计是基于《课标》革命文化教育的要求、跨学科学习任务群的要求，以及本书提问策略推动阅读深化研究的要求，在学习统编小学语文教材六年级上册课文《七律·长征》初步感受长征精神基础上，组织的校园文化活动。本活动旨在引导学生在更广阔的活动情境中，拓宽对长征的了解，加深对长征精神的感受，强化发现问题、分析问题的意识，提高综合运用跨学科知识、方法解决问题的能力，特别是根据目的选择阅读材料，以阅读解决问题，让思考有过程，让阅读有行动。

整体思路：

一、学习目标

1.丰富长征相关的知识，感受长征精神。

2.学习策划活动，提高发现问题、周密思考和协调合作的能力。

3.综合运用跨学科知识和方法完成任务，根据需要深化阅读。

二、课时安排

活动分为三个阶段，涉及集体研讨、小组合作、个人准备多种活动形式。

活动策划阶段（一课时），指导活动规划完成小组分工。

中期推动（二课时），进行过程交流。

彩排展演（二课时），完善细节设计宣传。

小组、个人活动，可安排在课间、课后或休息日，学生结合组内实际情况进行个性化调整。

三、成果预估

1.项目成果：各小组呈现诗歌朗诵、课本剧、长征知识竞赛等融合语文、道德与法治、音乐、美术、信息技术等跨学科学习的成果。

2.过程成果：班级、小组策划书。

3.个人成长：学生对长征精神的认识，处理集体和个体关系的认识。基于任务发现问题、分析问题、解决问题的能力，搜集资料、深化阅读的能力。

其中，前2条是显性成果，第3条是隐性成果。

活动设计：

【活动任务一】主题项目设计：总体策划与小组整编

学习目标：

1.依托核心任务，进行班级活动规划。

2.组建子项目小组，规划小组活动。

活动过程：

一、明确核心任务，规划班级活动

（一）布置任务：通过学习《七律·长征》，我们领略到长征的艰辛与豪迈。学校委托我班在5月31日举办“寻长征足迹，悟长征精神”主题宣传晚会。要想办好这台晚会，同学们有什么好建议？

学生交流示例：

◆我觉得首先应该考虑可以准备哪些节目，如：朗诵、课本剧、歌舞表演等等。

◆为了活跃晚会气氛，可以搞一个知识抢答节目。

◆知识抢答节目最好能有奖品（书签），吸引大家参与。

◆同学们可以按照兴趣特长选择节目，结成小组。

◆晚会需要有主持人，而且要在演出前布置会场。

◆确定了需要准备的任务，我们还应该做一下人员的分工。

◆每个活动小组要推选组长、副组长进行组织，以及汇报沟通。

（二）引导活动中的时间规划：一个月，同学们还需做好时间安排，才能顺利完成任务。晚会定于5月31日举办，接下来老师建议同学们在组建小组，分头准备的一个月中，于5月中旬（18日）召开中期交流会，各组分享经验，也便于发现问题及时调整。

（三）归纳汇总以上讨论，初步形成班级晚会策划模板。

“寻长征足迹，悟长征精神”晚会活动策划

节目形式	节目内容		人员
朗诵类	长征主题诗歌朗诵		
歌唱类	红歌独唱	红歌接龙合唱	
舞蹈类	独舞	群舞	
情境表演类	长征主题情境表演	长征主题课本剧	
互动类	长征知识问答		
晚会主持人	两人（男女各一名）		
布景	志愿者4人（图文设计）		
时间规划	5月4日	召开班级活动策划动员会	
	5月5日起	分头准备	
	5月18日	中期交流会，分享经验	
	5月30日	布置会场	
	5月31日	举行展演	

二、组建子项目小组，规划小组活动

（一）发现问题与解决

1.发现问题：有的项目报名人员过多，有的项目无人报名。

2.交流讨论：如何既照顾同学个人的爱好和特长，又兼顾集体的需要？

3.尝试解决：在线建组。班长利用信息课学到的知识制作在线项目报名表。定时发布在班级微信群，报名先到先得，填报后不得涂改。

(二)学生分组结果

	A	B	C	D	E	F	G	H
1	节目类型	子项目小组名称	成员学号					说明
2	朗诵	长征主题诗歌朗诵	7	15	29	30	20	1. 发布时间：今晚七点，全班同学准时打开文档，进行报名。
3	歌唱	红歌独唱	5	16	9			
4		红歌接龙合唱	10	22	17	6	28	
5	舞蹈	独舞	12	1	23			
6		群舞	8	11	25	34		2. 填写要求：在线选择喜欢的小组，填写学号，填写后不得删改！
7	情境表演	长征主题情境表演	13	3	19	26	32	
8		长征主题课本剧	14	24	18	4	33	
9	互动节目	长征知识问答	27	21	2	31	35	

三、分组策划小组活动

设计意图：

设计真实而有意义的活动情境，放手让学生进行活动策划，以班级策划为指导，以小组策划为迁移，基于任务分析，提出问题、解决问题。

【活动任务二】主题项目实施：活动中期交流

学习目标：

交流在具体情境中发现问题、分析问题的经验，以及多种途径搜集、筛选资料，融合跨学科知识、方法解决问题的经验。

活动过程：

一、布置交流任务

前一阶段各组都完成了活动策划和前期准备，今天请各小组分享前期做了哪些工作，解决了哪些问题，也可以征询一下其他小组的建议。

二、小组交流

(一)小组汇报示例1："长征知多少"有奖问答小组

1.第一次活动：研讨问题，策划小组活动。

在首次小组会议中，我们研讨了需要注意的问题，提出了解决的办法：

需要注意的问题	讨论后提出的解决办法
◆搜集什么样的资料才能让我们设置出有价值的问题？	为了保证题目的准确性，要搜集长征史料。 在阅读资料时，把有价值的信息圈画或提炼出来，下次开会时汇总交流。
◆奖品书签要写什么内容？	可以写有关长征的名言，还可以配上一些符合主题的图案。
◆后续活动如何规划时间？	预计在5月18日中期交流会前再召开两次小组会议，主要解决“编订题目”和“制作奖品书签”问题，并进行整合试演。
◆小组如何分工？	前期大家都承担搜集资料和模拟出题的任务，后期有人主持，有人负责现场分发奖品，有人设计制作书签。

这是我们小组的活动策划书。

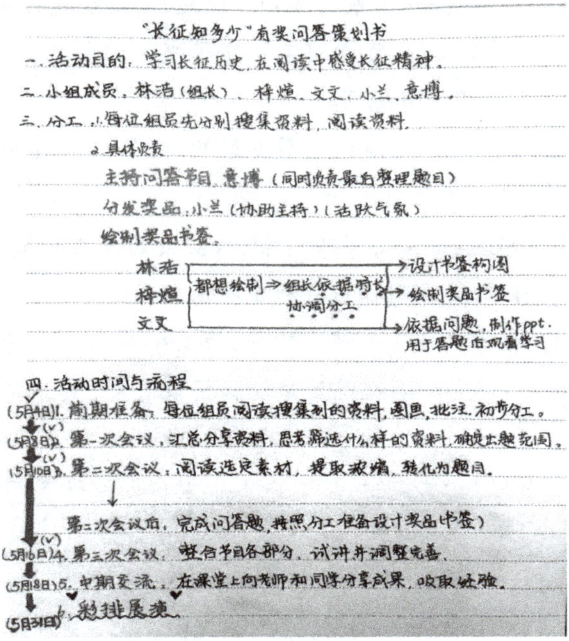
“长征知多少”有奖问答策划书
一、活动目的，学习长征历史，在阅读中感受长征精神。
二、小组成员，林浩（组长）、梓煊、文文、小兰、意博。
三、分工 1.每位组员先分别搜集资料，阅读资料。
2.具体负责
主持问答节目，意博（同时负责最后整理题目）
分发奖品，小兰（协助主持）（活跃气氛）
绘制奖品书签。
林浩 梓煊 文文 都想绘制⇒组长依据特长协调分工 →设计书签构图 →绘制奖品书签 →依据问题，制作ppt，用于答题后观看学习
四、活动时间与流程
（5月4日）1.前期准备，每位组员阅读搜集到的资料，圈画，批注，初步分工。
（5月8日）2.第一次会议，汇总分享资料，思考筛选什么样的资料，确定出题范围。
（5月10日）3.第二次会议，阅读选定素材，提取线索，转化为题目。
第二次会议后，完成问答题，按照分工准备设计奖品（书签）
（5月16日）4.第三次会议，整合节目各部分，试讲并调整完善。
（5月18日）5.中期交流，在课堂上向老师和同学分享成果，吸取经验。
（5月31日）6.彩排展演

2.第二次活动：交流汇总，初步设置题目。

（1）汇总资料：我们小组共阅读了《长征——前所未有的故事》《红星照耀中国》《原始记录——红军长征记》《长征 1936 三部曲》四部著作，以及《道德与法治》教材五年级以长征为主题的第三单元，从中选择了大约 30 个知识点。

(2)发现问题及解决：

新的思考	解决方案
◆汇集的知识点散乱庞杂，怎样筛选、组合，既能使覆盖的知识面更广，也便于分组排列？	小组讨论：尝试分类整合资料，围绕着长征这一主题，将问答题细化为三个组别：长征英雄我知道——长征战役我知道——长征物品我知道。
◆采用什么题型？	梓煊：填空与选择结合。
◆一次性抛出全部题目，时间过长，消磨兴趣。	意博：将问答题依照组别分三次插入晚会，调动观众积极性。
◆单纯的问答形式缺乏教育意义，怎样更好地引导大家体验？	文文：为了加深大家对长征的了解，答题后屏幕投放相应的 PPT 进行讲解。 ↓ 小兰补充：讲解时还可以配相应的视频，更加生动。 ↓ 组长汇总：因为交流中出现了“结合题目配视频”这一新任务，经二次分工，由文文完成这项任务。

3.第三次活动：编订题目，初步完成制作。

(1)编订题目：筛选后最终编订 3 组题目，每组题目 4 道小题。

(2)研究制作：相关负责同学研究了书签的制作，并为其中两道题目补充搜集了讲解视频。

(3)发现问题：作为知识竞赛答案的讲解，占时过长会使同学失去兴趣，印象也不深刻。

(4)解决问题：大家运用四要素、六要素的方法概括事件，根据故事主题裁剪内容，同时保留资料中印象深刻的语句。

比如为“红军四团飞夺泸定桥中，泸定桥桥身由 13 根______组成”这道题作讲解时，小组成员是这样提取资料，最终完成讲解内容的浓缩。

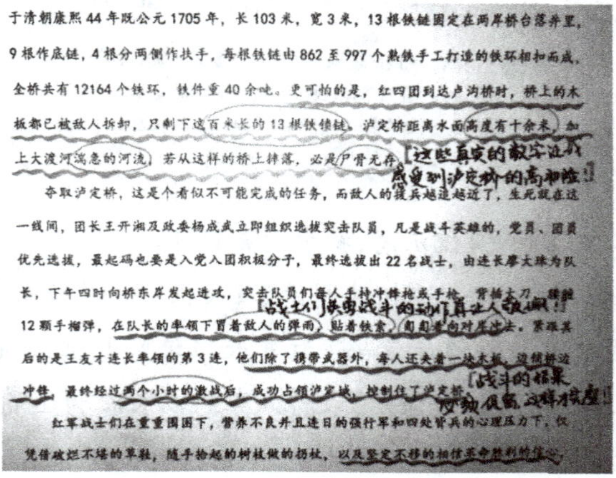
于清朝康熙44年既公元1705年，长103米，宽3米，13根铁链固定在两岸桥台落井里，9根作底链，4根分两侧作扶手，每根铁链由862至997个熟铁手工打造的铁环相扣而成，全桥共有12164个铁环，铁件重40余吨。更可怕的是，红四团到达卢沟桥时，桥上的木板都已被敌人拆卸，只剩下这百米长的13根铁锁链。泸定桥距离水面高度有十余米，加上大渡河湍急的河流，若从这样的桥上掉落，必是尸骨无存。

夺取泸定桥，这是个看似不可能完成的任务，而敌人的援兵越追越近了，生死就在这一线间，团长王开湘及政委杨成武立即组织选拔突击队员，凡是战斗英雄的，党员、团员优先选拔，最起码也要是入党入团积极分子，最终选拔出22名战士，由连长廖大珠为队长，下午四时向桥东岸发起进攻，突击队员们每人手持冲锋枪或手枪，背插大刀，腰缠12颗手榴弹，在队长的率领下冒着敌人的弹雨，贴着铁索，匍匐着向对岸冲去，紧跟其后的是王友才连长率领的第3连，他们除了携带武器外，每人还夹着一块木板，边铺桥边冲锋，最终经过两个小时的激战后，成功占领泸定城，控制住了泸定桥。

红军战士们在重重围困下，营养不良并且连日的强行军和四处追兵的心理压力下，仅凭借破烂不堪的草鞋，随手捡起的树枝做的拐杖，以及坚定不移的相信革命胜利的信心。

(二)小组汇报示例2:长征主题诗歌朗诵小组

1.我们在第一次会议前,分头搜集了有关长征的诗歌。

2.第一次活动:解决朗诵内容的问题。

(1)出现的问题:第一次会议,大家共搜集到了《七律·长征》《十六字令三首》《忆秦娥·娄山关》《念奴娇·昆仑》《清平乐·六盘山》等毛主席诗词,还有现代诗歌5首。在确定朗诵篇目时,大家意见不一致,怎么办呢?

(2)解决办法:推荐自己喜欢的诗歌,并说明理由。

◆毛主席虽然围绕长征题材写过许多首诗,但大多着重写一处景象,而《七律·长征》则是从整体写的,让人特别震撼!

◆《七律·长征》这首诗虽然只有56个字,但概括了红军长征的战斗历程,感受到红军战士的不畏艰险、英勇顽强。

◆龚学敏的现代长篇抒情诗《长征》,语言特别优美,尤其是诗人的那句"一条叫作红军的河流",每每读到此处,都深深感受到长征精神的伟大与豪壮!

以少数服从多数原则确定篇目:毛泽东《七律·长征》与龚学敏《长征》(节选)。

(3)接着我们进行了分工。为了读出节奏韵律和诗歌表达的情感,我们还用符号进行了标注。

3.后续我们进行了多次排练,为了烘托气氛,我们为朗诵设计了配乐。今天想给同学们演示一下,听听大家的意见。

三、集体讨论,提出意见和建议

(一)对诗歌朗诵小组的讨论示例

1.集体提出的意见

◆朗诵形式单调,从头到尾都是齐诵,没有层次感。

◆朗诵过程中表情麻木,缺乏感染力。

◆虽然声音洪亮,但没有读出诗歌的韵味。

◆缺乏舞台动作和队形变换。

2.诗歌朗诵小组后续研讨与改进

(1)丰富朗诵形式

针对朗诵形式单调的问题，小组在商议的基础上，增加了旁白，并重新分配朗诵词，单人领读、多人跟读、集体齐读交替出现，还结合诗歌意境设计不同的朗诵动作。

(2)设计语音语调

小组会议中，针对部分同学朗诵中重音、停顿出现的问题，组员通过多听朗诵录音的方式纠正，并在朗诵稿上做好标记，反复练习。

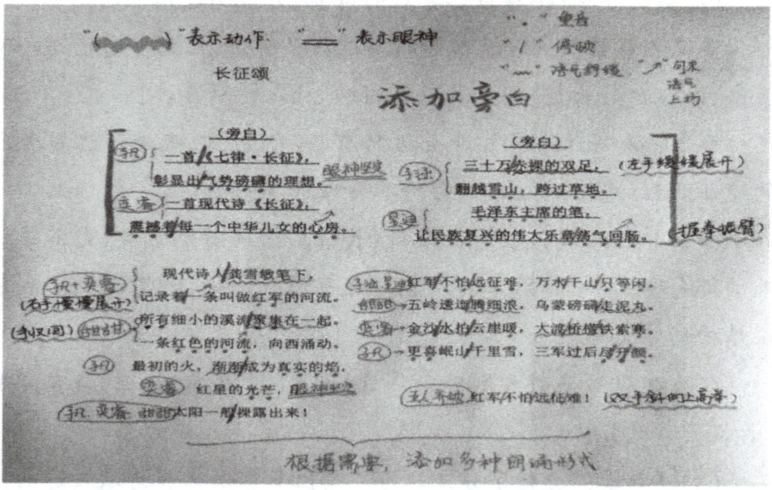

(3)设计完善队形走位

小组经过商议，针对队形变化的弱点，决定邀请善于设计队形的音乐老师进入小组给予指导。

(二)对整体准备工作的交流讨论

1.问题发现

各小组节目内容有雷同。长征主题情景剧表演的是红军跨越雪山的艰难，红歌演唱的曲目是《过雪山草地》，节目的选材有些重复。

2.问题讨论

◆可以更换节目，拓宽选材，避免内容的雷同。

◆情景剧表演节目已经基本成型，如果换题材需要大量准备工作，实在不方便改动，所以我们红歌独唱组愿意更换演唱曲目。

◆两个小组虽然选材“撞车”，但是表演形式不同，可以适当组合，可能更加精彩！

3.问题解决

听取了同学们的建议，两个小组交流后决定两个节目整合起来。新节目策划在情境表演的基础上，在节目高潮融入歌曲演唱《过雪山草地》，新颖而丰富的节目形式得到了同学们的认可。

设计意图：

在小组充分实践的基础上，进行活动交流汇报。学生做的过程就是发现问题、分析问题、解决问题的过程，而相互建议基础上的改进，是进一步发现问题、解决问题的过程。而且在这个过程中学生提高了综合运用跨学科的知识、方法以及有目的不断深化阅读的能力。

【活动任务三】主题活动展示：节目串联与宣传

学习目标：

1.补充完善活动细节。

2.准备活动报道。

活动过程：

一、讨论还应完善哪些细节？

1.精修串词。

2.布置会场。

3.设计报道。

二、专人负责，提出方案，征求意见。

1.评选出最亮眼节目、最动人节目等多个奖项。

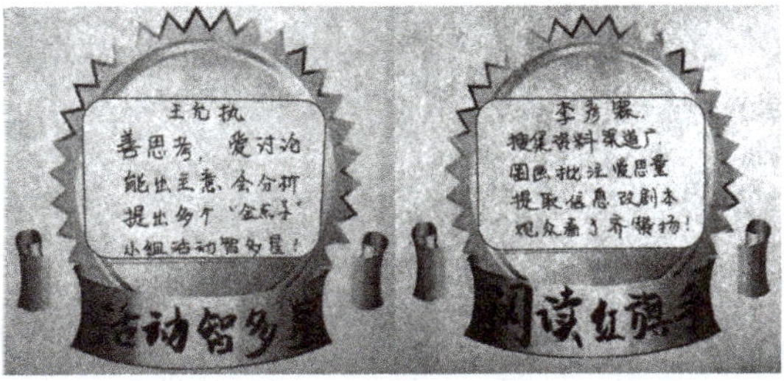

2.绘制前后黑板报，张贴海报，用红色黄色布置会场。

3.制作美篇，做活动宣传。

三、问题发现：大会总结比较生硬。

四、讨论解决：以互动方式交流多。

◆ 谈一谈：观看晚会的感受？

◆ 想一想：长征精神能帮助我们迎接今后的成长与生活中的哪些挑战？

◆ 说一说：如今我们国家变得如此强大，你想对近一个世纪前的长征英雄说些什么？

设计意图：

继续提升学生发现问题、解决问题的能力，鼓励学生做事精益求精，跨媒介搜集资料，宣传成果。

（天津市河西区闽侯路小学　刘诗尧）

教学评析：

“提问”是一种学习策略，也是学习能力表现。它不仅存在于阅读活动，也存在于识字、习作活动，还存在于跨学科学习，以及日常生活、社会实践等各个领域。“提问”与理解相关，与表达相关，也与学习者的价值观、个性品质、多元智能相关，甚至映射一个人的综合素养水平。因此，我们有必要将“提问”能力的培养，放到更加广阔的实践活动中，给学生更大的思考空间，在更加真实、综合、富有意义的学习情境中，提升学生对“提问”策略的认识水平和运用能力。

刘诗尧老师设计的跨学科学习活动“寻长征足迹，悟长征精神”，就是结合时事设计的六年级学校专题教育活动。本设计既关注了“跨学科学习任务群”的实践活动要求，又关注了“发现问题”“提出问题”“解决问题”在整个活动中应起的推动作用。

一、以“提问”推动活动的开展

《课标》指出：“跨学科学习应围绕学科学习、社会生活中有意义的话题，开展阅读、梳理、探究、交流等活动，在综合运用学科知识发现问题、分析问题、解决问题的过程中，提高语言文字运用能力。”可见，“问题”是贯穿跨学科学习活动的整体线索。活动任务是一个总的问题，在解决问题的过程中又会有新的问题不断被发现，不断被解决。所以整个活动，就是一个不断提问，不断解决问题的过程。

结合《课标》提示的第三学段跨学科学习内容和本次活动主题、目标，本设计在特别关注学生“积极参加活动，体验、感知，传承长征精神”的基础上，还关注了以下三个方面：

1.通过集体策划，小组研讨，设计、调整活动方案。

2.基于任务需要，开展梳理、探究、阅读、交流等活动。

3.运用多种形式（包括跨媒介等）分享研学成果。

在活动策划、实施准备、展示成果三个阶段中，依据不同的、动态的、发展的活动情境，鼓励学生不断发现问题、解决问题。

（一）活动策划阶段

在“集体策划阶段”中，老师布置本次活动的主题和任务，请同学们提出活动建议。学生自然提出了可能的活动形式和内容。事实上，学生是基于任务进行了内心的自我提问——“我们可以做哪些方面的展示？”“可以以怎样的形式展示？”“要完成任务我们还应该做什么、怎么做？”这是最初步的“提出问题”“解决问题”的过程。

下面是进行小组分工和小组活动策划。在这个阶段中，学生结合本小组的任务，做了更加细致的“做什么”“怎么做”的自我提问和自我解决。比如，“长征知多少”知识问答小组，在深入分析任务的基础上集思广益，不仅做了合理的人员分工，而且将分解任务与时间规划相结合，制订了小组活动的工作流程。

（二）活动准备阶段

在这个阶段中，学生也是通过不断提问，如“我们应该怎样做？”“还可以怎样做？”“哪里需要补充什么？”“还可以改进什么？”“可以借助哪方面的资源和力量？”进而推进活动。正是在不断解决这些问题的过程中，准备日趋成熟。还以“知识问答小组”为例，他们是在动态的实践过程中，不断发现并解决“我们应该怎样选择材料，才能保证资料的准确？”“怎样安排并展现这些题目？”“怎样更加吸引人，更具教育意义？”“对问题答案进行简要说明，应怎样提取关键信息并浓缩表达语言？”等问题，逐步提高活动的水平。

（三）活动展示阶段

学生会自我提问：“怎样展示？”“用什么形式展示？”“展示如何分工？”“展示还可以增加哪些其他辅助增强效果？”“如何进行评价？”在这个阶段中，提问培养了学生精益求精的做事态度，也使学习成果不断完善。

二、以“提问”促进阅读的深化

在本活动中，“提问”不仅推动了各个阶段活动的开展，而且极大地推动了阅读的深化。比如，诗朗诵小组分头搜集了与长征相关的十几首诗歌，在筛选的过程中，增大了阅读量，自觉进行了对诗歌内容、主题、语言、创作背景的感受；从老一辈革命家歌颂长征和新时代传承长征精神不同角度选取了诵读篇目。为提升朗诵效果，认真分析诗歌中句子段落的关系，进行适配性分工；借鉴名人朗诵视频，提升朗读效果。在这个过程中，学生内心是基于“朗诵任务”，经历了“诵读什么？”“怎样挑选？”“怎样分工？”“怎样读好？”“如何配乐？”“如何站位？”等不断的提问，而解决这些问题的方法主要是阅读，是主动拓宽阅读面，加大阅读量的阅读过程；是由内容，到主题，到类别，到结构分析，到情感表达不断深化的阅读过程；是伴随着梳理、探究和交流的阅读过程。在这一过程中，问题推动阅读，阅读推动问题的解决。

当然这里也有一些问题，比如请教音乐老师配乐问题、站位问题等，实际上是推动了以语言交流为媒介的跨学科学习。

三、以“提问”培育学生的人格

在实际活动中，各种非预设问题自然呈现，学生发现和解决的过程是他们思维发展的过程，也是学习与人交往，处理个人和集体关系的过程，培育良好个性品质的过程。

比如，在集体策划后小组分工时，出现了个人喜好与集体需要的矛盾，有的小组人员过多，有的小组人员不足。“怎么办?”是摆在大家面前的一个问题。这时有的同学提出个体谦让服从集体，有的同学提出电子报名，先到先得。不同的解决问题思路包容并蓄，最大限度地满足个体和集体的需要。

再比如各小组进行中期交流时，情境表演、歌唱两个节目小组同时选择了“跨雪山、过草地”这一内容，稍显重复，且缩小了宣传内容涉及面的广度。有的小组主动谦让提出更换题材，也有同学提出可以组合在一起，最后呈现了一个组合式节目，更加丰满、立体。

彩排中如何升华主题成为了一个新的问题。同学们对摘抄资料生硬解释长征精神不满意，提出结合当代实际，增加“我对红军说”的环节，现场采访观众等建议，切实增强了活动的宣传教育作用。

上面问题的发现和解决过程中，学生个性品格在完善，学习着通力合作，谦让、顾全大局；在思维方面由简单的筛选走向兼容并蓄，由借助外力走向自我创造，由过去走向未来。

值得说明的是，本案例中提问推动阅读，涵盖了“文学阅读与创意表达”“实用性阅读与交流”“思辨性阅读与表达”等多任务群内容和要求的融合，实现了语文课程内容的综合性，进而共同促进学生核心素养的发展。

第三节 速读:开启海量的阅读①

现如今，我们进入了信息“秒涨”的时代，语文阅读量乃至各科阅读量都在同比增加，改进阅读方法，提高阅读速度是学生终身学习和发展的需要。统编小学语文教材五年级上册首次推出“阅读要

① 本部分由天津市南开区教师发展中心田恬撰写.

有一定的速度”阅读策略单元，学习提高阅读速度的方法。可见，快速阅读已经上升到国家教育政策，标志着“速读”真正意义上进入了课堂教学视野。通过速读，学生可以更快速地掌握知识和信息，并在海量文本中发现新的视角和认知。因此，速读也成了学生打破时间限制和获取更多知识的利器。在阅读教学中，教师帮助学生深入了解速读的重要性，并逐步掌握速读方法，不仅能提高他们的阅读水平，还能助其顺利开启更广阔的阅读之旅，为语文素养的提升打下坚实的基础。

这一节将从宏观阐述速读的定义特点、速读的理论价值和实践意义两个维度出发，着力建构速读的教学策略框架，然后基于统编小学语文教材五年级上册阅读策略单元的编写特点，立足单元整体，明确要求；解读速读策略，落实集中注意力读、连词成句地读、借助关键词句读、带着问题读等阅读方法；结合《搭石》和《呼兰河传》两个教学活动设计，探索在“提高阅读速度”策略教学过程中的集零为整，一课一得。同时关注学生的个体差异，提出教学策略建议。以此激发学生的学习活力，切实提升学生的语文核心素养。

一、速读：快速的有效阅读

我们一般可以把阅读分为两大类：一是传统阅读，就是按照字、词等少数几个单字为单位逐个进行点式阅读，从阅读到理解要经过视觉、语言、听觉三个中枢处理信息过程才能完成；二是快速阅读或称“速读”。

（一）速读的定义

速读是指将被阅读的文字以组或行、块为单位进行整体阅读，而“组”或“块”内所包含的往往可能是词组、半行、一行、多行甚至整页内容，它是一种让我们能够从文字材料中迅速接收信息的阅读技能。这种方式省略了语言中枢和听觉中枢这两个可有可无的中间环节，即文字信号直接映入大脑记忆中枢进行理解和记忆，形成了“眼脑直映”。（如表 3-3）

表 3-3　传统阅读模式和快速阅读模式对比图

传统阅读模式	视觉中枢（眼看）	语言中枢（嘴读）	听觉中枢（耳听）	大脑记忆（理解）
快速阅读模式	视觉中枢（眼看）	大脑记忆（理解）	眼脑直映	

眼脑直映式的快速阅读，正是发挥了视觉机能，减少眼停，缩短注视，避免回视，扩大视距的优势，同时调动了左脑和右脑的功能，各自发挥左右脑的优势共同进行文字信息的形象辨识、意义记忆和理解，达到双脑并用，迅速处理阅读信息，从而产生阅读的高效。所以“逺读”又被称之为“全脑速读”。

从本质上看，速读其实是一种高效率的阅读技巧，也是一种调动人的视觉和大脑潜力的阅读方式。[①]通过训练大脑来达到快速阅读的目的。我们日常生活中所说的“一目十行”就属于速读。速读的核心思想是阅读效率，这并不意味着读者要牺牲阅读的质量来追求速度。北京师范大学伍新春教授曾在讲座中提到：阅读速度所指向的是读者能够在短时间内，迅速理解阅读材料中的主要信息。在正确的基础上，提高速度。[②]而速读的内涵之一体现的就是通过有效的技巧和方法，帮助读者快速抓住文章的重点和信息，将读者从繁琐的细节中解放出来，让他们更专注于主题和核心观点。

不难发现，速读是一种对阅读方式的改变。它通过改变原有的逐字逐句的阅读方式，转而用更快的速度去获取文章的主旨和重点信息。相比于普通阅读，速读更加注重对文本的整体理解和把握。通过快速扫视和聚焦，大大减少阅读时间，同时保持对文章主旨、重要信息和细节的掌握，达到知识积累和提升的目的。近年的研究

---

① 陈建先.儿童速读的价值及其指导策略——从统编语文教材“阅读要有一定的速度”谈起[J].江苏教育(小学教学版)，2020(4)：22-26.

② 伍新春. 阅读策略——促进阅读理解与提高阅读速度.2023 年人教云教研. 2023.3.15.

指出，在儿童早期发展阶段，阅读速度与阅读理解互相促进，即读得越快，理解越快；理解越快，读得更快。然而，阅读速度的发展不是无止境的，儿童到了一定的年龄阶段，阅读速度就趋于固定了。因此，待成年后再进行阅读速度的训练，可能“为之晚矣”；在儿童阶段加强阅读速度方法与习惯的训练，可谓“正当其时”。基于此，教师要树立速读意识，掌握一定的速读策略，让小学生通过不断的阅读实践来提升阅读速度，从而提高阅读的理解能力，以满足现实生活中的阅读需求。

（二）速读的特点

1.快速阅读

速读最重要的特点就是快速阅读，通常是比普通阅读速度更快。能达到传统阅读 3—5 倍的阅读速度，经速读训练后，小学低年级学生每分钟读到 300—400 字，中年级学生每分钟读到 1000 字左右，高年级学生每分钟读到 2000—3000 字，最快的每分钟读到 7000—8000 字。[②]在保证阅读质量的前提下，速读能够帮助读者减少回读，快速获取文章的主题、重点、论据等关键信息。相较于普通阅读，速读能够极大地提高阅读效率。

2. 眼脑直映

实现速读的必要条件是眼睛机能与左右脑功能的结合，这也是其最显著特点之一。它是将书面的文字信息“转换”为整体文字图像，直接传送到右脑以图像的形式记忆，之后再由大脑将文字图像解析出来的阅读方法。它说明了速读必须在开发眼睛潜能的基础上，同时激活左右脑的阅读记忆潜能，通过持续不间断地训练后才能掌握。通过实践，我们得出结论，学生的速读要想达到真正的眼脑直映的效果，就必须充分发挥人的眼睛这个关键视觉器官，激活人的指挥中枢即左右脑的功能，才可能获得最佳、快速高效的阅读

① 陈建先.儿童速读的价值及其指导策略——从统编语文教材“阅读要有一定的速度”谈起[J].江苏教育(小学教学版)，2020(4)：22-26.

效果。

3. 记忆视幅广

视幅，也就是眼睛看得到的范围，它不同于视野。传统阅读逐字读书，往往只处理一个字的关联信息，这样效率低。通过快速阅读训练后同样单位时间内，可摄入几十至几百字的文章并识别完毕，记忆视幅广，可以达到“一目十行”的效果，效率自然高出至少几倍。

4. 以理解为前提

速读不是牺牲理解力，而是将注意力集中去阅读。也不是囫囵吞枣、只追求阅读速度，而是即使加快阅读速度也能理解内容、记忆阅读内容。目的不是“读完”，而是“读懂”。所以，我们提倡的速读是：侧重于保证阅读质量的前提下，尽可能地提高速度、实现阅读速度与理解力之间的平衡，培养学生受益终生的阅读习惯。这里的理解力，就是指意义模块的丰富及复杂程度，以及提取能力。而要训练这种理解力，就需要大量的有意义的刺激。因此，要训练学生的理解力，尤其是基础理解力，就需要大量的阅读。尤其是小学阶段的“海量阅读”，在本质上，就是一种“速读”训练，逐渐提高学生的自动化阅读水平。

5.细节削减

在速读过程中，学生不需要对文章中的每个细节进行详细的阅读。相反，他们应该把注意力集中在文章的主题和关键信息上，将一些无关紧要或者只是为了强化某种议论观点而加入的细节内容进行简化或者削减。这样做的目的是在有限的时间内，更快速、更准确地获取文章的主旨和核心信息，从而达到快速阅读的目的。

6.关键信息提取

速读的最终目的是获取文章中的关键信息。在速读过程中，学生需要快速地对文章进行筛选和分析，将其中的关键信息提取出来。这需要他们具备一定的辨别能力和提取能力，能够快速、准确地找到文章中的重点内容。快速地阅读并且准确理解文本材料的能力，可以显著预测儿童篇章阅读理解的水平。

二、速读与海量阅读

（一）海量阅读的重要性

阅读能力和海量阅读是密不可分的。阅读能力是指理解和解释书面或电子文本的能力，这种能力是学生学习各科知识的基础。而海量阅读也从来都不是一个新的概念，“博览群书”的倡导自古有之。有许多理论表明：海量阅读可以帮助学生提高阅读能力，使学生从中获得更多的知识和见识。

美国心理学家吉布森提出过词频效应理论，他认为人们对高频词的识别比对低频词的识别要容易得多。通俗来讲，高频词就是出现次数较多或者经常遇到的词语，低频词就是出现次数较少或者不经常遇到的词语。这也就意味着，如果学生所积累的词汇量越高，阅读速度就会越快，理解能力也更强，阅读的过程也会越顺利。所以，通过这点来看，鼓励学生多阅读、海量阅读，其实就是帮助他们扩建词汇量的一种方式。孩子们在海量阅读的过程中，能拓展到不同领域、不同场景下使用的不同类型的词语，长此以往，他们对于文本的理解能力就会提高，阅读能力也随之提高。

美国认知神经科学家玛丽安娜·沃尔夫教授也曾在研究中指出，海量阅读可以塑造我们的大脑，改变人们的阅读方式和理解能力。她认为，大脑生来不会阅读，但大脑是具有可塑性的，阅读的过程会利用大脑的已有结构，在负责视觉、语言、记忆、基本认知等部件间建立联结，形成“阅读通路”。也就是说孩子不是生来就会阅读的，阅读的能力是在不断阅读、海量阅读的过程中形成的，而海量阅读无疑是提高该能力的必由之路。

统编小学语文教材主编温儒敏先生曾说：“我主张加大课外阅读，鼓励海量阅读，鼓励读一些‘闲书’，也就是和考试甚至和写作并不一定挂钩的书。”《义务教育语文课程标准》（2011 年版）提出：“要重视培养学生广泛的阅读兴趣、扩大阅读面、增加阅读量、提高阅读品位。”要求课外阅读总量不少于260万字。2022年4月21日颁布的《义务教育语文课程标准》再一次明确，课外阅读量不少于260万字。

在当前课内外阅读的形势下，海量阅读已成为大势所趋，这种通过量变引起质变的阅读方式，不仅可以促进学生阅读能力的提高，还能丰富学生的知识储备、增强学生的情感体验、拓宽学生的思维广度。

（二）速读与海量阅读的关系

速读和海量阅读之间的关系是相辅相成的。速读技巧可以在海量阅读中帮助学生更高效地处理大量信息，而海量阅读则为速读提供了更多实践机会和广泛的知识领域，使得速读技巧在实际应用中更加灵活和全面。具体体现在两方面。

一方面是阅读效率提升。速读是一种通过特定技巧和训练提高阅读速度的方法。在速读的训练过程中，学生学会了快速浏览文本、跳过无关信息、集中注意力在关键内容上。这样的技巧可以帮助他们在较短时间内更快速地阅读文本，提高信息处理能力。在海量阅读情境下，速读技巧使得学生能够更快速地处理大量文本，快速筛选关键信息，在有限时间内处理更多的信息，从而提高阅读效率。

另一方面体现在综合阅读能力提高。海量阅读涉及不同领域和主题，培养了学生的综合阅读能力。《课标》提出：“语文课程致力于全体学生核心素养的形成与发展，为学生学好其他课程打下基础。”学生通过快速阅读在语文实践活动中提高阅读能力，促进核心素养的形成与发展，同时也会自然地将阅读能力和核心素养迁移到其他学科的学习中，为其他学科的学习打下基础。学生掌握一定的速读技巧，能在不同领域的资料中快速获取信息，为综合阅读提供更高效的支持。例如，学生在进行海量阅读时，需要跨越不同主题和内容，这就要求他们有较强的综合阅读能力去深入文本，而速读训练恰好为其提供了实现这一目标的技巧和方法。同时，学习速读也有助于培养学生减少回读等阅读习惯，提高阅读流畅度，使学生能够更自然地进行连续阅读。

三、速读的理论价值

（一）落实《课标》的阅读标准

《课标》在第三学段阅读与鉴赏部分明确指出：“默读有一定速度，默读一般读物每分钟不少于300字。学习浏览，扩大知识面，根据需要搜集信息。”[①]“扩展阅读面，课外阅读总量不少于100万字。”在第四学段明确指出：“养成默读习惯，有一定的速度，阅读一般的现代文，每分钟不少于500字。”“广泛阅读各种类型的读物，课外阅读总量不少于260万字，每学年阅读两三部名著。”课程标准对阅读速度和阅读量都提出了明确的要求，也为提倡速读提供了一定的理论依据。

（二）契合统编小学语文教材的阅读教学理念

统编小学语文教材主编温儒敏指出：“‘统编本’语文教材更加重视多种阅读方法的教学，比如默读、浏览、跳读、猜读、比较阅读、读整本的书等等。”温儒敏教授还进一步指出：“老师们在教学实践中要格外注意阅读方法问题，重视阅读速度的教学。”以往语文教学比较偏重精读，阅读速度很慢，统编小学语文教材鼓励学生在精读的基础上，提高阅读速度，甚至可以“不求甚解”地读，拓展阅读面，实现“海量阅读”，增强读书的兴趣。因此，提倡速读契合统编小学语文教材的阅读教学理念。

四、速读的实践意义

（一）提高阅读速度和阅读能力

小学语文阅读提倡眼到、口到、心到。在传统的阅读教学中，教

---

① 中华人民共和国教育部.义务教育语文课程标准（2022年版）[S].北京：北京师范大学出版社，2022.

师更注重学生的朗读和精读，朗读有利于锻炼学生的语言表达能力，精读有利于学生细致地理解文章，但是随着阅读要求的不断提高，朗读和精读无法完全满足学生的阅读速度和阅读实效。快速阅读要求眼、脑快速反应，学生的注意力高度集中。注意力的筛选使得只有部分信息被感觉系统所加工，在快速阅读的过程中学生可以充分调用选择、集中、分配等功能。这样有利于理解文章大意，获取重要知识，提高阅读速度和阅读能力。

（二）顺应时代发展的阅读要求

在当今时代，随着信息技术的快速发展和互联网的普及，越来越多的信息涌入我们的生活，而我们的时间和精力却是有限的。如何高效地获取优质信息，成了我们面临的重要课题。在这种背景下，速读这种阅读技能被越来越多的人所重视。对于小学生来说，学会速读，不仅有助于提高阅读效率，还能让他们更加快速、准确地获取优质信息，扩展视野，掌握知识。①为自己的未来打下坚实的基础。所以，提倡速读也是顺应时代发展阅读要求的价值依归，具有重要的实践意义。

五、速读的教学策略

有效的速读教学策略能帮助学生养成一定的速读能力，为开启海量阅读奠定坚实的基础。纵观统编小学语文教材，四年级下册第六单元《小英雄雨来（节选）》和《我们家的男子汉》、第八单元《海的女儿》均要求“尝试用较快的速度默读课文”；在速读单元之后，五年级上册第三单元《牛郎织女（二）》、第八单元《我的“长生果”》，六年级上册第二单元《灯光》、第八单元《我的伯父鲁迅先生》，六年级下册第四单元《金色的鱼钩》和第五单元《他们那时候多有趣啊》也要求“用较快的速度默读课文”。可见，速读在统编小学语文教材中

---

① 韩映虹，闫国利.中小学生快速阅读研究的理论与实践思考[J].心理科学，2003.06.046.

受到广泛的重视与运用。

以五年级上册第二单元举例，其作为策略单元，不仅专门安排了“学习提高阅读速度的方法”的语文要素，也是统编小学语文教材中专门用来训练阅读速度的一个单元。这一单元由单元导语、语文要素、文前阅读提示、课后习题和交流平台组成。我们先来关注首页，明确目标。篇章页从人文底蕴和语文要素两个方面明确提出了本单元的三个阅读要求：一是“阅读要有一定的速度”，这是提示阅读效率的意识。二是“学习提高阅读速度的方法”，这是提示要学习快速阅读的方法。三是“结合具体事例写人物的特点”。所以，本单元的阅读教学要围绕这三个要求，进行整体教学。接着，聚焦文本，提高阅读速度的方法有很多，比如跳读、略读等等，但哪些方法是学生在课文学习和课外阅读时必须掌握的呢？这是我们需要厘清的，其实教材编者告诉了我们，他们就藏在四篇不同文体的课文导语里。如，集中注意力，不回读——跳读；连词成句的读——扩大视域读；借助关键词句读——鉴别阅读；带着问题读——寻读。（如图 3-3）

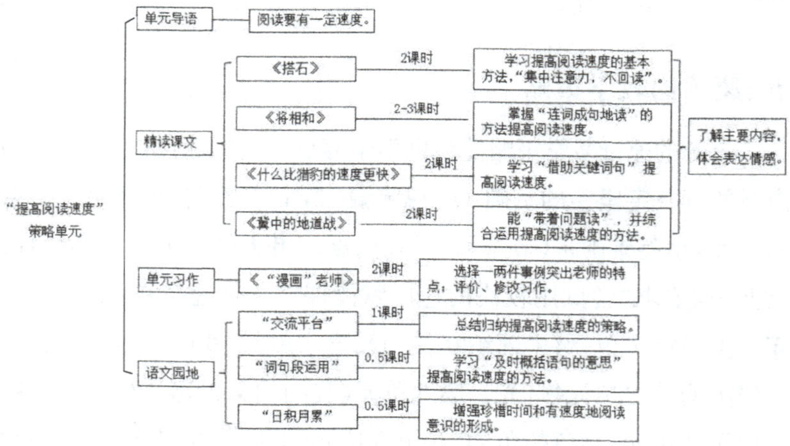

图 3-3 “快速阅读”单元整体结构图

旨在引导学生在深度阅读的基础上进一步提升阅读的速度，要求学生从阅读的需要出发，能够在短时间内迅速理解、把握阅读材料，并获得需要的信息。其中，单元导语和语文要素提出训练方向——阅读要有一定速度,学习提高阅读速度方法,文前阅读提示和课后习题“设置任务、教授方法”,交流平台“梳理方法”,使得整个单元教学目标明确,勾连融汇,训练主线清晰,利于教师因文施教,做到阅读策略训练有素。

教材中提到,提高阅读速度的基本方法之一,是要做到“集中注意力,不回读”。怎样才能做到呢?以此深入思考,学生的阅读过程是个性化的,更是隐性的。对于他们有没有回读,是否集中注意力,教师较难监测。

再如,要求做到“一眼看到的内容要多”“连词成句地读”,这里涉及了学生的阅读感知能力。那么,如何训练这种能力?这就需要教师明确清楚地教策略,给学生以示范指导,搭建支架,提供路径,让学生学得明白。同时要注意阅读策略的教学不能就策略讲策略,还要整合阅读的目的、速读的要求、情境、文本语境、教学语境,以及学生语境、生活语境,包括学生将生成的语境,形成一个大的整体格局,以外显的活动为载体,以任务为驱动,让学生在主动建构文本意义的过程中,因文本理解的需要有意识地生发出速读策略。其实就是在整个速读的教学过程中,将速读策略隐身于显性的阅读活动之中,调动学生已有阅读经验,恰当选择相应方法展开速读体验,并逐步形成新的速读经验。显隐融通,提高阅读速度。因此,对于速读的教学策略,教师可以尝试搭建以下几种支架:

(一)速读教学策略的支架

1.“计时默读法”:提速起点,聚精会神不回读,快速把握文本内容。

2.“扫读之字图”:扩大视域,连词成句扫视读,体悟语言内在情感。

3.“重点圈画法”:把握内容,关键词句重点读,准确抓住文本重心。

4.“速读提问贴”:综合运用,带着思考问着读,落实单元语文要素。

（二）速读教学策略的实施流程

1.明确主题任务，提出速读的学习需求。

2.自主阅读文本，尝试运用"速读策略"。

3.交流阅读经验，完善归纳"速读策略"。

4.拓展阅读语境，综合运用"速读策略"。

引导学生从"无意识地启用速读策略"到"有意识地运用速读策略"再到"无意识地隐身速读策略"，在这样一个显隐融通的进阶式学习过程中，逐步形成速读能力。

（三）速读教学策略的实践要点

1.强化学生阅读速度意识，让学生了解提升阅读速度的一般方法。

2.既要学习方法也要达成理解内容目标，以理解速度提升带动阅读速度提升。

3.引导学生反思阅读行为，将阅读速度前后对照，体验提升阅读速度的成就感。

4.拓展阅读，引导学生有意识地迁移运用实践阅读方法，提高阅读速度。

此外，教师须树立一个基本认识，即阅读策略的学习非"一日之功"，对阅读策略的教学也不可毕其功于一"课"。学生从有所认知到形成能力，再到养成习惯，最终形成素养，是一个长期的过程。学生阅读速度的提升，不仅需要方法的指导，也需要持续的阅读实践，能够反复运用在策略单元中学习的方法，逐渐达到阅读速度和阅读理解能力的双重提升。

1."计时默读法"：提速起点，聚精会神不回读，快速把握文本内容。

阅读教学的培养目标之一是阅读的专注力，学生聚精会神，注意力集中的阅读，尽量不去回读，养成整体阅读的习惯。这是学生速读的必要条件，也是提速的起点。而提高阅读专注力的有效方式就是默读。小学中年级要求的默读，是不出声音，不指读，用心去读。到了高年级,默读已成习惯。掌握默读的方法,能加快阅读的速度,发展思维能力,提高读写水平。

教学过程中,如果在学生默读的基础上加上时间的限定,采用计时默读可以有效提升阅读专注力。要是再能同时关注到这三方面的条件因素,阅读教学将事半功倍。一是时间要紧迫,每次完成阅读后要记录所用时间,要有在规定时间内读完文本的意识。二是任务要集中。阅读过程中不可出现过多过杂的要求,这会分散学生阅读的注意,从而影响阅读的速度与效率。三是眼动要加快。小学生在平时的阅读中,特别是朗读中,心、眼、口往往是同步的,但在速读中,眼动要积极起来,它的速度要略快于理解的速度,唯有如此,阅读的速度才能逐步加快,逐渐跟上。要知道,运用辅助工具也是训练不回读的"锦上添花"方式之一,尤其是在训练之初,我们称之为"速读遮挡法"。比如用尺子先遮住下一排文字,然后随着阅读逐排下移,这样做既可以让学生把注意力集中到一排文字上,同时也可以培养起整排文字摄取的习惯;也可以读完一排即遮住,以防止回读。教师也可以在课件上呈现一段课文,学生读一行,课件就自动挡住一行,用遮挡已读内容来推动学生往下读,他们便能清晰地感受到什么是"不回读"。由于不能回看,学生在阅读时会神情专注,能主动记忆、理解文字的内容。

例如,《搭石》这篇课文的导语部分提供了本单元学习的起点,即两种提高阅读速度的方法,分别是:"集中注意力"和"不要回读"。所谓集中注意力阅读,是要让学生尽可能地进入课文所描述的情境中,排除周围环境对自己的干扰,一边读一边理解课文内容,从而提高阅读速度。在学生阅读课文时,教师要尽可能营造相对安静的学习环境,在阅读过程中不随便插话,不配音乐。所谓不要回读,是指学生在阅读过程中遇到不太理解的地方,不要停留太久,不要反复地读。

教师在设计本课时,立足于"显隐融通"教学模式,以活动、实践、生成为教学主线,在开课之初,就设计了"计时速读速记"的活动，在学生已有的快速阅读经验基础上开展了教学。学生在任务的驱动下进行“外显”的真实的阅读实践过程。同时使用“集中注意力”和“不回读”这两种“内隐”的阅读方法策略，提高阅读的速度。（具体见后面《搭石》教学活动设计）

2.“扫读之字图”：扩大视域，连词成句扫视读，体悟语言内在情感。

阅读时需要感知的对象不是一个个单字，而是由一系列连续的字、词、句、段组成的篇章，其操作程序是：眼停—回视—扫视。在阅读过程中，看到一个字的字形经常先于读出这个字的读音。这种视觉先行的做法能达到的程度，叫作“视域”或“视读广度”。阅读感知可用“视域”进行测量。有研究表明，“视域”和阅读速度密切相关，视点移动的速度快，视野宽度就会增加，看到的文字就会增多。在进行速读训练时，教师要指导学生感受阅读时尽量拉长“一眼看到的距离”，扩大视域，把字连成词，把词连成短句，“视距越长，阅读速度越快”，从而习得“连词成句”扫视读的速读方法。具体操作时，可以尝试对学生进行“之”字形的移动阅读训练。比如，课件呈现带有“之”字形线段的课文片段，教师让学生按照图示，自主默读。要求注意力集中，视点聚焦在一侧的黑点上，随着横向的线条迅速移动到另一个黑点，然后再顺着斜向的线条移到下一行的黑点，中间尽量不要停顿。阅读时头保持不动，只需要眼球移动。在学生初步学会“之”字形阅读方法后，教师可让学生将“之”字形印在自己的脑海中，用这样的方法再次读一读课文中的其他自然段，巩固所得。达到通过连词成句，理解阅读文本中的词义、句义、段义和文义，体悟语言内在情感的目的。

3.“速读圈画法”：把握内容，关键词句重点读，准确抓住文本重心。

五年级的学生对于什么是“关键语句”已经有了比较清晰的定位。追根溯源，统编小学语文教材三年级上册第六单元的语文要素是“借助关键语句理解一段话的意思”。三年级下册第四单元的语文要素是“借助关键语句概括一段话的大意”。五年级安排了“借助关键词句提高阅读速度的内容”。这些语文要素的编排，都旨在锻炼学生读懂自然段，学会从自然段中提取主要信息的能力。通过不同年级进阶式的阅读训练，五年级的学生大部分能知道文章中能揭示主旨的、归纳主要内容的、表达作者情感和思想的等总结性的、概括性的、反复出现的、承前启后的……这样的词句就是关键词句。

可是对于能帮助学生提高阅读速度的“关键词句”，仅仅是以上列举的这些吗？答案是否定的。此“关键词句”非彼“关键词句”。这是因为学生在速读的过程中，能起到帮助作用的关键词句，有些是在文章中起到归纳总结、启承转折等作用的，但有些并没有对文章内容的表达起到这些重要作用，却对帮助学生快速捕捉文本信息、快速理解内容起着重要作用，所谓“渺小却有用”。这里强调的关键词句涵盖更广。所以，通常来说，只要是能够帮助学生“提高阅读速度”的词句，就是关键词句。比如说，能够回答题目问题的词句是关键词句，与前文表达特点一致的信息也是关键词句，与预测内容有关的信息也可以算作关键词句。这样的词句要引导学生重点读，因为他们都可以帮助学生把握文章内容，抓住文本重心。同时，要做到边读边做批注，为了掌握文章的重难点，圈画出这些关键词句、做好批注，学生的注意力提高了，才会及时捕捉有用的信息，提高阅读速度。

4.“速读提问贴”：综合运用，带着思考问题读，落实单元语文要素。

“学贵有疑，小疑则小进，大疑则大进。”在统编小学语文教材四年级上册中，学生学习了“提问”的策略。教师要引导学生回顾有关“提问”的学习经历，进而综合运用“提问策略”来帮助其提高阅读的速度，有目的的速读，带着思考问题读，从而更快速、更精准地提取阅读信息。如五年级上册第二单元《冀中的地道战》一课，因为文本内容离学生年代较远，学生会产生很多问题。教学中，教师在课前要指导学生围绕课题提问,可以将问题写在便利贴上,初读课文时,带着问题"寻读",在答案处贴上"速读提问贴"。课中,学生聚焦最感兴趣的内容,提出相关的问题,继续写便利贴,并再次细读文本,在答案处贴上"提问贴"。课后,学生围绕全文进行提问,并围绕"提问贴"合作交流。同伴之间进行思维碰撞,加深对文本的理解。通过练习,学生感受到"提问"能帮助自己阅读时注意力更集中,从而提高阅读的速度。

再如,在《呼兰河传》的整本书阅读中,教师将教材中涉及的"预测""提问""有目的地阅读"等阅读策略综合运用,引导学生展开阅读探究。学生针对阅读内容,制定"速读提问贴"。如果随着阅读的推进,问题得到解决,则可以把它划掉,如果没有解决已有问题或产生新的疑问,就继续往下阅读探究。最后剩下的"问题"便是触探文本内涵的关键问题。教师可以进行重点引导,比如"呼兰河小城里住着那么多人,为什么在句中只写'呼兰河小城里边住着我的祖父'",从而引导学生感知萧红与祖父之间浓浓的祖孙情。在这样的阅读中,"提出问题—解决问题—聚焦关键问题"的提问探究模式形成了,最终指向文本"凄婉"的内涵。实践证明,将语文学科中的阅读策略融进学生的课外阅读,能增强阅读的有效性。

当然,对于教师而言,关于速读教学策略训练的支架还有很多种,但每搭建一个支架,教师都要通过示范、指导让学生可见、可感、可模仿。对于学生而言,学习阅读策略,是为了让自己成为成熟积极的阅读者。因此,策略单元的课不能上成单纯的策略课,也不能上成普通的阅读课,而是要以文本为载体,教学阅读策略,同时要用策略推进内容的理解,两者互相融合。下面将出示《搭石》和《呼兰河传》两个教学活动设计,呈现速读的教学策略训练与课文理解的有机融合。

六、课例评析

【教学活动设计一】

《搭石》教学活动设计

设计背景:

《搭石》是统编小学语文教材五年级上册第二单元的第一篇精读课文,作者通过对家乡环境的介绍,反映出“搭石”在人们生活中的重要作用,借助对乡亲们“摆搭石、走搭石”等几个生活画面的细致描写,赞扬了乡亲们无私奉献的美好品质和家乡的淳朴民风。本课作为统编小学语文教材“提高阅读速度”策略单元的开篇文章,重在学习提高阅读速度的方法和养成基本的阅读习惯。本课导语部分提供了两种提高阅读速度的方法,分别是:“集中注意力”和“不要回读”,这是提高阅读速度的基础,也是本单元学习的起点。在强化“提高阅读速度”意识的同时,要使学生明白“阅读效果”的重要,习得“跳读”的方法。

统编小学语文教材三年级至六年级共安排了四个阅读策略单元,分别是:三年级上册“预测”单元、四年级上册“提问”单元、五年级上册“提高阅读速度”单元、六年级上册“有目的地阅读”单元。这四个单元以阅读策略为主线组织单元内容,目标是引导学生学会基本的阅读策略,成为积极的阅读者。五年级的学生在开展本单元学习之前,已经学习了“预测”“提问”阅读策略,已形成一定的阅读习惯,大多数学生能做到默读。但是有些同学也养成了不良的阅读习惯,比如:逐字阅读、走神阅读、反复回读……这些都严重影响了阅读速度和效率,因此要在默读的基础上做到注意力集中,遇到不理解的地方不回读,能够迅速且准确地捕捉到课文的主要信息,这些对于学生而言有一定的难度。

整体思路:

一、学习目标

1.认识“汛、谴”等6个生字,读准多音字“间”,会写“汛、访”等10个字,会写“汛期、山洪”等16个词语。

2.用较快的速度默读课文，能集中注意力，不要回读，了解课文的主要内容。

3.品读作者细致描写的典型事例，抓住关键词句，感受乡亲们淳朴善良、尊老爱幼、一心为他人着想的精神。

二、课时安排

2课时

三、成果预估

1.掌握本课的生字词，了解课文的主要内容，品读作者细致描写的典型事例，抓住关键词句，感受乡亲们淳朴善良、尊老爱幼、一心为他人着想的精神。

2.能够用较快的速度默读课文，集中注意力，不要回读，明确提高阅读速度是理解基础上的提高。

活动设计：

【活动任务一】

学习目标：

1.认识“汛、谴”等6个生字，读准多音字“间”，会写“汛、访”等10个字，会写“汛期、山洪”等16个词语。

2.用较快的速度默读课文，能集中注意力，不要回读，了解课文的主要内容。

3.明确提高阅读速度是理解基础上的提高。

活动过程：

一、速读速记，调动已有“策略”

（一）速读速记游戏：快速出示图片，说说你记住了哪些内容？随机采访记得最多、最准确的同学，分享秘诀。

爱穿裙子的语文老师　　走路一阵风的数学老师　　和学生打成一片的体育老师

总结：看来集中注意力能够帮助我们读得更快，记得更多。

（二）自读单元导语页，找到本单元的主题：阅读要有一定的速度。这是一个策略单元。平常我们都说要细细地阅读、深入地阅读，可这个单元为什么要让我们加快速度来阅读呢？

这节课你们就要运用默读、一目十行、抓关键词句、边读边想……的阅读方法来快速阅读，看看哪一种方法最有效，板书课题。

设计意图：

本课是阅读策略单元的第一篇课文，重在学习提高阅读速度的方法，初步养成基本阅读习惯。因而在教学中用游戏的方式调动学生已有的阅读经验，并采用从单元整体入手，引导学生借助单元导语提示意识到提高阅读速度的必要性和重要性，了解学生策略学习的起点。

二、走进课文，尝试使用“策略”

（一）默读课前提示，找到提示提供了哪些提高阅读速度的好方法：集中注意力，不回读。

（二）同时用上这两种方法默读课文，读完后，在课题旁记录用时。（教师出示计时器，学生快速默读）

（三）读后完成学习单。

学习单

1. 全文共600余字，我的阅读时间约____________分钟。

2. 根据课文内容判断对错。

①每年汛期，山洪暴发之后，家乡就会出现搭石。（ ）

②每到夏季，人们会早早地将搭石摆放好。（ ）

③搭石其实就是天然石块，踩上去难免会活动，要慢慢走才能保持平衡。（ ）

④村里的年轻人十分尊敬老人，总会背老人走搭石。（ ）

⑤作者写《搭石》主要是为了赞美搭石默默奉献的精神。（ ）

（四）分析错误原因，交流方法。

小结：提取信息不全面、理解不够准确、追求速度的同时遗漏关键信息等。在读的时候集中注意力，可以带着问题读，也可以圈画重要内容。

指名朗读课后第一题，读两位学习伙伴的分享，并说说受到了什么启发。

你读这篇课文用了几分钟？了解了哪些内容？和同学交流自己的阅读体会。

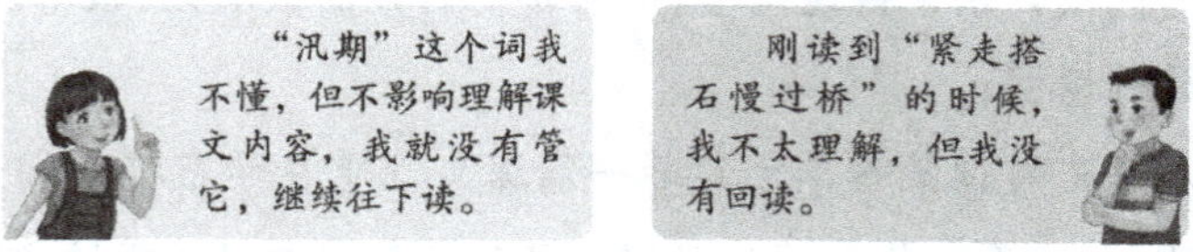

总结：遇到不理解的词句不能停留太久，如果不影响理解，就不再回看。回读会使阅读速度变慢。

囫囵吞枣地读会让我们错过关键信息，蜗牛式慢慢读会让我们没有效率。看来，阅读速度和阅读质量都很重要。

设计意图：

阅读，不仅仅是眼部的生理活动，更是大脑飞速运转的思维活动。因此，要提高阅读速度，就要高度集中注意力。“集中注意力”的阅读习惯应该贯穿整个阅读过程始终。因而在每一次默读前都要有明确的目标、清晰的提示，这些形成了任务驱动，使学生的注意力更集中，加快阅读速度，提升阅读效果。在学习过程中通过生生间的交流，引导学生反思自己的阅读行为。

三、合作学习，综合运用“策略”

（一）活动主题：我会概括课文主要内容

活动形式：根据主题，再次默读课文，记录用时。（教师出示计时器，学生读后记录时间并拿出便条纸写下课文主要内容）

小组交流：四人为一个学习小组，将自己写的便利贴内容贴在小组展示板。选出用时最少、最能概括文章主要内容的部分进行汇报交流。

总结：遇到和课文内容关系不大的句子，在不影响课文内容的情况下可以先不管它，跳过去。

设计意图：

虽然目标明确，但因为每个学生的阅读过程具有个性化、隐性化的特点，导致教师很难检测学生是否真正做到了“不回读”。因而在教学中引导学生在生生对话中找到落实“不回读”这一方法要点的路径，并尝试在阅读过程中加以运用。

（二）学习生字词

1.检测自学效果。

汛期、间隔、谴责、懒惰、平衡

协调有序、清波漾漾、人影绰绰、理所当然

2.小组内交流不理解的词语，联系上下文理解。

①清波漾漾：清色的水波在荡漾。

②人影绰绰：形容人影多，姿态美。绰：（体态）柔美。

③理所当然：从道理上说应当这样。本课指年轻人背老人过搭石是应当做的事。

3.指导写字。

请小老师进行提醒，教师进行范写。

①“懒”“衡”中间部分的最后一笔为了避让右边，都要变成点。

②“鞋”是左右等宽的字，左边是一个“革”。

③“隔”右部的“鬲”下面被包围部分是一横，不能写成两横。

学生练写生字、师评、组内互评。

作业：自己选择一篇文章，试着用较快的速度默读，做到集中注意力，不要回读。完成阅读记录卡。

快读阅读记录卡					
日期	阅读篇目	文章字数	阅读时间	文章主要内容（三星）	影响快速阅读的因素

【活动任务二】

学习目标：

1. 用较快的速度默读课文，能集中注意力，不回读，了解更多的内容。

2. 品读作者细致描写的典型事例，抓住关键词句，感受乡亲们淳朴善良、尊老爱幼、一心为他人着想的精神。

3. 愿意与同学交流自己的阅读体会。

活动过程：

一、小组交流阅读记录卡

（一）小组内交流，推选出进步最大的同学。

（二）全班分享。

设计意图：

阅读速度的提高不是一蹴而就的。在学习了阅读策略后，鼓励学生在平时的阅读中能够迁移运用阅读策略，注重文本内容与阅读策略的有机相融。教师为学生提供一个阅读分享场，让学生在生生交流中学习策略，在真实的阅读中有意识地运用阅读策略，真正具备快速阅读的能力。

二、聚焦画面，体会情感

（一）出示任务：课文给你留下印象最深的画面是什么？从哪些语句可以体会乡亲们美好的情感？

（二）随机采访，你想怎样读？

（三）用较快的时间默读课文，记录用时。（教师出示计时器倒计时 5 分钟）学生汇报印象最深的画面。

提示：老师将同学们印象最深的画面梳理成一首小诗，配乐朗读。

每当上工、下工，
一行人走搭石的时候，
动作是那么协调有序！
前面的抬起脚来，
后面的紧跟上去。
嗒嗒的声音，像轻快的音乐；
清波漾漾，人影绰绰，
给人画一般的美感。

出示练习：假如____________________________，人们把这看作理所应当的事。

4. 交流：你们是怎样读的？用到了什么好的方法？

学生汇报：一边读一边圈出重点词语。

相机小结：一边读一边想象画面。

设计意图：

一堂语文课，“书声朗朗”是不可或缺的，朗读是语文教学活动的重要组成部分。课堂上充分发挥学生的自主性，学生带着任务去读书，在了解课文内容的基础上，明确提高阅读速度是为了一定的目的、任务，学生自己去选择如何读。通过以读代讲，在读中扫清字词障碍，在读中感受文字的优美，在读中进一步体会乡亲们淳朴、礼让、为他人着想的美好品质。在活动过程中，通过师生、生生间的对话，总结适合自己快速阅读的策略方法。

三、迁移拓展，巩固策略

刘章爷爷用质朴的语言，通过对摆搭石、走搭石、过搭石等画面的描写，表达了乡亲们淳朴善良、尊老爱幼、一心为他人着想的美好品质。将看得见的景和看不见的情联系在一起。

写作《搭石》的前前后后

——刘章

我出生在河北省兴隆县上庄村。

那是一条十里狭长的山村，人们逐水而居。一条无名溪水的两岸，是大山、村庄、梯田和果园。

我们村有六个自然村，其中五个村的人家散落在小溪旁，我出生的那个小村是溪水的源头之一，人家散落在两条山谷里，泉水汩汩，下自成“溪”。

从我的祖宗开垦小村，到我这儿才六代，算来也就是一百几十年的光阴。一代又一代人，出山串亲、赶集，唯有反复跨溪而行，除此，别无选择。

小溪最窄处仅五六米，最宽处也不过30米。平时水最深处也不过一米。年年雨季过后，秋风将至之时，人们为了不涉凉水，在每一个跨溪水里摆上一排方石，这就叫“搭石”。小溪冬天结冰，人们来回走冰，只有窄处才搭小桥。夏天山洪暴发，唯有来回蹚水，或背水而叹。一年365天，有约200天走搭石。我是在抗日烽火年代出生的。七八岁前钻深山老林躲鬼子，没走过搭石。中华人民共和国成立后才跟大人出山走搭石的。人们祖祖辈辈走搭石，习以为常，司空见惯。十里路要走多少搭石，没人数过。直到1964年我岳父从山外到我家串门，出于好奇，一道道计数，十里路竟走了32道搭石。我是从1962年起当上村干部的，直到1975年到县城工作，13年间，不超过3天就要到乡镇办一次事，都是当天往返，一天要走64回搭石，总共走了千万回，对搭石的印象怎能不深刻呢？

1977年末，我来到河北省省会石家庄工作。

当我见到人们抢着挤公共汽车的时候，见人们无序地匆匆横穿马路的时候，心里便幽幽地想到家乡的潺潺小溪，想到山里人走搭石的情景：一个人跟着一个人，动作协调有序，足音踏踏，水声淙淙，人影绰绰；两个人面对来到溪边，微笑止步，示意让对方先行。还有，年轻人背老人，大人抱娃娃，在记忆里，如他们留在水中的倒影。当我见马路上有砖头或树枝，人们宁可绕着走，也不肯弯腰拾起的时候，我又想到山里人在雨水过后，自觉摆搭石的情景，想到有人发现搭石不稳，退回岸上，找块好石头搭上的情景……

噢，搭石上有新意，搭石上有美，搭石上有情。由于搭石的特殊渡水方式，长期造就和展示了山里人勤劳、热心公益、互助礼让的美德。这样，我便在1980年2月写了短文《搭石》。

我写《搭石》，没有任何前人文字可以借鉴，可以说是半生体验、一日写成，是生活的赐予。古代的文人们，写小桥流水，写古道、渡口，没人写搭石。我的文章发表后，在湖北诗人管用和的诗里读到一首同一题材的《踏石》，我想，也许叫“踏石”更准确。后来查《汉语大辞典》，果然有“踏石”这一词条：“踏脚的石头，安置于浅水难行之处，便于行走。”举例用的是孙犁《白洋淀纪事·吴召儿》：“不用说雁北那趟不完的冷水小河，蹬不住的冰滑踏石，转不尽的阴山背后……”大师的命名，当是无可置疑的。

搭石是特定自然环境里的产物，只有在三四尺深以内的小溪、小河里摆搭石，在大江大河里则无能为力。

现在，我的家乡十里山村已经贴着山根儿修了公路，人们进进出出——骑自行车、摩托车，坐汽车，再也不用走搭石了。中国正在搞公路村村通工程，许多山村都不用走搭石了。可是，搭石是不会消失的，永远会摆在村庄通向田地或山野的溪流里，由于它是一种特殊的道路，人们自觉地摆搭石，人们只能单向行走，要互相礼让，那种美就会永远存在。

请你用较快的速度默读刘章的《写作〈搭石〉的前前后后》，集中注意力，不要回读。完成练习题。

1. 我的阅读时间约__________分钟。
2. 在飞速发展的今天，作者为什么说搭石是不会消失的呢？（　　）
A 中国的贫困地区还很多，人们来来去去还需要走搭石。
B 从摆搭石、走搭石、过搭石中体现出的美好品质将代代相传。
C 搭石已经成为一道景点，供人们欣赏，所以不会被拆除。

设计意图：

提供与课文联系紧密的课外阅读材料，引导巩固学习的方法，为后面三课的学习奠定了扎实的基础。

作业：坚持阅读，进行“快速阅读记录卡”打卡。

（天津市南开区咸阳路小学　李依璠）

教学评析：

统编小学语文教材五年级上册第二单元是“提高阅读速度”策略单元。提高阅读速度是一种阅读策略，是在深度阅读的基础上进一步提升阅读速度，要求学生从阅读需要出发，在短时间内迅速理解、把握阅读材料，并获得需要的信息。

本单元的四篇课文《搭石》《将相和》《什么比猎豹的速度更快》

《冀中的地道战》以“提高阅读的速度”这一阅读策略为主线，分步介绍提高阅读速度的具体方法，训练目标体现了不断递进的特点。其中，本单元第一课《搭石》关注“专注”“不回读”。《将相和》基于第一节课的基础，提出了新的学习要求，“尽量连词成句地读，不要一个字一个字地读”。《什么比猎豹的速度更快》在阅读提示中提出“借助关键词句”把握课文内容，从而提高阅读速度的方法。《冀中的地道战》是本单元的最后一篇课文，学习提示提出“带着问题读课文”的要求，要求学生边读边思考，从而更快地抓住关键信息，把握文章内容。围绕“学习提高阅读速度的方法”这一语文要素，本单元的教学安排是有层次、有梯度的，前一篇课文的学习往往是后一篇课文的基础。

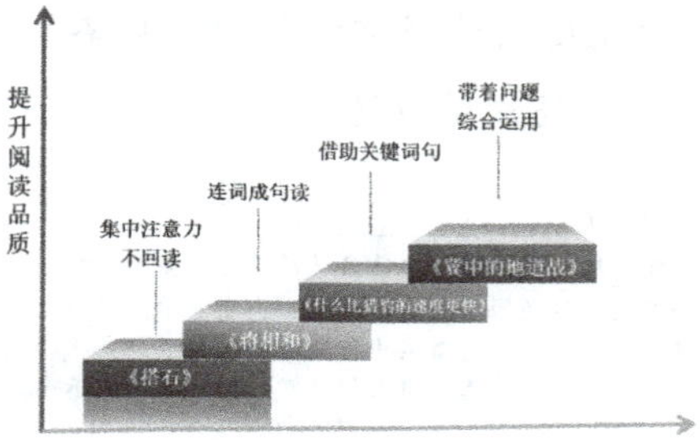

《搭石》是本单元的第一篇精读课文，重在学习提高阅读速度的方法和养成基本的阅读习惯。本课导语部分提供了两种提高阅读速度的方法，分别是：“集中注意力”和“不要回读”，这是提高阅读速度的基础，也是本单元学习的起点。

教师在设计本课时以活动、实践、生成为教学主线，立足于“显隐融通”教学模式，“外显”的是学生的学习活动，即学生在任务的驱动下进行真实的阅读实践过程。“内隐”的是阅读策略，即同时使用“集中注意力”和“不回读”的方法，提高阅读速度。

1. 调动经验，经历学习过程

学生学习任何一种阅读策略，都不是从零开始，学生在学习和生活中都积累了相关经验，只是这些策略没有被有意识地总结。因此，在进行策略教学之前，教师应该了解学生的学情，帮助学生启动已有的阅读策略，在已有阅读经验的基础上，帮助学生经历学习过程，实现巩固提升。

开课之初，教师设计了“速读速记”活动。这是在学生已有的快速阅读经验基础上开展的学习活动。学生在学习前已经运用过一些快速阅读策略，如：抓重点词句、一目十行、找中心句、默读、猜读等方法，只不过这些策略的运用都是无意识的。教师以“验证这些方法是否有效”作为教学的切入点，调动学生已有阅读经验。对于“集中注意力”“不要回读”这两种方法的习得不是生硬地讲解，而是让学生展开计时阅读的实践，以“比较谁的用时最少，了解内容最多”作为评价依据，引导学生从无意识地使用策略到有意识地运用策略。学生通过活动总结得出提高阅读速度并不是读得越快越好，明确在提高速度的同时，还得确保阅读效果。

2.任务驱动，综合运用策略

随着年级的升高，阅读策略的运用逐渐由单一发展转变为综合运用。尤其是到了第三学段，阅读过程往往需要多种阅读策略共同作用才能顺利完成。虽然本课是单元的第一篇精读课文，但是学生在阅读时也会运用到“提问”“预测”“有目的地读”等阅读策略。

“概括课文的主要内容”是本节课的学习任务之一，考查学生综合运用策略并准确概括的能力。教师以“概括课文的主要内容”作为任务驱动，学生用较快速度阅读课文时，不仅要求“集中注意力”“不要回读”，还要带着问题读，做到边读边思考。思考哪些内容与概括课文内容相关，可以重点读；哪些内容与概括内容无关，就能略去。在小组交流的过程中比较谁概括得更加全面，进而思考他是怎样读的。通过合作学习，发现问题、分析问题，在生生对话中找到落实“不要回读”这一方法要点的路径，并在阅读过程中加以运用。其内隐的策略是根据问题全面关注文本内容和文本语言形式上的信息，快速筛选、分析判断、整合信息。

3.细化方法，搭建阅读支架

阅读策略单元课文的主要教学目的是让学生学习阅读的方

法，教师传授阅读策略方法是必要的，但是在教学中也要注意避免以讲代读“贴标签”等形式，将课堂教学变成对学生进行有关策略的灌输。阅读策略是学生在语言情境中，历经丰富的言语实践，通过阅读体悟、感受理解、提炼归纳、交流比照、反思提升而习得的。

完成“说说课文给你留下印象最深的画面是什么，从哪些语句可以体会到乡亲们美好的情感”这一学习任务时，教师提供问题支架：这次你想怎样读？想用什么方法读？学生通过前两个活动了解到：与课文内容理解无关的词、句可以不回读；与阅读目的无关的内容可以不回读。在这里，学生很自然地勾连前两个“不回读”的经验，并根据此次“体会情感”的学习任务，总结出阅读策略，即：重点读与表达情感有关的内容，而与情感表达无关的内容可以不回读。教师此时放手让学生阅读实践，读后在小组内进行交流。小组汇报时，学生能够从“摆搭石”“走搭石”“过搭石”三幅画面中体会乡亲们互相礼让、尊老爱幼、一心为他人着想的美好品质。

此时，教师引导学生将目光聚焦于“你们是怎样读的？用到了什么好的方法？”这两个问题上。引导学生反思自己的阅读过程，在思维上实现一来一回。将自己已有的经验和新学的方法进行联结，总结自己阅读中运用的行之有效的方法。通过生生间互相交流、互相启迪，不断地引发阅读期待。学生在阅读实践中进一步明确：提高阅读速度是为了一定的目的而选择如何去读，也为后面的学习打下了基础。由任务作为学生学习的内驱力，教师在整堂课上是组织者、观察者、引导者和合作者的角色，为学生提供活动支架、文本支架和情境支架，最终目标是学生习得快速阅读的方法，提高理解速度，促进学习力、表达力、思维力的提升。

总之，在教学活动中，教师努力做到立足单元整体，厘清本课在整个单元中的地位和作用，且不止于教材中的一个单元，放眼于统编小学语文教材阅读策略单元体系，联结学生的已知和未知，为后面课文的学习以及“有目的地阅读”策略学习做好铺垫。

【教学活动设计二】

《呼兰河传》整本书阅读活动设计

设计背景:

整本书阅读属于拓展型任务群,《课标》提出:“拓展型任务群旨在引导学生在语文实践活动中,根据阅读书目,制定阅读计划,综合运用多种方法阅读整本书;借助多种方式分享阅读心得,交流研讨阅读中的问题,积累整本书阅读经验,养成良好阅读习惯,提高整体认知能力,丰富精神世界。”而第三学段整本书阅读的内容要求是:“阅读文学优秀作品,学习梳理作品的基本内容,针对作品中感兴趣的话题展开交流;运用口头或书面方式,与同学分享自己整本书阅读的经历、体会和阅读方法。”本节课立足语文核心素养,落实了语文课程标准关于整本书阅读的系列要求。

《呼兰河传》是统编小学语文教材五年级下册的名著推荐阅读书目。本书是中国现代女作家萧红的代表作,是一部长篇自传体小说。小说以作者的童年生活为线索,从儿童、成人等多重视角,生动细腻地描绘了东北边陲小镇呼兰河当年的社会风貌,再现了当地的风土人情,鞭挞了旧中国封建、卑琐、愚昧、扭曲的人性。小说共分七章,前有序言后有尾声,是一部名副其实的经典佳作。

学生在三年级下册学习了《火烧云》,在五年级下册学习了《祖父的园子》,这两篇课文均选自萧红的这部《呼兰河传》。因此他们对萧红和《呼兰河传》有一定的了解。而这个学段的学生对于整本书阅读,也具备很多阅读经验,他们知道一本书包括封面、作者简介、序言、目录、正文和后序等内容,知道可以从目录中了解整本书的章节,内容都有哪些。也掌握了浏览、跳读、精读等阅读方法。因此本次整本书阅读,要在激活学生已有经验的基础上进行。

整体思路：

一、学习目标

1.勾连课内单篇课文的阅读内容，激活阅读经验，激发阅读兴趣。

2.能够根据目录、章节首尾段落把握整本书的大概内容；绘制思维导图，梳理整本书的结构。

3.找出自己感兴趣的部分进行精读，抓住人物细节描写，赏析人物形象。

4.感悟特定年代作者对国民劣根性的批判，对自由生活的向往和对人性之美的追求。

二、课时安排

4课时

三、成果预估

在整本书阅读过程中，习得阅读方法，积累阅读经验，形成形象、辩证思维能力，感受、理解、欣赏、评价经典作品，获得丰富的审美经验，提高审美能力，丰富学生的情感体验和精神世界。

活动设计：

【活动任务一】

学习目标：

激发阅读兴趣，整体把握

活动过程：

一、勾连单篇课文导入《呼兰河传》

（一）播放火烧云视频。

一起回顾火烧云的颜色和形状的奇妙变化。再次感受儿童视角下那奇妙的火烧云。

（二）出示《火烧云》课文片段，让学生自主阅读，交流感受。

（三）播放《祖父的园子》视频，跟随儿童的视角，去感受无拘无束、天真烂漫的童年。

（四）出示《祖父的园子》课文片段，让学生自主阅读，交流感受。

（五）出示统编小学语文五年级下册第一单元第二课《祖父的园子》课后链接。

阅读链接

呼兰河这小城里边，以前住着我的祖父，现在埋着我的祖父。

我出生的时候，祖父已经六十多岁了，我长到四五岁，祖父就快七十了。我还没有长到二十岁，祖父就七八十岁了。祖父一过了八十，就死了。

从前那后花园的主人，而今不见了。老主人死了，小主人逃荒去了。

那园里的蝴蝶、蚂蚱、蜻蜓，也许还是年年仍旧，也许现在完全荒凉了。

小黄瓜，大倭瓜，也许还是年年地种着，也许现在根本没有了。

那早晨的露珠是不是还落在花盆架上，那午间的太阳是不是还照着那大向日葵，那黄昏时候的红霞是不是还会一会儿工夫变出一匹马来，一会儿工夫变出一条狗来，那么变着。

这一些不能想象了。

……

以上我所写的并没有什么优美的故事，只因它们充满我幼年的记忆，忘却不了，难以忘却，就记在这里了。

——选自萧红的《呼兰河传》，有改动

指名读。

师：这两篇课文和这段文字皆选自萧红的《呼兰河传》。作者以生动细腻的笔触、简约灵动的文字，描摹了自己童年时代在呼兰河城生活的那段难以忘怀的时光。今天就让我们走进这本书，走进萧红的童年岁月。

二、再识作者，回顾速读

（一）作者萧红

1.播放电影《黄金时代》片段，初识萧红。

2.学生交流课前收集的有关萧红的个人资料。

（二）回顾速读

1.出示统编小学语文五年级下册语文园地二交流平台。

师：谁来说一说，阅读都有哪些好的阅读方法？

学生汇报。

师：这些速读方法，你都掌握了吗？我们测试一下，一页内容你能用多长时间读完。

2.出示《呼兰河传》第一章的内容。

让学生尝试速读，教师记录时间。

3.交流自己的阅读方法和阅读收获。

师(小结)：我们可以用目录、章节首尾段和中间重点段进行跳读；可以连词成句，扩大自己的视域范围，进行一目十行地扫读，这些方法都能提高我们的阅读速度。但是，在阅读时不能为了速度，忽略书的内容，既要速度，也要把内容读清楚。

(三)整体把握框架，绘制思维导图

1.小组合作，用速读的方法用波浪线画出章节的关键词句：中心段、总起段、总结段，中心句、过渡句等。

2.重温概括文章梗概的方法：根据关键词句凝练章节小标题。

3.小组分工，绘制简单思维导图。每个小组选择一个章节进行概括。

4.展示整本书的内容框架，交流章节梗概。

如：

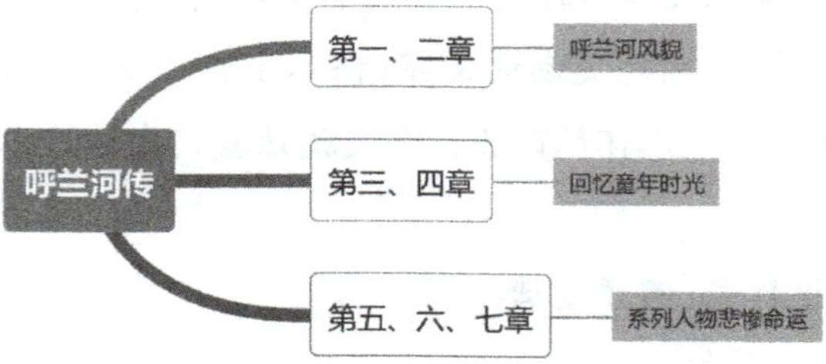

(四)制订阅读计划

组织学生结合整本书的章节、页数，制订整本书阅读计划，填好学习单上的计划表。

时间	阅读范围	章节梗概	摘抄	感受

（五）制订阅读收获单

《呼兰河传》阅读收获单			
主要人物	主要事件	具体描写	性格特点
祖父			
有二伯			
冯歪嘴子			
小团圆媳妇			
看客们			

【活动任务二】

学习目标：

了解小城风貌，感悟人物命运。

活动过程：

一、了解小城风貌

（一）小组合作，快速阅读书中第一、二章描写小城风貌的部分，找出自然环境描写和人文环境描写。

（二）列出提纲。自然环境：寒冷的天气、呼兰河、呼兰河南岸的柳树林、我家的后园……人文环境：呼兰城的街道、商铺、各类迷信活动、家庭关系、乡坊邻里……

（三）每人选择一处环境描写进行阅读品悟，填写阅读记录。

呼兰河城风貌阅读记录单			
名目	摘录	表达	感悟
跳大神	穿着奇怪的红裙子，围起红花裙子；无处不哆嗦，打战，闭着眼睛，嘴里边叽咕。	外貌描写 动作描写	呼兰城的人们愚昧、封建、迷信。
…	…	…	…

二、感悟人物命运

（一）每组选择一个人物，就阅读收获表上的相关内容进行交流，组长组织组员将这些内容按先后顺序填写在人物形象描写汇总单上。

人物描写汇总单		
祖父	主要事件	具体描写
人物点评		

（二）根据这些描写，小组讨论，对这些人物进行点评，组长进行要点汇总记录。

（三）小组展示、汇报、交流。

（四）教师点拨指导学生在进行人物点评时，要结合具体事例分析人物性格，说出自己对这个人物的看法和评价，进行思辨式阅读。

（五）绘制《呼兰河传》人物命运思维导图。

例如：

【活动任务三】

学习目标：

冷眼看客，触碰“凄婉”

活动过程：

一、冷眼看客

（一）找出书中有关“看客”的描写部分。

（二）出示相关部分：

“大神说，洗澡必得连洗三次，还有两次要洗的。于是人心大为振奋，困的也不困了，要回家睡觉的也精神了。这来看热闹的不下三十人，个个眼睛发亮，人人精神百倍。看吧，洗一次就昏过去了，洗两次又该怎样呢？洗上三次，那可就不堪想象了……这时候浇水的浇水，按头的按头……”

（三）交流想法。

（四）如果你在其中，你会怎么做？

学生交流。

师（小结）：是啊，这样的场面现在读来是多么令人发指，令人痛恨啊。但是愚昧无知、冷漠无情的呼兰河城的人们，却做起了帮凶。我相信作者写到这一幕时，内心一定充满了愤怒，她多想为这个女子鸣不平啊。

二、任他人评说，品内心孤寂

（一）出示茅盾《呼兰河传》序：“它是一篇叙事诗，一幅多彩的风土画，一串凄婉的歌谣。”

（二）阅读小说的尾声，体会作者内心深处的孤寂。

1.出示后半部分：“这一些不能想象了。听说有二伯死了。老厨子就是活着年纪也不小了。东邻西舍也都不知道怎样了。至于那磨坊里的磨倌，至今究竟如何，则完全不晓得了。以上我所写的并没有什么优美的故事，只因为他们充满了我幼年的记忆，忘却不了，难以忘却，就记在这里了。”

2.小声读。边读边感受。

3.交流你感受到了什么？

师：是啊，这本书是萧红1940年在香港完成的作品，但是令人遗憾的是，1941年底她就病危去世了，去世时才31岁。她一生命运坎坷，没有享受过幸福的时光，所以童年在祖父庇佑呵护下的那段岁月，应该是她人生中最温暖的时光吧。为了纪念这段时光，她用自己灵动的笔触写下了这部经典。

【活动任务四】

活动过程：

一、片段仿写，仿写成篇

（一）小组讨论交流，选出书中描写人物、描写环境、描写人情风貌的精彩段落，共同分析描写方法、表达特点，在阅读收获单上进行仿写。

阅读收获单
精彩片段：
描写方法分析：
仿写

（二）展示交流。

（三）分类整理阅读小札。

（四）学生自主分类整理自己阅读过程中的摘记。如：描写各种植物的、描写人的、描写自然景观的等。

（五）整理后，追寻作者的笔触，仿写成篇。

（六）品评佳作，评出优秀作文。

（七）布置展示墙，进行作品展示。

二、写《呼兰河传》推荐稿

（一）小组拟写推荐稿，要求图文并茂。

（二）到三至六年级各班进行现场推介。

（三）教师和各组长给予公正评价。

如：有这样一本书，书中有一个天真烂漫的小姑娘，她活泼淘气，备受祖父的宠爱，在祖父的院子里捉蜻蜓、逮蚂蚱。这本书就是《呼兰河传》，作者生活的年代离我们比较久远，在不同的年代、不同的地方，生活着一群别样的人，他们穷困、平庸、愚钝、迷信、冷漠，但就是这样的地方，这样的人们却温暖了作者的童年。赶紧找来读一读吧，去打开那个年代的时空，聆听不一样的童年低语。

三、再次质疑和改写。

（一）组内交流，针对这本书的内容你还有哪些疑问？由组长整理在阅读单上。

（二）根据问题到书中寻找相关段落，进行深入交流讨论。

（三）就人物性格或者人物命运进行思辨，根据自己的愤怒点、质疑点，按照自己的想法进行改写。

例如：天真烂漫的小团圆媳妇儿，在受到婆婆残忍虐待时，你们可以作为一名看客，或者一群看客，也可以站出来帮助小团圆媳妇儿，最后让小团圆媳妇儿抗争成功。

再如，针对街道中的大泥坑，你可以让自己穿越过去，或者组织村民一起把坑填起来。

四、推荐阅读

（一）读完了这本经典名著之后，你想对作家萧红说些什么？

学生畅所欲言，分享感受。

（二）推荐阅读萧红的其他书目

师：同学们，你们都真诚地表达了自己的阅读感受和想法。这次整本书阅读，你们一定收获颇丰。那么老师推荐给你萧红的其他作品。学有空余的时候去读读她的《生死场》《马伯乐》《弃儿》等作品，让我们继续浸润书香。

（天津市南开区中心小学　付辉）

教学评析：

统编小学语文教材双线组织单元。教师应依语文要素进行教学，梯度提升学生的“阅读力”，从而更好地服务课外阅读。《祖父的园子》所在的单元中，与阅读相关的语文要素是“体会课文表达的思想感情”。在教学中，通过紧抓文中园子里的昆虫、花草、树木等景物以及我和祖父在园子里的活动，体会“我”对祖父深沉的热爱与依恋，对童年生活的深深怀念。鉴于课文与整部作品在内容与表达上存在相似之处，教师可以指导学生也依据“借景物体会情感”的阅读方法来进行《呼兰河传》的整本书阅读。教师让课内“精读”与课外阅读相互助力，以此提升学生的“阅读力”。

一、课内集体阅读与课外个人阅读相结合

这节课的阅读活动分四个阅读阶段展开：导读阶段“激发阅读兴趣，整体把握”、共读阶段一“了解小城风貌，感悟人物命运”、共读阶段二“冷眼看客，触碰“凄婉”和共享阅读收获。导读阶段引导学生了解《呼兰河传》及作者，整体把握整本书内容，回顾阅读方法，制订阅读计划；之后学生根据阅读计划开始个人阅读，填好阅读摘抄和阅读收获，在个人阅读的基础上开展两次共读阶段课，分享阅读体会和感受；最后分享阅读收获。这样就兼顾了学生课内课外、个人与集体的阅读形式，在学生个人阅读的基础上，分阶段组织学生进行共读分享，分享阅读方法、阅读收获，教师适时地给予指导和点拨。

茅盾在《呼兰河传》序中这样评价：“它是一篇叙事诗，一幅多彩的风土画，一串凄婉的歌谣。”怎样指导高学段学生对此展开理解，教师可以在“读中推进课”中根据文本特色，引导学生对环境、人物进行鉴赏性阅读，对于文本内容提问并进行探究性阅读，从而完善阅读视角，养成整本书阅读的好习惯。

二、以学生自主阅读为主，开展多种阅读活动

这节课教师创设组织了多样的语文实践活动：课前布置学生收集整理有关萧红的个人资料，在组织学生交流的过程中，了解这位民国才女以及她凄婉传奇的一生，从而产生浓厚的阅读兴趣。通过小组合作抓章节关键词句，凝练章节小标题，完成整本书内容框架的思维导图，通读整本书，了解主要内容，梳理内容框架，关注整体阅读。在整体把握整本书的主要内容的基础上，组织学生制定整本书的阅读计划，填写阅读计划表，并结合个体阅读的进展填写阅读收获单，为第一个阶段的师生、生生共读做好准备。

经过一段时间的课外个体阅读之后，进入了第一个共读阶段。在这个共读阶段，教师创设了了解小城风貌、感悟人物命运的阅读实践活动，在学生已经具备个体阅读认知和感受的基础上，指导学生进行深入阅读。先组织学生以小组为单位，在一、二章的内容中找出自然环境描写和人文环境描写，并选择其中一处填写阅读记录单，从摘录、表达和感悟几个方面进行深入理解；接着选择一个人物，从人物的主要事件和描写方法来感悟人物特点和命运，再对人物性格特点和其命运表达自己的看法，从而产生独特的个性阅读体验，产生对于书中人物命运的人文关怀。

接着进入第二个个体阅读阶段，在此基础上，开展第二个共读阶段，以期在个体阅读的基础上，了解反馈学生个体阅读感受，指导学生进行深入理解和剖析。在这个共读阶段，教师创设了冷眼看客、触碰“凄婉”的阅读实践活动，引导学生抓住书中对“看客”的描写部分交流自己的阅读想法和感受，由“如果你是看客中的一名，你会怎么做”引发学生设身处地地进行想象，深切体会，在那个时代这个东北边陲小镇上人们愚昧无知、自私冷漠的劣根性。阅读由茅盾的序和这本书的尾声，走进萧红孤寂的内心世界，碰触童年祖父给予的那点怜爱，感受只有这点怜爱仅存的一丝温暖，令萧红眷恋不已的凄婉人生。

整本书阅读接近尾声的时候，开展了共享阅读收获的阅读实践活动，根据书中对环境和人物描写的精彩片段，组织学生进行仿写，由段成篇，追随作家的笔迹，提高写作能力。接着小组合作完成《呼兰河传》推荐稿，并到三至六年级各班进行推介。最后对书中内容再次质疑，根据质疑和愤怒点对书中情节和人物命运进行改写。

通过导读、个读、共读和阅读分享几个阶段，创设了丰富多样的阅读实践活动，以学生自主阅读为主，结合共读中教师的点拨和指导，使学生由表及里，进行了深入阅读，产生了个性化阅读体验，丰富了学生整本书的阅读经验。

三、速读方法贯穿始终，多种阅读策略并用

这节阅读课在整个阅读过程中，都引导学生运用快速阅读的方法佐以各种阅读策略，完成了本次整本书的阅读实践课。在导读阶段，引导学生回顾学过的速读方法：连词成句，不回读，阅读目录、章节首尾段进行跳读，连句成面、一目十行地扫读。并读《呼兰河传》第一章进行速读实践练习，教师记录阅读时间，让学生掌握速读方法，为后面的个人阅读和师生共读打下基础。

在接下来的两个共读阶段，学生也都会运用速读的方法品析环境和人物描写部分，对书中内容进行深入理解。在速读的基础上，佐以视频直观呈现，填写阶段阅读单，绘制整体框架、人物思维导图等阅读策略，经历收集、整理、归纳，自主合作交流，展示汇报的阅读实践过程，使学生在个体阅读、师生共读、生生共读中，建立读书共同体。

在《呼兰河传》整本书的导读、共读、分享三个阶段，学生习得阅读本领；与文本语言、情感、思维共鸣，养成好的阅读习惯；与作者同行，收获阅读成果。教师充分发挥了整本书阅读的指导价值，最大程度展现“课内到课外”“一篇到一本”的意义，“让阅读融入生活的每时每刻”，让学生成为终身的阅读者。

在整本书阅读过程中，习得阅读方法，积累阅读经验，形成形象、辩证思维能力，感受、理解、欣赏、评价经典作品，获得丰富的审美经验，提高审美能力，丰富学生的情感体验和精神世界。

第四节　有目的地阅读:提升阅读的品质①

一、有目的地阅读:学会选择和甄别

(一)什么是有目的地阅读

阅读是一种主动的过程,是由阅读者根据不同的目的加以调节控制的,是一种理解、领悟、吸收、鉴赏、评价和探究文章的思维过程。"有目的地阅读"就是阅读理解过程中的自我监控。自我监控一般指自我管理,又称为自我控制,是指利用个人内在力量改变行为的策略,普遍运用在减少不良行为与增加好的行为的出现。自我管理注重的是一个人的自我教导及约束的力量,亦即行为的制约是通过内控的力量(自己),而非传统的外控力量(教师、家长)。

"有目的地阅读"是根据不同的阅读目的,筛选和选择不同的阅读内容或材料。读者为了能够在阅读中快速辨别、筛选、提取不同的信息,而在阅读活动中尽可能地使用预测、提问、提高阅读速度等阅读策略。而导致这些信息不同的原因有以下几点:阅读目的不同、阅读材料不同或生活需求不同。阅读目的不同是指读者在阅读过程中的目标和指向不同,读者可以是为了开阔眼界、获取知识,也可以是为了获得精神满足而阅读。阅读材料不同是指材料自身的价值与意义不同,像实用类文本是为了让读者获取相关信息,文学性文本是为了让读者获得文学体验。生活需求不同,阅读的目的也就不同。如果是为了备考而阅读,在阅读时就会带有一定的功利性;如果是为了开阔眼界、积累知识,就会开展基于自身兴趣的积累性阅读。因此,阅读目的不同,采取的阅读方式方法也就不同。

"有目的地阅读"其实就是阅读监控,它左右了阅读活动的始终。张必隐认为,阅读监控主要表现为以下四个方面:一是能够明

---

①本部分由天津市和平区教师发展中心付丽撰写.

确阅读目的，了解阅读要求；二是能够掌握关键内容并监控阅读过程；三是能够自我判定阅读效果；四是能够灵活调节阅读行为，及时采取补救措施。[①]“有目的地阅读”是一种监控策略，阅读监控应该贯穿阅读的全过程。阅读前，学生要发现文本的特点，结合自身需求确定阅读目的，进而制订切实可行的阅读计划；阅读时，学生能根据阅读目的筛选阅读内容，进而选用适当的阅读方法，通过各种方式，加强自我监控，调整阅读速度，根据理解程度，变换阅读策略；阅读后，学生应及时反思阅读理解达到的水平，评价自身是否达到了阅读目的。在教学过程中，教师应避免错误地引导学生只为完成既定任务而进行阅读的狭隘理念，从而限制学生对课文丰富含义的理解。

统编小学语文六年级上册的第三单元是教材中第四个，也是最后一个以阅读策略为主线的单元教学内容，该单元课文的设计就是基于“有目的地阅读”这一策略展开的，这是对之前所学习的三个阅读策略的提升，也是对整个小学阶段阅读策略的综合运用。依据“同一篇文章，由于不同的阅读目的，关注的内容、采用的阅读方法也就各不相同”的理念，本单元的教学目标是“根据阅读目的，选用恰当的阅读方法”。

（二）为什么要有目的地阅读

1.课程标准的要求

《课标》在课程总目标中对学生阅读的要求是“学会运用多种阅读方法，具有独立阅读的能力”[②]。多种阅读方法既是方法论层面的，也指面对不同阅读材料时的不同策略。《课标》提出这一要求，目的是希望教学不要拘泥于对具体文篇的条分缕析，而要关注学生是否掌握了多种阅读方法，是否会在面对不同阅读材料时合理使用

① 张必隐.阅读心理学[M].北京：北京师范大学出版社，1992：218.

②中华人民共和国教育部.义务教育语文课程标准(2022)版[S].北京：北京师范大学出版社，2022：6.

这些阅读方法。课程标准明确要求,小学阶段课外阅读总量不少于145万字,第三学段课外阅读总量不少于100万字。第一学段着重让学生产生阅读兴趣,感受阅读的乐趣,并掌握阅读的基本技能。第二学段的重难点是教给学生初步感知文本主要内容的方法,感受文章蕴含的情感意境,并学会对文本中任何不清楚的地方提出疑问。到了第三学段课标明确提出,浏览、阅读文本时要有一定的速度,在读书活动中拓宽知识面,按照阅读需求搜集相关信息,并且敢于提出自己的看法,作出自己的判断。

2.统编小学语文教材的要求

统编小学语文教材依据学生认知水平,有梯度、有顺序地安排了不同的阅读策略单元。根据儿童发展的特点可知,三年级属于策略运用的起始阶段,四年级处于策略发展的蓄力期,学生能够主动进行模仿;而高年级的学生处于策略形成的较成熟期,学生能够主动地从大脑中筛选并使用比较了解的阅读策略,发挥自我监控意识的主观性①,具有通过提高阅读速度和根据一定的目的进行阅读的能力。此外,这一阶段学生的思维已由直观思维转变为逻辑思维。“有目的地阅读”单元在目标、内容、结构上存在层次性、关联性等特点,因此需要教师在教学时抓住核心点,明晰单元课文的作用,唤醒学生已有知识,并联系前三个阅读策略,强化学生的阅读练习,进而关注学生独立阅读的态度。

3.实际应用的要求

当今社会,信息量呈现成倍增长的态势,信息成为科技和社会变革最重要的推动因素。在丰富而复杂的信息浪潮中,如何掌握快速提取有效信息与处理信息的方法,是学生在当今社会发展中需要具备的一项重要能力。信息化时代的一项重要特征是碎片化信息增多,学生在阅读中往往无法集中注意力,全身心地投入阅读世界,感受阅读带来的乐趣。“有目的地阅读”能够培养学生甄别与筛

---

① 伍新春.部编小学语文教材阅读策略的价值与实施[J].小学语文,2018(9):6.

选，提取和处理信息的能力，掌握正确的阅读方法，进而提升阅读品质。学会“有目的地阅读”能提高阅读效率，有助于尽快完成相关任务，是高效阅读的表现。

（三）有目的地阅读怎么样

为了促进学生的阅读理解，提高阅读教学的有效性，统编小学语文教材根据小学生的认知发展阶段及科学的阅读策略教学模式，在三至六年级每学年的上学期分别设置了四个阅读策略单元。六年级上册第三单元“有目的地阅读”作为最后一个策略单元，是对以往阅读策略单元的总结回顾与提升，其目的在于帮助学生从他人引领阅读转变为自主有目的地阅读。

本单元与其他策略单元相同，都是由单元导语、课文、习作、语文园地这几部分构成。本单元依旧采用双线组织单元，但对人文主题有所淡化，以有目的地阅读策略为主线对单元进行整体编排，单元内容相互关联，训练目标呈现阶梯式发展，直指有目的地阅读策略的学习，其中所学的阅读方法包括浏览、跳读、抓关键词句、联系上下文、做批注等。

单元导语页包括三部分的内容：其一，在页面最上方引用杨绛先生的名句——“读书好比串门儿——隐形的串门儿”，借著名作家对于读书的感受引出“有目的地阅读”这一阅读策略，杨绛先生的这句话还隐含分类阅读原则。其二，在页面中央以阶梯式堆叠了各种各样的书籍，仿佛搭建了一座书籍的城堡，书册一旁的梯子，让人想到“书籍是人类进步的阶梯”这句话。以此图画作为本单元的配图，暗示着应该进行广泛阅读。书堆旁三个小读者或正在阅读，或试图打开书籍，或从书堆上的“天窗”向远处望去。其三，页面下方用简洁的语言明确了本单元的阅读及习作要求。其中，“根据阅读目的，选用恰当的阅读方法”点明语文要素，“写生活体验，试着表达自己的看法”提示习作目标。

单元内三篇课文包括记叙文、说明文及非连续性文本三种文本类型，从前两篇精读课文，到第三篇略读课文，旨在帮助学生从学习认识、初步尝试，到独立运用，在学习实践中逐步习得有目的地阅读策略。第一篇精读课文《竹节人》是回忆性散文，以童年乐趣为主题，语言生动形象，课前阅读任务难度逐级提升，旨在引领学生初步了解有目的地阅读策略有哪些，帮助学生初步形成阅读的目标意识，进而发现可以根据阅读目的的不同选择不同的阅读材料，指向创造性阅读。第二篇精读课文《宇宙生命之谜》是科普类文章，语言准确严谨，以“地球以外的其他星球是否存在生命”为探究主题，指向探究式阅读。课文以旁批的形式将学生阅读的思维过程可视化，进而通过示范，提示学生可以采用多种方法达成阅读目的，比如：圈画关键词，提取关键信息等，旨在引导学生学会如何使用恰当的阅读方法，精准地选择自己需要的内容，达到预定的阅读目的。这两篇精读课文均在课前阅读提示中出示阅读任务，课中旁批示范阅读思路，课后习题总结阅读方法，示范引领有目的地阅读。两篇精读课文的训练侧重点各不相同，学生通过学习探究，可以发现只要阅读目的不同，选择的阅读内容就不同，阅读的方法与策略也不相同。《故宫博物院》是一篇略读课文，也是一组非连续性文本，指向生活式阅读，目的是引导学生综合运用前两篇课文掌握的阅读策略，根据不同的任务阅读材料，快速找到有用信息，在真实的任务情境中独立实践，迁移运用，学会“有目的地阅读”这一策略。语文园地的“交流平台”融入精读课教学之中，辅助学生对如何根据阅读的目的，选择合适的阅读材料、运用恰当的阅读方法进行自主梳理和总结，从而使学生养成能自觉运用“有目的地阅读”的习惯。整个单元围绕“有目的地阅读”，按照“策略的认识—策略的习得—策略的使用—策略的总结”这一顺序进行编排，单元板块之间彼此联系，交叉延伸。

“有目的地阅读”并不是一种孤立的阅读策略，它与朗读、默读、精读、略读、归纳读、比较读、边读边批注等阅读方式相辅相成，要求学生紧密联系“预测”“提问”“有一定速度阅读”策略展开阅读。为辅助学生习得有目的地阅读策略，本单元以课文内容为载体，以助学系统为辅助，遵循"学策略—用策略—学语言"的编排思路，体现训练的指向性与进阶性。

（四）有目的地阅读策略的教学目的与意义

1.有目的地阅读策略的编写意图

在有目的地阅读策略这个概念出现之前，已有专家学者将其列入阅读策略的教学内容之中，不过并未对其进行概念界定。如在儿童文学博士王林老师提出的七项关键性阅读策略中，"决定文本中什么重要，抓住文章的主要信息"等同于有目的地阅读策略中"选择恰当的阅读材料"，"自我检查是否理解，运用恰当的策略突破阅读中的难点"即指有目的地阅读策略中的"选择合适的阅读方法"并在阅读过程中进行"自我监控"[①]。此外，国际学生评估项目（PISA）从阅读策略的认知层面与元认知层面，建构出阅读策略体系[②]（见下图），将阅读策略分为文本处理与任务管理两类。其中"搜索和选择相关文本""监测调控""评价与反思"即指有目的地阅读策略中的"选择恰当的内容""自我监控"。

此外，将有目的地阅读策略单元设置在六年级上册，是由小学生认知发展阶段决定的。如伍新春教授指出："有目的地阅读策略的实质是阅读监控，三、四年级的学生还很难掌握，五年级能力高的学生可以在教师的指导下进行应用，六年级的学生可以基本掌握，因此我们把这一单元作为面对全体学生的基本要求，安排在六年级学习。"[③]

---

①王林. 由关注技能到关注素养——从 PIRLS 看学校中儿童阅读能力的培养[J].人民教育，2008(05)：37–40.

②叶丽新."变"与"不变"：2000–2018PISA 阅读素养观的关键特征[J].课程·教材·教法，2018(6)：138–147.

③伍新春.部编小学语文教材阅读策略的价值与实施[J].小学语文，2018(9)：4.

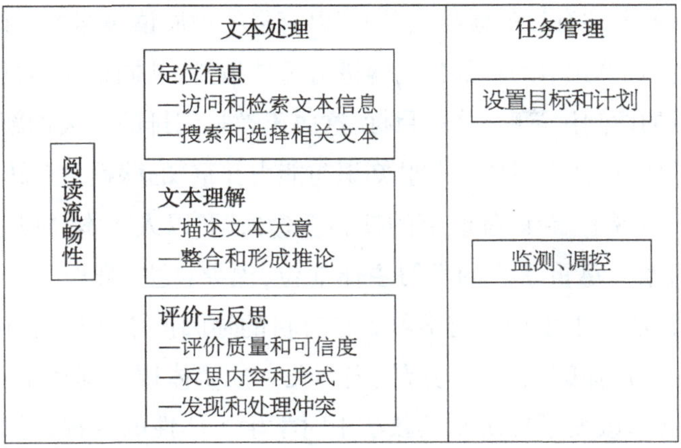

图 3–4　阅读策略体系

2.有目的地阅读策略的教学意义

“阅读策略是指阅读主体为保证阅读任务的完成、阅读效率的提高，对阅读活动进行调节和控制的一系列谋略”。[①]学生进入高年级后，教材中文本的篇幅有明显的增加，课外的阅读任务与阅读量也会相应增加，阅读材料的种类更多样化了。阅读是学生的个性化行为，应在学生具备一定阅读基础与阅读能力的情况下独立、自主地进行，以获得独特的阅读感受与情感体验。阅读能力对学生终身学习与可持续发展起奠基作用。设置阅读策略单元的目的是通过对学生进行目的性、针对性以及序列性的训练，提高学生的阅读能力，为学生的未来教育与终身发展奠基。“有目的地阅读”单元，旨在帮助学生从他人引领阅读转变为自主有目的地阅读，由被动变主动，成为独立的阅读者。“有目的地阅读单元”作为小学阶段最后一个阅读策略单元，对于学生掌握阅读方法、形成阅读习惯具有重要意义。

内容上，“有目的地阅读单元”与一般的阅读单元不同，语文基础性知识不是本单元的教学重点，这就意味着学生能将更多精力投入到阅读策略的学习中来，有助于学生阅读能力的提高。

①曾祥芹.阅读学新论[M].北京：语文出版社，1999.307.

形式上，“有目的地阅读单元”以有目的地阅读策略这一语文要素为主，对单元中的各部分内容进行整体编排，共同指向“习得并运用有目的地阅读策略”这一目标，这属于教材编排的一大创新之处，彰显了从“重知识轻能力”到“知识与能力并重”的课程理念转变。

学习观上，新课程改革的核心理念强调“以人为本”“以学生的发展为本”，尊重学生的学习主体地位，倡导自主、合作、探究的学习方式，使学生主动参与学习。在有目的地阅读中，学生在确定阅读目的、选择阅读方法与阅读内容几方面都体现了其在学习中的主体地位，改变了传统阅读教学中对学生主体性的忽视，是对新课改学习观的深化。

在学生发展上，尽管“有目的地阅读单元”的教学任务与其他三个阅读策略单元相同，都是教学相应的阅读策略，但它更注重对学生的元认知的培养。具体来说，有目的地阅读策略要求学生对自身的阅读行为进行自我监控，帮助学生监控并调节整个阅读理解过程。此外，有目的地阅读策略还要求学生综合运用多种阅读方法，这是对前几个阅读策略单元的总结与提升。

通过单元的学习，学生并不能完全掌握阅读策略，而是通过单元的整体集中学习，培养学生运用策略的意识和基本能力，并在以后的语文学习中不断迁移运用，加之课外拓展，才能使学生熟练掌握阅读策略。此外，策略单元特别注重多样化评价，将只注重结果转化为注重学生的过程性评价，尊重个体及思维差异，关注学生的阅读能力发展，为学生综合发展奠定基础。

二、有目的地阅读教学策略

（一）统整单元教学目标

在开展“有目的地阅读”这部分内容的教学时，为了得到理想的教学效果，教师需要科学合理地设计教学方式，并且在合理教学的基础上，能够开展有针对性的教学活动，进而在教学活动进行时提供有效的学习指导。这一单元的整体教学目标是让学生能够掌握有目的地阅读方法，实现阅读能力的提升。围绕这一核心目标，教师组织学生开展各种学习活动，或者对每一篇课文的学习研讨。比如，在《故宫博物院》这一课的学习中，本课的阅读任务是“为家人计划故宫一日游，画一张故宫参观路线图”。在明确这一学习目标的基础上，学生通过快速浏览，在文中找到相关内容，即材料一、材料三、材料四，接着细读材料一和材料三，选择并了解适合家人浏览的重要景点，再结合材料四的平面示意图画出参观故宫的路线图，这对于学生阅读效率的提升十分有利。随着时间的不断推移，学生在对其他文章进行阅读时，也能够有目的地进行阅读，避免在阅读过程中出现盲目性，使学生阅读能力及阅读水平得到有效提升，使这一单元教学得到满意的效果。

（二）丰富单元教学内容

在进行“有目的地阅读”这一个单元的教学中，教师应注重丰富阅读内容。丰富的阅读内容不但能够提升学生的阅读兴趣，提高学生的阅读积极性，而且能够拓展学生的阅读量，提升学生的阅读能力，同时能够锻炼学生运用有目的地阅读策略进行阅读的能力。比如，《竹节人》这一课的教学目标，重点是要让学生了解传统玩具——竹节人的制作方法及玩法。学生对这一目标都十分感兴趣，能通过快速浏览文本，迅速筛选过滤文本提供的信息，快速找出相关内容，然后再细读理解，最后完成竹节人的制作说明书，或是制作一个竹节人进行表演。教师可利用学生的学习积极性，选择与手工制作类内容相关的多篇课外文本，推荐给学生进行阅读，引导学生有选择地阅读，并动手制作展示，进而巩固有目的地阅读策略的实用价值。

（三）选择有效教学方式

教师在开展“有目的地阅读”这一教学内容时，需要有针对性地选择阅读内容，深入了解学生的实际情况，让学生能够自主进行学习和阅读，这对学生阅读能力和阅读水平的提升都是具有积极作用的。教师在教学的时候，需要引导学生，让学生能够自主地把握好阅读的目的,不仅是要把握课文整体阅读的目的,还要依据自身的实际情况来设定更加符合自身阅读的目的,这样才能更好地进行探究阅读,也就能更好地把握文章的内容,实现真正的阅读目的,提高学生的语文素养。教师在实际进行教学过程中,可以合理地使用微课这种形式,让学生能够通过微课视频对阅读知识先进行了解,也就是带领学生进行课前预习。学生可以先自行理解,对于不理解的内容,通过课堂上的深入阅读进行理解,这样可以更好地把握文章的主要内容,实现有目的地阅读。比如《宇宙生命之谜》这一课,在进行有目的地阅读时,应引导学生去观察,发现课文旁边有关学习方法的提示语,如"每个自然段往往有提示主要意思的语句,阅读时我要注意找出来",应让学生根据这样的阅读方法认真默读课文,到每个部分找出表达大意的关键句,更好地理清文章大意。如第三自然段的学习应引导学生默读文段,画出帮助理清生命存在条件的关键词,使阅读目的更好实现。此外,在教学中教师还需要与学生积极主动地进行沟通交流,对学生的情况充分了解,这样一来就能够及时发现学生在阅读中存在的问题,若学生无法把握阅读的目的,教师能够及时给予学生有效指导,保证学生能够更好地把握阅读目的,使有目的地阅读更有效实现,实现学生阅读能力及阅读水平的有效提升,使单元教学目标得以更好地实现。

(四)采用逆向教学设计

逆向教学设计可分为以下四个步骤:一是为有目的地阅读确立学习目标;二是为有目的地阅读明确评价标准;三是为有目的地阅读制订教学计划;四是为有目的地阅读确定教学内容。

1.确立学习目标

逆向教学设计中,学习目标的确定要求教师剖析课程标准与了解学生情况,分析学生应然与实然的差距,以预期的学习目标为基石来设计教学内容与过程。"有目的地阅读"策略单元学习目标的确定可以分为以下几方面的内容:

(1)教学对象分析

本单元是学生学习的第四个阅读策略单元，三年级学习了“预测”，四年级学习了“提问”，五年级学习了“提高阅读速度”。而六年级上册“有目的地阅读”这一策略注重的结果并不是学生是否习得了某种全新的阅读策略，而是在已经掌握了诸多阅读策略的前提下，能够根据任务，合理、多元、高效地在阅读活动中唤起对已有知识的运用意识，熟练使用阅读方法。在阅读活动中根据情况何时提高阅读速度，何时通过合适的阅读策略直击主题、完成阅读任务是本单元应训练学生的能力。

(2)教学内容分析

不同于普通阅读单元，阅读策略单元中的课文是作为一个整体展示出相互交织、相互影响的关系，以强化单元目标的渐进性与整合性。六年级上册的策略单元紧跟“有目的地阅读”这一策略安排文本。进行“有目的地阅读”伊始，学生要依照自己的阅读目的或给出的阅读任务，快速定位适合的阅读材料，尽量避免关系不强的材料和非重要的材料对阅读的阻碍。接着明确阅读目的，搜索脑海中已有且合适的阅读方法从而顺利完成阅读任务。“有目的地阅读”是思维能力提升的一种强有力的体现，不仅能帮助读者高效完成相关任务，而且能够吸引读者，拓宽阅读视野。本单元对“有目的地阅读”进行了有序列、有深入的安排。

《竹节人》以学习提示的方式呈列了三种不同的阅读任务，引导学生初步感知“有目的地阅读”的意蕴，感受阅读同一篇文章，随着阅读目的的改变，关注的内容和采用的阅读方法也会随之变化。《宇宙生命之谜》以批注的方式提供了一位小读者为解决心中疑惑而阅读这篇文章的整个动态过程，对于如何根据阅读目的开展阅读活动也在课后练习题中有所呈现；在文本最后一题中给学生提出挑战性的问题，鼓励学生试着多角度、多维度设计阅读任务，并带着阅读任务阅读文章，让学生有多次尝试的机会体会什么是“有目的地阅读”。《故宫博物院》属于非连续性文本类型，此篇略读文本试图引导学生总结方法并运用方法，在“放手型”文本面前，学生能够摸索前进，熟练掌握“有目的地阅读”的运用规则。“交流平台”准确定位了“有目的地阅读”的使用规则，促进良好阅读意识的延续。

(3)教学目标制订

《竹节人》一课的教学，其目的主要是引导学生在阅读活动中初次体验有目的地阅读到底如何进行，为什么因阅读目的的不同，我们选择的阅读内容有差异，各自的阅读方法也大有差别。《宇宙生命之谜》一课的目标重在阅读方法的指导和运用，学生带着阅读目的自主阅读，完成阅读任务。《故宫博物院》一课的教学，其目的是自主完成课前导语中的阅读任务。本课是略读课文，旨在让学生通过自读，对在前两课中学习的方法进行综合运用和复习巩固。

2.明确评价标准

(1)确定期望结果(目标)，明晰哪部分内容是最值得也最需要理解的。

确定期望结果是指从结果入手，回答学生能够学到，并有能力展示的是什么。值得注意的是，“有目的地阅读”策略单元中多数目标是课时目标、文本目标、单元目标、学期目标以及阶段目标的综合体现。不言而喻，充分挖掘策略单元的内容，找准核心目标，并将其贯穿于教学互动的始终，而不是“沉浸”于去分析某一个阅读策略是撰写本单元教学设计时的要点。拟订阅读策略单元的核心目标后，再对它进行分解，对比它前后目标的联系、关系、已有经验等，最终写成具体的、可测可评的目标。

(2)确定如何用证据证明学生实现了有目的地阅读的标准。

在进行这一步时，教师需要思考应该把什么作为证明学生掌握阅读策略、进行有目的地阅读的证据，应该在哪个部分寻求证据，根据所需要的证据，应该设计什么样的任务与活动等问题。通过分析这些问题可知，教师需明确和设计可以观测目标实现的具体的评价方法与任务，即在规定时间内，达成某个阅读目标；所设计的评价方法和任务要与目标相契合，并能使学生从实现目标的具体过程以及结果中展示目标界定的具体要求。同时对应目标，还需要制定出衡量学生完成特定任务质量的评价标准。

(3)筹备教学活动,以学促教,尊重学生个性化学习。

这一部分应从三个视角设计教与学的活动。一是明晰知识和技能,明确教学任务。二是确定教学内容与方式。教师需考虑安排哪些知识点、设计什么样的教学活动才能确保课堂效果的有效达成。三是过程性评价需贯穿于整个教学活动中。

3.制订教学计划

教学计划是教师教学之初对教学工作的内容、过程、顺序、方法、进度等的整体安排,有条不紊地保证教学的高效以及促进教师的成长,具有很强的灵活性、规范性和指导性,有效实现了思想与行动的统一整合。如今,在《课标》的引领下,教学计划不应是应付差事,而应成为适应学生终身发展的脚本,制定的计划要从科学、系统、实效、民主等维度综合考虑,可以有效避免依赖性、务虚性。在统编小学语文教材阅读策略单元的安排中,第一学段强调的是爱上阅读,第二学段强调的是学习阅读策略,第三学段强调的是运用阅读策略、阅读监控。其中,五年级训练阅读要有一定的速度,六年级则强调监控前面所学阅读策略的综合运用,即有目的地阅读。教师应根据四个清晰的、呈上升式梯度结构的阅读策略,合理安排教学。教学计划并非恒定,也存在一定的前瞻性,在恰当的时候需要依据具体实施过程中的变量灵活调整教学计划,保证教学进度与效果。

4.确定教学内容

如何针对拟订的学习目标设计评价标准,是逆向教学设计考虑的首要因素,评价标准设计完成之后再明确学生应该学习什么,而后教师需要考虑的是应选择何种教学内容,并依据教学内容确定进行教学活动的方式,最后学生能够在教学互动中获得目标表现。教学内容可能来源于同一本教材的不同部分,也可能来源于多本不同的教材。譬如温儒敏教授指出的“1+X”拓展阅读,其中“1”是指教材中现有的精读文本,“X”则是教师拓展的略读文本中相关的多篇作品，既然是略读，学生的创造性尝试和亲身体验应占据主导地位。拓展的策略主要是围绕某一主题选择恰当、类似、趋于一致，甚至完全不同、相连续性的文章或文本。对于阅读策略单元，教师不应期望学生在短时间内，全面具体地犹如一位经验成熟的读者一样掌握阅读策略。对阅读策略的学习与运用应是长久且终身的，课内课外都应成为学生自主运用阅读策略的阵地，通过反复咀嚼与实践切实习得阅读策略。

在学习六年级上册“有目的地阅读”这一策略时，我们首先要让学生动用之前的“联系上下文理解”“自我提问并尝试解决”等阅读策略通读课文，梳理课文内容，而后方能根据需要去进行选择，达到阅读的自我满足。在“有目的地阅读”中，学生又需要运用默读、略读、泛读、跳读等阅读策略。不管是有意识还是无意识，学生的种种能力都在交互作用，相辅相成，互相促进。

组织策略的内容包括以下几点：(1)用批注的方式记住文本的重要观点、了解其内容；(2)阅读文本时要有批判性思维，用自己的话进行转述，以有助于更进一步地理解文本；(3)在与他人交流分享文本内容时及时进行反思；(4)注意观察文本中的插图、图表等信息，这些信息有利于自身把握文章大致内容，也可以观察黑体字、斜体字等印刷排版上的相关特点以辅助识别重要信息内容；(5)理解文章的重要内容则可以用画出文章表达的重要信息的方法进行。理解监控策略的内容有：(1) 考虑文章的内容是否满足阅读目的，并带着一定的目的进行阅读；(2) 翻阅一下这本书以帮助理解，并在脑海中清楚划分精读部分和略读部分；(3)对比反思自己猜测的内容与文章实际内容是否有关联；(4)根据阅读内容，调整阅读速度，相对来说运用理解监控策略阅读时，阅读速度会很慢，以确保理解所读内容；(5)出现难以掌握的内容时，大脑会比较容易集中精神，以此梳理文中所阐述的观点间的关联。

三、课例评析

【教学活动设计一】

“在阅读中寻找……”主题活动设计

设计背景：

本活动依托《故宫博物院》一课展开。

《故宫博物院》是一组非连续性文本，由四篇材料组成。材料一是对故宫博物院进行的全景介绍；材料二讲述了有关太和门的故事；材料三是故宫博物院官方网站部分内容的截图；材料四是一张故宫博物院的平面示意图。

这篇课文是本单元的最后一篇课文，是一篇略读课文，内容的编排能够很好地检验学生对“有目的地阅读”这一策略的运用情况。学生在学习《故宫博物院》一课前，已经通过《竹节人》和《宇宙生命之谜》的学习，了解并尝试运用“有目的地阅读”这一策略。本篇课文旨在引导学生结合文本特点和阅读任务，自主迁移运用前两课中习得的阅读策略与方法，在真实的任务情境中，综合运用阅读方法，完成阅读任务，提高阅读效率。本课阅读提示部分的两个阅读任务分别是“设计故宫一日游参观路线图”以及“选择一两个景点进行讲解”，均指向“阅读与鉴赏”“表达与交流”“梳理与探究”的语文实践活动，目的是引导学生在真实的任务情境中解决实际问题。实现“无意识—有意识—无意识”使用阅读策略的进阶式学习过程，实现学生阅读力、表达力、思维力和学习力的提升。

整体思路：

一、学习目标

根据不同的阅读目的，筛选、整合并运用阅读材料，完成阅读任务。

二、课时安排

1 课时

三、成果预估

学生以小组为单位呈交《故宫博物院》路线设计图和景点介绍的思维导图。

活动设计：

【活动任务一】

学习目标：

1.初步交流预学成果。

2.结合阅读目的，自由组合小组完成阅读任务。

活动过程：

一、根据阅读目的，自由组合小组

师：我们继续走进第三单元，运用阅读策略，学习《故宫博物院》。

师：课前，老师已经通过智慧校园发布了预习任务。大家已经在班级圈中分享了自己对阅读任务的选择以及预学准备。老师发现选择任务一的有28人，选择任务二的有16人。接下来，请选择相同阅读任务的同学们，现场自由组成新的小组。

师：这节课，我们将以重新组合的小组为单位，结合自己的预学准备和学习要求，展开交流、分享，完成本课的阅读任务。

二、创设任务情境，明确学习要求

现在，请大家打开刚刚下发的学习单，阅读学习要求。

【活动任务二】

学习目标：

小组合作，运用“策略”阅读文本，完成学习任务。

活动过程：

一、出示学习提示，合作完成任务

师：在完成阅读任务时，可以参考老师提供的学习提示：

1.要充分考虑所选成员的特点：兴趣点、身体等情况。

2.选择介绍景点的小组，可以适当地补充自己课下搜集的

《故宫博物院》学习单

我们的班级是一个负责故宫游览的旅行社，每个小组是旅行社的一个策划团队，现在请小组成员结合报名旅行团人员的基本情况，自由选择团员（不超过五人），帮助他们策划一个游览故宫的路线图或者选择一两个景点进行介绍。

A组游客基本情况：	B组游客基本情况：	C组游客基本情况：
爷爷：70岁，走路较慢，对曾经举行殿试的地方很感兴趣。 奶奶：65岁，不能太累，想去看看曾经皇帝结婚的地方。 外公：60岁，身体健康，想去曾经接见外国使节的地方看看。	爸爸：41岁，身体健康，很想看一看曾经举办大典的地方。 妈妈：40岁，身体健康，对电视剧中经常听到的养心殿、永寿宫、翊坤宫很感兴趣。 叔叔：36岁，身体健康，对故宫里的一切都感兴趣。	小男孩：8岁，身体健康，想看一看皇帝的宝座。 小女孩：12岁，喜欢御花园并想看看故宫内建筑上的各种雕刻。 小宝宝：4岁，不能独自走路太久，对故宫里的一切都感到新奇。

我们策划团队选择的成员有：________________________

（不超过五人）

☆选择完成任务一的团队：

我们策划的路线图是：（附后）

☆选择完成任务二的团队：

我们策划团队选择介绍的景点有：　　　　　　　；

我们策划团队景点介绍的思路是：

____

____

____

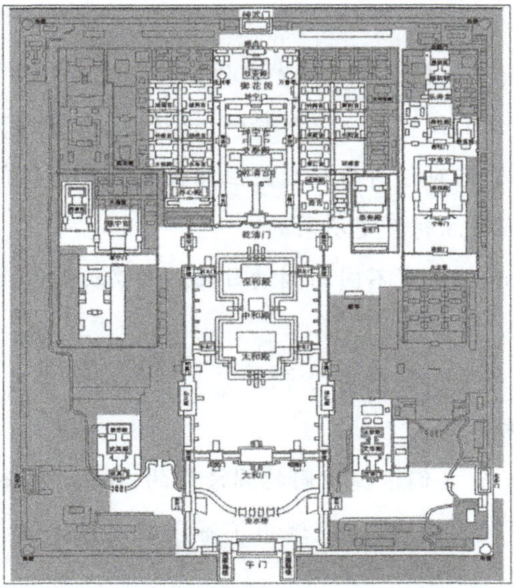

材料，丰富介绍；还可以利用思维导图的形式梳理景点讲解的思路。

3.请大家明确小组分工，合作完成阅读任务。以小组为单位进行汇报时，说清团队策划的依据。

二、学生合作交流

教师巡视，关注学生完成任务的过程是否顺利，在学生遇到困难时组织交流或给予指导。

【活动任务三】

学习目标：

根据不同的阅读目的，筛选整合阅读材料，完成阅读任务。

活动过程：

一、小组展示交流

1.学生借助“人教数字教材”等数字化工具，以小组为单位展示、汇报策划路线图和相关景点讲解。

在汇报的过程中，教师要认真倾听学生在交流的过程中对策略的选择和运用的适切性。

2.继续修改完善学习单。

二、教师小结

师：同学们，你们发现了吗？在你们的交流过程中，选择完成任务一的小组，你们侧重关注了材料一、材料三、材料四。选择完成任务二的小组，你们对于材料一的关注比较多。为什么完成这两个任务的时候我们关注材料是不同的？

生：因为我们是有不同的阅读目的。所以我们选用的阅读方法也不一样。

师：你们选用了哪些阅读方法？

学生自由交流

师：这节课，我们根据不同的阅读目的，筛选、整合了不同的阅读材料；在确定阅读内容后，选用了不同的阅读方法，很好地完成了阅读的任务。

【活动任务四】

学习目标：

借助数字化平台，将课上的学习延伸至课后的探究。

活动过程：

请学生结合本单元“有目的地阅读”这一阅读策略，以自己喜欢的方式进行反思与梳理，并上传到智慧校园班级圈，在学习《语文园地》时进行交流。

（天津市和平区万全小学 荣梦莹、夏婉臣）

教学评析

一、创设阅读情境，搭建活动支架

1.生活化的阅读情境，调动学生的生活经验

《故宫博物院》是一组非连续性文本，教师引导学生将在精读课文里学到的方法迁移运用，逐步实现自主“有目的地阅读”。教师从儿童视角进行整体设计，阅读策略不是孤立存在的，而是融入真实的情境中，与学生的“阅读和生活”融为一体，与真实生活情境连接，创设能够引导学生深度参与的语用情境。学生在阅读中能够通过“设计故宫路线图”和“做个小小讲解员”的任务情境，积极参与社会活动，能够感受生活的多彩多姿，形成互动的学习环境，帮助学生有效投入言语实践活动，将知识变为“可运用”的能力，变为学生成长的养分，实现育人价值。

2.以任务驱动学生的自主学习

《故宫博物院》的教学活动中，教师通过任务驱动，推动学生的自主学习由课下的预学延伸至课上的分享、交流。课前，结合本课阅读提示中的两个阅读任务，发布预学任务，引导学生独立思考，自主选择阅读任务；并根据阅读任务，筛选文本材料、查阅相关资料，做好充分的预学准备，满足学生拥有“不同的阅读目的”这一学习条件。

课上，教师可结合学生的预学成果，请具有相同阅读目的的学生，自由组建新的合作小组。结合学习单上的学习要求，自主运用

“策略”阅读文本，展开合作学习。随后，以小组为单位，展示、汇报学习成果，完成阅读任务。

二、综合运用阅读策略，实现阅读的自我监控

《故宫博物院》一课的教学，教师无限趋近学生真实的阅读行为，还原学生真实的阅读状态，让学生收获策略所得，感悟策略的实用，并在真实的生活场景和语言交际情境中运用阅读策略。

1.强化“有目的地阅读”的策略运用

阅读是基于一定目的任务的个性化行为，有目的地阅读，是一种考验学生综合运用能力的阅读策略。本课的阅读提示中给出的两个学习任务，紧紧围绕“有目的地阅读”这一策略，重点突出“目的”的实际价值。为了完成阅读任务，学生需要合理筛选不同材料，结合学习单给出的人员情况进行家庭需求分析，选取合适的阅读材料进行重点关注。同时，针对阅读任务，学生需要综合运用与调整阅读方法，对课文中的信息进行提取、分析、整合、运用；在完成任务过程中，学生小组合作，不断对阅读策略进行协调与优化，呈现出真实的阅读行为，在真实的任务情境中，综合运用阅读方法，完成阅读任务，提高阅读效率。

2.巧用学习材料的“筛选策略”

面对多种图文材料时，真正的阅读不是快速获取最多最全的信息，而是能准确提取以及筛选重要信息。《故宫博物院》一课，在进行学习活动时，教师为学生提供了学习单，有不同身份、不同年龄、不同需求的家庭成员供学生选择。学生选择服务的对象不同，需要的学习材料就各不相同；选择的阅读方法不同，经历的学习历程也会有所不同。通过“筛选阅读”，学生能够真切地感受到阅读是自由的，是一种有目标、有权利的自我行为。学生在潜移默化间，根据阅读目的，筛选、整合、运用阅读策略，达成阅读目的。

3.内化阅读的“自我监控策略”

“自我监控”是一种元认知高度醒觉状态，是自我反思、自我调整、自我修复的认识活动。本节课中，学生就难点问题进行合作探

究学习，形成了学习的共同体，相互补充、相互质疑、相互出谋划策，呈现了学生探究问题、解决问题的过程。学生在阅读时进行有目的地阅读，不断强化筛选、整合、运用信息的能力，适时进行自我监控。在学习的过程中，学生不仅是阅读实践的参与者，还成为阅读实践的反思者。学生会不断根据阅读任务作出调整，使得学习的过程和结果更趋向于最优化，进而提高阅读效率。长此以往，学生就可从“有意识地阅读”走向“无意识地阅读”，让“有目的地阅读”内化为一种阅读能力。

三、“思维可视化”阅读任务的设计

1.用读、讲、交流等方式将阅读思维转化成语言

语言是思维的外衣，课堂上“语言”的表现形式有很多种，如读句子、介绍、分享与交流、辩论等。《故宫博物院》一课中，学生的阅读思维主要以“景点介绍”“分享与交流”这种语言形式呈现出来——学生结合相同的阅读目的，在组内和全班进行交流，构建“对话式的课堂”，在分享、交流的过程中，相互补充、相互质疑、相互出谋划策，促进阅读思维的高阶发展，实现了语言与思维的共同发展。

2.用图表等形式让阅读思维“可视”“可感”

《故宫博物院》一课中，教师有意识地训练学生综合运用已有的阅读经验，带着阅读目的去完成阅读任务，通过对阅读材料的筛选、整合、运用以及采用跳读、略读、抓关键词句等阅读方法，在文中找寻依据，梳理文本信息，最后在图表的帮助下说清路线的设计及缘由。在完成任务二“介绍景点”时，将在文本中及课外搜集的材料中找到的依据进一步筛选、整合，以思维导图的形式将景点介绍的思路得以呈现。这样一来，教师能够“看见学生思维活动”，及时了解学生已达到的“阅读思维品质”，循序渐进地引导学生根据阅读任务，合理使用阅读方法，提高阅读效率，促进了学生阅读品质和能力的进阶发展。

【教学活动设计二】

“走近鲁迅——与鲁迅做一场跨越时空的对话”
主题活动设计

设计背景：

六年级上册第八单元是统编小学语文十二册教材唯一以一个人物——鲁迅为主题的单元。鲁迅被称为中国现代文学的奠基者，他用文字唤醒了人们的觉醒意识。学生学习这样一个人物，对于促进精神成长、培养创新精神具有重要意义。根据《少年闰土》《好的故事》《我的伯父鲁迅先生》《有的人》四篇课文及习作《有你，真好》，我们从“阅读与鉴赏”和“表达与交流”两个维度开始设计跨学科学习主题。推荐学生有选择地阅读《故乡》《朝花夕拾》等，设计交流与表达的实践活动，为学生创设阅读分享的共情环境与跨学科学习的任务情境。

本单元的语文要素是“借助相关资料，理解课文主要内容”。这一语文要素体现了跨学科学习力图将课堂内外相互关联的目的。查阅相关资料这一要求，既为学生课外学习提供了有力的支持，又有助于学生加深对课文内容的理解。但语文要素如果脱离具体的语言文字运用的情境，只是毫无活力的死的知识或方法，只有在具体的任务情境中，学习内容与学习行为紧密关联且发生在特定学习情境之中的时候，学生才能在获得有活力知识的同时，获得精神的感召。

在单元教学前，教师对学生开展了学情调研。调查结果显示60%的学生不了解鲁迅，有近40%的学生读过鲁迅的作品，但也仅停留在娱乐性阅读上，没有全面、深入的了解。综合考虑调研结果，为了引领学生真正了解、认识鲁迅，我们决定开展以“走近鲁迅——与鲁迅做一场跨越时空的对话”为主题的跨学科学习活动，设计了“初识鲁迅—深识鲁迅—致敬鲁迅”的三个活动任务，开展阅读、梳理、探究、交流、举办分享会等多样化学习实践活动，综合运用多学科知识与技能引领学生去发现、分析、解决问题，最终达成单元语文目标。

整体思路：

一、学习目标

根据单元学习主题和学习任务，制订本单元学习目标：

1.借助鲁迅的作品、名家的作品以及相关资料，初步感受鲁迅先生光辉的人格和不朽的精神。

2.能运用多种形式表达对鲁迅的情感。

二、课时安排

10 课时 + 课下时间

三、成果预估

完成思维导图、表格、作品集的个人探究报告，召开"致敬鲁迅"分享会，用习作、幻灯片、绘画、手抄报等形式表达对鲁迅的情感。

活动设计：

【活动任务一】

学习目标：

1.初步交流对鲁迅先生的了解，能借助相关资料读懂《少年闰土》《好的故事》，拓展阅读鲁迅的短篇小说和散文，初步认识鲁迅。

2.能提出并梳理确定有探究价值的专题进行探究，完成作品集。

活动过程：

一、在学习第五单元时启动跨学科主题学习

1.引出单元导语页，初步了解鲁迅。

2.初读单元课文，初步交流课文内容。

3.提前布置阅读任务，推荐学生阅读鲁迅的短篇小说《故乡》和散文集《朝花夕拾》两部文学作品。

二、精读《少年闰土》《好的故事》

1.学习《少年闰土》。

自主探究：文中的"我"是不是鲁迅。借助课文、资料和相关文学作品，初步认识文学家鲁迅。

2.对比《少年闰土》《好的故事》，深入了解文学家鲁迅。

3.学习《好的故事》。

合作探究：从“好的故事”和“昏沉的夜”，你对鲁迅有了什么新的认识？借助课文和资料初步认识革命家鲁迅。

三、交流学习成果

1.学生根据梳理与探究课内外了解到的鲁迅形象，完成作品集。

2.小组交流作品集。

3.筛选具有探究价值的专题，完善作品集。

【活动任务二】

学习目标：

能借助相关资料理解《我的伯父鲁迅先生》和《有的人》，拓展阅读其他作家写鲁迅的作品，深入认识鲁迅。

活动过程：

一、明确学习任务

出示学习任务——“我”为鲁迅“画像”

二、略读《我的伯父鲁迅先生》和《有的人》

1.学习《我的伯父鲁迅先生》和《有的人》

自主探究：鲁迅给你留下的最深刻的印象是什么？通过对比阅读，借助课文和资料，深入地了解鲁迅、理解鲁迅。

2. 利用晨读和午读等碎片化的时间拓展阅读其他作者写鲁迅的文章，交流对鲁迅先生产生的新印象。

三、交流学习成果

1.完成“我”为鲁迅“画像”。

2.交流，完善作品。

【活动任务三】

学习目标：

1.能借助资料，结合理解，完成专题成果的撰写。乐于和同学分享自己的习作初稿。互评后，能根据修改建议，修改自己的习作。

2.能交流汇报专题学习成果，在交流分享、互评互议中自选形式表达出对鲁迅先生精神品质、责任情怀的理解和敬意，提升自身的责任感、使命感。

活动过程：

一、筹备阅读分享会

1.完成“我眼中的鲁迅先生”研究报告，交流分享，不断完善对鲁迅的认识。

2.自选形式表达对鲁迅的情感。

3.学生小组内分享作品，进行相互评改，提出修改意见或建议。

4.小组汇总，完善作品。

二、组织班级阅读分享会

1.各小组将小组学习成果进行分享。

2.全班交流，评选出能代表参加年级阅读分享会的作品。

三、组织年级阅读分享会

1.各班将班级学习成果进行分享。

2.交流后，评选出能面向全校师生分享的作品。

（天津市和平区四平东道小学　石爽）

教学评析

一、以完整的“大任务”统摄单元教学

大单元教学要求教师把握学段要求，正确解读教材，以完整的“大任务”统摄单元教学，设计进阶活动，凸显语文实践，组织引领学生经历“完整的学习事件”。本单元以召开“走近鲁迅——与鲁迅做一场跨越时空的对话”阅读分享会的学习成果作为任务驱动，设计“初识鲁迅、深识鲁迅、致敬鲁迅”三个阶段的进阶学习活动。

第一阶段：初识鲁迅。在这一阶段，在学习第五单元时就启动了此次跨学科学习主题活动，并提前布置阅读任务，推荐学生阅读鲁迅的短篇小说《故乡》和《朝花夕拾》这两部文学作品，为开启精读课文的学习做好准备。利用课上的四课时，学习单元内前两篇鲁迅写的文章，即《少年闰土》和《好的故事》，旨在引领学生在课堂上梳理与探究课内外了解到的鲁迅形象，筛选具有探究价值的专题，激发学生想要进一步认识鲁迅的动机。

第二阶段：深识鲁迅。利用课上两课时，学习单元内后两篇别人写鲁迅的文章，即《我的伯父鲁迅先生》和《有的人》，引领学生展开交流：鲁迅给你留下的最深刻的印象是什么？再利用晨读和午读等碎片化的时间拓展阅读其他作者写鲁迅的文章，目的是引领学生更加深入地了解鲁迅、理解鲁迅，进而完成“我”为鲁迅“画像”。

第三阶段：致敬鲁迅。学生在课下完成习作《有你，真好》，课上进行习作交流分享。学生自选形式表达自己对鲁迅的情感，课上组内成员在交流分享中不断加深对鲁迅的认识，召开“走近鲁迅——与鲁迅做一场跨越时空的对话”阅读分享会，开展专题汇报，致敬鲁迅。

整个设计思路呈现出“发现问题—提出问题—分析问题—解决问题”的探究性学习特点，也是学习走向深入的必由之路。

二、在合作探究中让学生经历有意义的学习

跨学科学习注重与学生的真实生活紧密联系，注重真实情境中学生的活动与体验，尤其重视在合作探究中让学生经历有意义的学习。

在完成“初识鲁迅”这一活动任务的过程中，教师将重点放在如何激发学生认识鲁迅的情感期待上。比如《少年闰土》一课，设计了一个思辨性的问题：文中的“我”是不是鲁迅。引导学生围绕这个问题开展小组讨论，激发学生想要进一步认识鲁迅的动机。从学生合作的作品集中就可以看出学生对初识鲁迅的情感表达。

在完成活动任务一的基础上，学生带着为鲁迅“画像”的任务，开始活动任务二的学习，在学习了《我的伯父鲁迅先生》《有的人》这两篇课文后教师引领学生展开全班交流：鲁迅给你留下的最深刻的印象是什么？拓展阅读了其他作家写鲁迅的文章后，学生利用碎片化时间继续交流自己的阅读感受，不断丰富对鲁迅的认识，再去思考如何为鲁迅“画像”。在阶段性的交流课上可以看到学生在思维碰撞中出乎意料的真实表达。

在完成活动任务二的基础上，开始进入举办阅读分享会的活动任务三。学生利用两周午读的时间，分小组进行分享："我"又对鲁迅有了什么认识？"我"还想阅读鲁迅的什么作品？"我"想以怎样的方式致敬鲁迅？在分享交流中不断生成新的认识，为班级阅读分享会做好准备。在准备的过程中学生会遇到各种问题，教师引导学生主动向其他学科的老师寻求帮助。如准备表演话剧的小组会去请教美术老师设计角色服装，请教劳动教师制作道具，请教音乐老师选择配乐，请教语文老师改编剧本，在排练阶段学生还请教了在话剧社当演员的妈妈做专业指导。在这场与鲁迅的跨时空对话中，学生用幻灯片、话剧、视频、习作、手抄报、思维导图等各种形式表达着自己对鲁迅的敬意，通过小组合作的方式将鲁迅精神入脑入心。

三、以动态展评促进学生学习

评价即学习，是为了更好地促进学生学习。教师将这一评价理念融入跨学科学习主题活动中，通过学生的参与度、参与的范围、参与的表现来引导学生做好反思，实现"教—学—评"一体化。

如，在完成活动任务二为鲁迅画像时，为培养学生的自我管理能力和自我反思能力，启发学生进行自我反思：我为鲁迅画的像与同学们画的相比，有什么优势？如果在年级里展示还需要哪些改进？我想请哪些专业人士来帮我改进完善我的作品？学生通过言语表现以我反思的方式完成评价，获得了自我完善、自我提升。为培养学生批判性思维和团队协作能力，在召开班级阅读分享会后，开展年级间的交流，组织学生开展团队反思：如果面向全校交流我们小组的展示还存在那些问题，还需要完善什么？他们小组的展示真的能代表我们去全面进行交流吗？这一组的展示向其他年级的学生介绍鲁迅是否合适？通过团队间的补充与质疑，在发现其他团队优势的同时，培养了批判性思维。教师从个体和团队两个角度进行评估，无论是通过个体表现评估团队，还是通过团队表现评估每个学生，都是在促进全体学生的成长。

第四章

让阅读成习惯

4

习惯真是一种顽强而巨大的力量,它可以主宰人的一生。

——培根

阅读习惯是阅读的重要基础。阅读的行为多了,会形成行为记忆。这种记忆会催生一个人的阅读需求,督促一个人不停地阅读,最终形成阅读的习惯。所以,培养阅读习惯只有"多读",教师要在"多读"两头做好两件事:读的"入口"和读的"出口"。

第一节　立足"素养",构建快乐读书课程

《课标》将语文核心素养凝练为文化自信、语言运用、思维能力和审美创造四个方面,集中体现了学生的必备品格和关键能力;要求义务教育课程内容主要以学习任务群形式呈现,注重课程的整体性、阶段性与发展性,体现不同阶段学生核心素养发展的连贯性与适应性。在实施路径上,鼓励自主阅读、自由表达,倡导多读书,好读书,读好书,读整本书,注重阅读引导,培养读书兴趣,提高读书品位,进一步凸显整本书阅读在提升学生语文核心素养方面的重要作用。

统编小学语文教材的编写凸显读书意识,实现了课外阅读的课程化、体系化,努力通过增加学生的阅读量来达到提升语文素养的目的;《课标》中也在"整本书阅读学习任务群"的"学习内容"及"附录 2 关于课内外读物的建议"里提到或推荐书目。既有弘扬中华优秀传统文化、革命文化、社会主义先进文化的图画书、桥梁书;也有各类历史、文化读物,介绍自然科学与社会科学常识的普及性读物;还有学生自主选择并互相推荐自己喜欢的、文质兼美的优秀作品。统编小学语文教材在"快乐读书吧"、课后"阅读链接""资料袋"都有推荐的书目。

尤其"快乐读书吧",是统编小学语文教材倡导大量阅读、加强课内外沟通的重要载体,构建了"精读—略读—课外阅读"三位一体的阅读教学模式,体现了从师生共读到学生自主阅读的编排理

念，促进了课外阅读走入课程、走进教材，是课内外阅读衔接的重要桥梁，从而“把课外阅读作为教科书的重要组成部分，实现课外阅读课程化”，是一种“课内外阅读一体化”的新的课程思想。为拓宽学生阅读视域，发展学生语言的学习与运用能力，发展学生思维，激发对祖国的热爱，培养核心价值观，弘扬和传承中华传统文化奠定基础。

因此，我们将利用统编小学语文教材和《课标》中对阅读的推荐和要求，为培养学生的阅读习惯把好阅读的“入口”，构建起快乐读书课程。

第一，“快乐”是一种主动阅读的心态、意愿。是学生走进阅读的基础。快乐读书是来自于兴趣，兴趣是第一位的，有兴趣学生就会自己主动去读，就会利用一切时间、想尽一切办法去读。（喜欢读）

第二，“快乐”是一种积极阅读的状态。是学生开展阅读的动力。让阅读能够持久。因为喜欢读，就能在书中得到或多或少的收获和惊喜，就会觉得读书是一件很美好、很幸福的事，从而产生成就感和自信心，也就有了持久阅读的动力。（持久读）

第三，“快乐”是一种阅读能力。书读到了一定的层次，就不能只是草草翻翻、匆匆而过，要通过阅读，读出意义，读出自我，实现有质量的阅读。（有质量地读）

这三个层面不同的“快乐”阅读的方式密切关联、层层递进。喜欢读是持久读的基础和前提，持久读是有质量读的充分保证。努力让学生实现无压力阅读，要容许学生自由选择阅读书籍，甚至是闲书；指导不必过多过细，要求不必过高过杂，只要在学生有困难的时候略作点拨、稍加提示，指引一些方法即可。

一、全局导向的快乐读书课程理念

从教育教学的长远目标来看，阅读不仅存在于学生的学校教育阶段，更是能够伴随学生终生。全语言法教学理论倡导将语言作为一个整体进行教学，而不是把它分割成若干部分。基于这一理论，我们确定了以全局式语言学习为导向的“两结合五要素”的课程理念。

“两结合”是指校内与校外相结合，学校语境同社会家庭生活语境相结合。校内与校外都是学生可以用来阅读的场所。在学校教育中，为学生创造良好的阅读场域，让学生认识到阅读的重要性，掌握阅读的方法和技巧，逐渐形成阅读能力；校外家庭与社会生活的阅读缺乏稳定性和复杂性，因此家校共育的思想也应当运用到阅读教育中，从而实现全方位立体化阅读场所的构建。

“五要素”是指“目的—整体—情境—意义—实践”。我们围绕五大要素，构建起“快乐读书课程”，让学生能够通过三位一体的阅读体系，在阅读语境、生活语境、学生语境和未来发展语境的融合统整中，以阅读话题做引领，让学生能运用已有的阅读经验去获取、生成新的阅读经验。让阅读改变学生，提升学生的阅读力、思想力和表达力。

（一）全局导向的快乐读书课程价值

核心素养是课程育人价值的集中体现。主题多元、内涵丰富的快乐读书课程有助于学生核心素养的提升。

1.习得语文知识，发展语言能力

阅读是学生掌握语文知识，提升语言文字运用能力的基础。阅读能够帮助学生积累词汇，逐渐形成更加全面、系统的思维方式，从而在引导学生学好语文的同时，也能够对培养学生的人文素养起到一定的作用。叶圣陶指出：“读整本的书，不仅可以练习精读、速读，有利于养成好的读书习惯，还可以进行各种文学知识与文体阅读的训练……它可以收‘一石多鸟’之效。”快乐读书课程能够以更加重视阅读教学的方式，不断提高教师和学生对语文阅读教学的重视程度，让学生在更广阔的语言文字海洋中品味语言文字的精妙，将语文知识、语言学习规律逐渐内化为语言能力。

2.深化阅读认识，提升思维能力

在快乐读书课程中，学生要经历阅读的过程，需要调动多元思维推动阅读进程。例如，《红楼梦》结构复杂，人物众多，学生在阅读时需要运用线性思维，厘清整本书的情节脉络；运用辩证思维，立体解读人物形象；通过发散思维，在阅读中以点带面地理解整本书的内容。学生在阅读实践中不断深化完善阅读认知，其思维能力也随之得到提升。

3.丰富情感体验，提升审美能力

书中的语言文字承载了作者的情感体验，学生通过理解语言文字，能拓宽视野，习得语言，提升思维能力，并且获得更多的审美体验。“快乐读书吧”推荐的整本书涉及的内容多、范围广，学生在阅读时能感受到童谣的韵律美、童话及神话的想象之美、科普作品的严谨之美、名著的厚重之美等等，产生的情感体验与生命感悟会更多，审美鉴赏力与创造力也会不断提高。

4.促进文化传承，增强文化自信

中华优秀传统文化、革命文化、社会主义先进文化是语文学习的重要内容。学习经过系统编排的快乐读书课程，有利于学生传承和弘扬中华优秀传统文化，初步了解和借鉴人类文明优秀成果，形成比较开阔的文化视野和一定的文化底蕴，增强文化自信。

（二）全局导向的快乐读书课程目标

课程目标是课程构建的首要条件，也是验证实施效果的关键。在指导思想下，我们的快乐读书课程目标强调了质量与数量的科学平衡，并依据学生的能力水平、年龄分段制定个性化培养目标，以求适度适量，达到最佳效果。

1.快乐读书课程总目标

快乐读书课程以全局式语言学习模式为指导，以提升学生语文素养为目标，努力打造超越教材、课堂和校园局限的读书环境，将学生置于这个全局系统中，尊重每个学生的个性化需求，培养广泛的阅读兴趣，养成良好的阅读习惯，促进其言语的生命成长。

（1）激发学生的阅读兴趣，扩大阅读量。通过整本书的阅读，培养学生“多读书、读好书、好读书”的良好习惯和读书的快乐心情。这一目标强调阅读面的延展和阅读意愿的提升，也是我们快乐读书课程的最基本目标。只有量达到了，我们才可以去谈“质的飞跃”。

(2)引导学生掌握阅读方法，培养良好的阅读习惯。只读不精，只广不专，都不利于培养学生长久的阅读好习惯。为此，在数量的基础上，我们还强调学生对于阅读方法的掌握。

(3)在语文阅读实践活动中，全面提升学生的语文素养。在积累、感悟和运用中提高学生的审美情趣。阅读不仅仅是为了完成教学的任务，其核心要义在于学生气质的提升和文学素养的积累。因此，从总目标的设定上，我们就尤其强调这一点。

从某种意义上说，快乐读书课程教学的视野，不仅指向课内阅读，而且指向课外整本书的阅读。所以，有的教学目标，就不可能在一节课内完成，需要课外阅读和活动的支撑，经历一段时间后才能达成。教师可以借助“快乐读书吧”的栏目，组织学生制订出一段时间或一学期的主题阅读计划。可见，“快乐读书吧”有比一般课文更为宽广和深刻的课程目标，这也正是它的价值之所在。

2.快乐读书课程阶段目标

考虑到学生学习独立阅读的发展性与阶段性，根据年段特点及阅读能力发展的规律，根据总体目标，我们将快乐读书课程设立了三个层级目标，分别安排了对应的阅读主题，文本阅读序列清晰，渗透了分级阅读的理念。大致对应小学的低、中、高年级。

第一个层级目标的关键词是：快乐启蒙。侧重生活语境，强调生活中的自然阅读，激发阅读的兴趣。

第二个层级目标的关键词是：养成习惯。侧重学生语境，强调学生能主动调整已有的阅读经验支持新的阅读活动，习得阅读方法和策略，培养学生的“阅读理解力”，养成阅读习惯。快乐读书课程形成了一个阅读链——从单元课文阅读到“快乐读书吧”整本书阅读，再到同类书籍阅读的阅读链。学生通过这条阅读链，逐渐提升阅读能力，向一个成熟而独立的阅读者迈进。

第三个层级目标的关键词：能力提升。侧重学生未来发展语境，强调个性化阅读，在提升阅读理解力的基础上，发展思想力。考虑到学生要逐步走向独立阅读，形成阅读习惯。快乐读书课程形成了一个延伸链——从课内延伸到课外；从阅读延伸到写作；从知识技能延伸到实践运用。这个延伸链将推动学生从教师指导下的阅读走向自主独立阅读；推动学生自读与师生共读、亲子阅读的开展；甚至还要努力以此推动全民阅读。因此，教师在指导阅读活动开展的过程中，要建立"链接"的意识，既要指导好学生的课外阅读，也要通过学生阅读带动家长、社会人士参与到阅读活动中。

二、基于学生的课程地图

快乐读书课程的实施目的在于提高学生的语文课程核心素养。我们常说"得语文者得天下，得阅读者得语文"，足以见得阅读对学生成长的重要性与必要性。构建基于学生的课程地图，能够通过有效教学培养学生阅读能力，激活阅读兴趣与审美情趣，让学生通过阅读认知世界，通过阅读构建知识，通过阅读获得成长。

为学生选择、推荐优秀的阅读书目是快乐读书课程地图的起点和基础。我们关注三个内容：即将教材推荐书目、教师推荐书目、学生自选书目相结合。

做到三个遵循：遵循经典、遵循规律、遵循整体。

其中整体强调三个维度：一是内容，围绕一个主题选择同一类的阅读篇目，或主旨相同，或文体相同，或作者相同；二是语境的整体，课内阅读和课外阅读通过创设一个话题语境来勾连，能够让学生主动地将阅读经验带入阅读活动；三是学生能力的综合发展，用阅读来整合听说读写的活动，让学生运用自己的读写经验，听说经验呈现阅读成果。三个维度的相互促进、相互支撑促进了学生快乐读书课程整体推进。

（一）核心思想

1.宗旨：让课外阅读与课内阅读有所区别，通过课程地图的实施增加学生的阅读量，扩展阅读面，将阅读转化为学生的生活，逐渐形成阅读习惯，提高阅读能力。

2.思路：这个思路包括两个回合。第一回合：方法—实践—迁移。学习阅读方法，进行阅读实践，然后将课内习得的方法迁移到课外阅读之中。第二回合：阅读成果—心理期待—新的阅读。侧重生活化的自由阅读，体现的是逆推阅读能力提升的方式，其操作的核心是从阅读成果入手。

（二）整体架构

在课程架构核心思想的指导下，快乐读书课程整体架构为“2345＋X”，即“两大类”“三阶段”“四课型”和“五＋X”课时。

1. “两大类”包括：课内阅读和课外阅读。

课内阅读以“快乐读书吧”内容及书后链接为阅读材料，作为快乐读书课程内容的基础。这一部分阅读是紧密结合课程内容的，重在基础能力的掌握。

课外阅读将课内与课外的阅读资源整合起来，分为四种拓展方式：立足单元主题，拓展系列作品；基于课文文体，拓展同类文章；围绕表达方式，拓展类比材料；根据作者作品，拓展相关文章。以一篇带多篇、一篇带多本的方式，增加学生的阅读量，有助于拓展阅读面。

2. “三阶段”包括：读前导读阶段、助读推进阶段和分享交流阶段。

读前导读阶段是教师通过制订学期阅读计划、了解教材内容等方式引发学生阅读期待，激发阅读兴趣。

助读推进阶段是通过阅读体会分享、阅读策略指导、提供阅读新支架等帮助学生掌握阅读策略，进一步激发阅读意愿，助推阅读进程。

分享交流阶段是通过开展阅读活动，如朗读者、阅读之星评选、图文绘画、戏剧表演等形式分享学生的阅读成果，激发学生的成就感和进一步阅读的意愿。

每个阶段的定位不同。如果把整本书阅读比作一场马拉松比赛，或一次长途旅行，那么，启动课就是提供“动力引擎”，既备足

“装备”和“工具”，又点爆“燃料”和“油库”，让学生兴趣浓浓、信心满满是重点；助读推进阶段就是旅途中的“加油站”，补充能量、加油助威，或调整速度、改进方案，或解决疑难、增强期待，目的都是为了继续再出发；分享交流阶段就是旅游或马拉松比赛后的发“旅游收获”，晒“奖牌名次”，把个人的阅读收获变成集体共享的丰富多彩的阅读智慧，目的是让人看到更好的“我”。

3.“四课型”根据引导学生读书的进程分为四种课型：读前激趣课、读前导读课、读中推进课、读后分享课。

（1）读前激趣课：激趣和引导

读前激趣是为了后面的读书做好准备的，为的是激发学生的阅读兴趣和阅读期待，让学生产生阅读的欲望，不由自主地展开阅读。

（2）读前指导课：启发和指导

教师在开展教学前，需要找出学生的阅读兴趣点，并进行整体规划与适当的阅读指导，让学生在充满好奇心与求知欲的状态下阅读，提高整本书阅读质量。教师要注重激发学生的阅读兴趣，引导学生读书的封面、前勒口、目录、书名页，大致了解书的内容；读后记、后勒口、封底和书评等引导学生猜测书中的情节，激发阅读兴趣，形成阅读期待。书目不同，指导阅读方法也不尽相同。根据情节、人物等来指导阅读，灵活教学。播放短视频、电影片段等。摘取部分章节、片段等引导学生领悟、品味、赏析，揭示书籍的主旨、思想等，激发学生的阅读兴趣。

（3）读中推进课：交流和存疑

读中推进课，就是在阅读整本书的过程中，教师对学生的自主阅读给予多种形式的帮助与鼓励，推动学生深入阅读。课中，教师可以指导学生完成阅读记录，提出支架问题群，设计形式多样的阅读单，将阅读方法具体化，有效指导阅读实践。教师要了解学生读书的进度和效果。解答学生读书过程中遇到的困惑，进一步推动学生读书。读中推进课重点在于关注学生持续阅读的兴趣。学生保持阅读兴趣，可以有效地促进阅读习惯的养成。结课时，教师要设计促进学生深层次思考的问题，推动学生深度阅读。

（4）读后分享课：分享和展示

读后分享课指导重点是让学生交流阅读的成果和收获。教师通过开展有效的阅读活动，让学生分享阅读成果，能更好地提高学生的阅读兴趣，可以根据班级学生的实际情况选取开展一项或多项阅读活动，展示和分享阅读中的感悟和思考，促进再次回味整本书，温故而知新。交流的形式应多样化，以激发学生的阅读兴趣。读《西游记》《水浒传》等名著，采用说书、表演课本剧等方式进行故事再现，用视频展示、读后感受、用手抄报介绍读书方法等；读《三国演义》《儒林外史》等名著之后，通过课本剧的方式展示对人物的理解；《傅雷家书》《艾青诗选》可以借鉴“朗读者”的方式以读传情；读《昆虫记》后，通过给昆虫设计名片的方式展示学习成果；读《钢铁是怎样炼成的》，可通过给人物写颁奖词的方式来概括人物事迹和精神品质；读《骆驼祥子》可给书中我最喜爱的人物写小传；读《童年》可出示视频片段给主人公配音等等。

这“四课型”从教学角度而言本身就具备序列性，呈现出一个“要我读—我会读—我想读—我要读”自主阅读者成长过程的应然样态。

4.“五＋X”课时，既有固定的课时，又有非固定的课时，我们用X表示学生课外阅读的时长，我们希望这个时间越多越好。真正让阅读走进学生的生活，让阅读成为学生的一种生活方式。

我们用下图呈现三阶段、四课型、“五＋X”课时的结构。

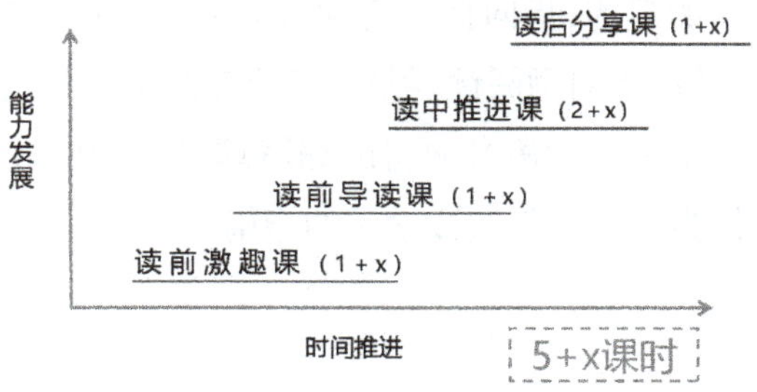

图 4–1　“2345+X”快乐读书课程

横轴表示“五＋X”课时，右侧无限延长是时间推进轴，代表阅读时间的长度；纵轴无限向上延伸是能力发展轴，代表三个阶段能力的提升，随着阅读的进程进行四种课型的教学。

（三）课程地图

课程地图（Curriculum Mapping）这个概念是作为高校课程开发整合与规划管理的工具性概念，其本质上是一种以学生成长成才为中心的课程体系设计理念与方法。快乐读书课程借用这个概念，来作为读书课程的开发与规划，即以学生语文核心素养为中心的阅读课程体系的构建。

其在形式上表现为一张关联课程目标、学段目标以及各学段对整本书阅读学习任务群的学习内容要求、学生核心能力、单元语文要素和推荐书目等核心要素的逻辑关系图表；在实践中呈现出系统性、导向性、可视化和动态性的基本特征。

基于学生的课程地图是围绕课程目标、学段目标以及各学段对整本书阅读学习任务群的学习内容要求，将快乐读书课程按照年级和学生的核心语文素养的要求进行细化分解，使教师、学生阅读文本联结在一个动态的系统之中，让学生成为阅读的主体，将阅读转化为学生的生活，逐渐形成阅读习惯，提高阅读能力。用阅读来整合听说读写的活动，让学生运用自己的读写经验，听说经验呈现阅读成果。

快乐读书课程依托统编小学语文教材中的“快乐读书吧”栏目，将“读”放在中心位置，集中指向四个维度：指向课内外阅读一体化课程体系的建构；指向良好阅读习惯的养成；指向对不同文体阅读方法的了解；指向融阅读、习作、口语交际为一体的有效表达。

因此基于统编小学语文教材的编写理念我们梳理出了快乐读书课程地图作为学生进行阅读学习的指南。

表 4-1　快乐读书课程地图

快乐读书课程目标	快乐读书课程学段目标	“本书阅读”学习任务群的学习内容	年级	读书主题	单元语文要素	推荐书目
1.激发学生的阅读兴趣，扩大阅读量。这一目标强调阅读面的延展和阅读意愿的提升，也是我们快乐读书课程的最基本目标。 2.引导学生掌握阅读方法，培养良好的阅读习惯。强调学生对于阅读方法的掌握。 3.在语文阅读实践活动中，全面提升学生的语文素养。在积累、感悟和运用中提高学生的审美情趣。	1.了解课外阅读的方式和基本途径。 2.体会阅读的快乐，产生阅读的期待，乐于和大家分享课外阅读成果。	1.阅读富有童趣的图画书等浅易的读物，体会读书的快乐。 2.阅读、朗诵优秀的儿歌集，感受儿歌的韵味和童趣。 3.阅读自己喜欢的童话书，想象故事中的画面，学习讲述书中的故事。	一上	读书真快乐	在有趣的情境中认识象形字，感受汉字的音韵特点。	
	1.尝试自主阅读童谣和儿歌，乐于展示自己的阅读成果。 2.愿意和小伙伴分享阅读感受和书籍。		一下	读读童谣和儿歌	自主识字，主动识字。	《读读童谣和儿歌》
	1.产生阅读童话故事的兴趣，能自主阅读自己喜欢的故事，能了解故事的主要内容。 2.认识书的封面，了解书名、作者等基本信息，初步养成爱护图书的好习惯。 3.感受课外阅读的快乐，乐于与大家分享课外阅读的成果。	1.利用封面信息挑选本学期自己阅读的童话故事书。 2.通过画手抄报，积累阅读中的好词好句。 3.分享保护图书小妙招。 4.多种形式分享读书成果。	二上	读读童话故事	读童话故事，学习从封面获取信息，知道要爱护图书。	《小鲤鱼跳龙门》《“歪脑袋”木头桩》《孤独的小螃蟹》《小狗的小房子》《一只想飞的猫》

续表

快乐读书课程目标	快乐读书课程学段目标	“本书阅读”学习任务群的学习内容	年级	读书主题	单元语文要素	推荐书目
1.激发学生的阅读兴趣，扩大阅读量。这一目标强调阅读面的延展和阅读意愿的提升，也是我们快乐读书课程的最基本目标。 2.引导学生掌握阅读方法，培养良好的阅读习惯。强调学生对于阅读方法的掌握。 3.在语文阅读实践活动中，全面提升学生的语文素养。在积累、感悟和运用中提高学生的审美情趣。	1. 产生阅读儿童故事的兴趣，能自主阅读自己喜欢的故事，了解儿童故事读书。 2. 初步学会看书的目录，能从目录中大致了解书中主要写了什么，要读的内容从哪一页开始。 3. 感受课外阅读的快乐，乐于与大家分享课外阅读的成果。	1. 利用目录挑选本学期自己阅读的儿童故事书。 2.利用目录，制订本学期的读书计划，积累阅读中的好词好句。 3. 分享保护图书小妙招。 4. 多种形式分享读书成果。	二下	读读儿童故事	读儿童故事，学习从目录检索信息。	《神笔马良》 《七色花》 《大头儿子和小头爸爸》 《愿望的实现》 《一起长大的玩具》
	1.能产生阅读《安徒生童话》《稻草人》《格林童话》的兴趣，自主阅读三本童话，了解故事内容。 2.能边读边想象，感受童话的奇妙；能把自己融入故事中，设身处地、感同身受地阅读童话。 3.能感受课外阅读的快乐，乐于与大家分享课外阅读成果。	1.走进“快乐读书吧”，了解推荐书目《安徒生童话》《稻草人》《格林童话》。 2.浏览封面，回忆通过封面获取信息的读书方法，猜一猜故事内容。 3.制订阅读计划，做好阅读记录，边读边想象童话的奇妙，并与小伙伴们分享。 4.试着发挥自己的想象，续编童话故事。	三上	童话世界	1.感受童话丰富的想象。 2.试着自己编童话，写童话。	《安徒生童话》 《稻草人》 《格林童话》

续表

快乐读书课程目标	快乐读书课程学段目标	"本书阅读"学习任务群的学习内容	年级	读书主题	单元语文要素	推荐书目
1. 激发学生的阅读兴趣，扩大阅读量。这一目标强调阅读面的延展和阅读意愿的提升，也是我们快乐读书课程的最基本目标。 2. 引导学生掌握阅读方法，培养良好的阅读习惯。强调学生对于阅读方法的掌握。	1.能自主阅读中国古代寓言、伊索寓言、克雷洛夫寓言，了解故事内容，产生阅读寓言故事的兴趣。 2.能体会故事中的道理，乐于与大家分享课外阅读的成果。	1.回顾本单元学习的内容，发现本单元的内容都是小故事蕴含大道理，明确什么是"寓言"。 2. 了解中国古代寓言《叶公好龙》，感受阅读乐趣。 3.了解外国寓言《伊索寓言》《克雷洛夫寓言》，开阔视野。 4.推荐寓言故事，延伸阅读乐趣。	三下	小故事大道理	1.读寓言故事，明白其中道理。 2.把图画的内容写清楚。	《中国古代寓言》 《伊索寓言》 《克雷洛夫寓言》
3. 在语文阅读实践活动中，全面提升学生的语文素养。在积累、感悟和运用中提高学生的审美情趣。	1.能产生阅读中国神话和世界经典神话的兴趣，自主阅读相关作品，了解故事内容。 2.能边读边想象，感受神话的神奇。 3.能感受阅读神话故事的快乐，乐于与大家分享课外阅读的成果。	1. 阅读表现英雄模范事迹的图书，如《小英雄雨来》《雷锋的故事》等，讲述英雄模范的动人故事。 2.阅读儿童文学名著，如《稻草人》《爱的教育》等，感受作品传达的真善美，用自己喜欢的方式讲述故事大意。	四上	很久很久以前	1.了解故事的起因、经过、结果，学习把握文章的主要内容。 2.感受神话中神奇的想象和鲜明的人物形象。 3.展开想象，写一个故事。	《向着明亮那方》 《闪闪的红星》 《中国古代神话》 《希腊神话故事》 《山海经》

续表

快乐读书课程目标	快乐读书课程学段目标	“本书阅读”学习任务群的学习内容	年级	读书主题	单元语文要素	推荐书目
1.激发学生的阅读兴趣，扩大阅读量。这一目标强调阅读面的延展和阅读意愿的提升，也是我们快乐读书课程的最基本目标。 2.引导学生掌握阅读方法，培养良好的阅读习惯。强调学生对于阅读方法的掌握。 3.在语文阅读实践活动中，全面提升学生的语文素养。在积累、感悟和运用中提高学生的审美情趣。		3.阅读中国古今寓言、中国神话传说等，学习其中蕴含的中华智慧，口头或书面分享自己获得的启示。	四上	十万个为什么	1.阅读时能提出不懂的问题，并试着解决。 2.展开奇思妙想，写一写自己想发明的东西。	《今天我是升旗手》 《小水的除夕》
	1.能产生阅读苏联作家米·伊林的《十万个为什么》、中国的《十万个为什么》、《灰尘的旅行——中国科普作品精选》的兴趣，自主规划阅读。 2.在阅读科普作品时，能提出不懂的问题，并运用多种方法解决。 3.能感受阅读科普作品的快乐，乐于与大家分享课外阅读的成果。		四下			《十万个为什么》(苏)米·伊林 《穿过地平线》 《细菌世界历险记》 《爷爷的爷爷哪里来》 《地球的故事》 《森林报》

续表

快乐读书课程目标	快乐读书课程学段目标	“本书阅读”学习任务群的学习内容	年级	读书主题	单元语文要素	推荐书目
1.激发学生的阅读兴趣，扩大阅读量。这一目标强调阅读面的延展和阅读意愿的提升，也是我们快乐读书课程的最基本目标。 2.引导学生掌握阅读方法，培养良好的阅读习惯。强调学生对于阅读方法的掌握。 3.在语文阅读实践活动中，全面提升学生的语文素养。在积累、感悟和运用中提高学生的审美情趣。	1.让学生产生阅读民间故事的兴趣，能自主阅读民间故事，了解故事的主要内容。 2.能初步了解民间故事的特点，感受故事中朴素的价值观。 3.能感受阅读民间故事的快乐，乐于与大家分享课外阅读的成果。	1.阅读整本书，把握文本的主要内容。 2.积极向同学推荐并说明理由。 3.扩展阅读面，课外阅读总量不少于100万字。 阅读革命传统故事、科普科幻、文学等。	五上	民间故事	1.了解课文内容，创造性地复述故事。 2.提取主要信息，缩写故事。	建议阅读民间故事类汇编作品
	1.借助提示，学习用“回目”猜测每回的主要内容。 2.能产生阅读中国古典名著的兴趣，了解故事内容，乐于与大家分享阅读的成果。		五下	古典名著	1.初步学习阅读古典名著的方法。 2.学写读观后感。	《西游记》《水浒传》《三国演义》《红楼梦》

续表

快乐读书课程目标	快乐读书课程学段目标	“本书阅读”学习任务群的学习内容	年级	读书主题	单元语文要素	推荐书目
1.激发学生的阅读兴趣，扩大阅读量。这一目标强调阅读面的延展和阅读意愿的提升，也是我们快乐读书课程的最基本目标。 2.引导学生掌握阅读方法，培养良好的阅读习惯。强调学生对于阅读方法的掌握。 3.在语文阅读实践活动中，全面提升学生的语文素养。在积累、感悟和运用中提高学生的审美情趣。	1.能产生阅读《童年》《小英雄雨来》《爱的教育》的兴趣，自主规划、阅读三本小说，了解小说内容。 2.能通过人物的语言、动作、心理活动，小说生动的故事情节，典型的环境描写等感受人物形象。 3.能与同学交流阅读心得，体会成长的快乐。	1.阅读反映革命传统的作品，如《可爱的中国》《小兵张嘎》《闪闪的红星》等，讲述自己感受到的家国情怀和爱国精神。 2. 阅读文学、科普、科幻等方面的优秀作品，如《寄小读者》《十万个为什么》《海底两万里》等，学习梳理作品的基本内容，针对作品中感兴趣的话题展开交流。 3. 梳理、反思小学阶段的阅读生活，运用口头或书面方式，与同学分享自己整本书阅读的经历、体会和阅读方法。	六上	笑与泪，经历与成长	1. 读小说，关注情节、环境，感受人物形象。 2.发挥想象，创编生活故事。	《童年》《小英雄雨来》《爱的教育》

续表

快乐读书课程目标	快乐读书课程学段目标	“本书阅读”学习任务群的学习内容	年级	读书主题	单元语文要素	推荐书目
1.激发学生的阅读兴趣，扩大阅读量。这一目标强调阅读面的延展和阅读意愿的提升，也是我们快乐读书课程的最基本目标。 2.引导学生掌握阅读方法，培养良好的阅读习惯。强调学生对于阅读方法的掌握。 3.在语文阅读实践活动中，全面提升学生的语文素养。在积累、感悟和运用中提高学生的审美情趣。	1.能产生阅读世界名著的兴趣，自主规划、阅读《鲁滨逊漂流记》《骑鹅旅行记》《汤姆·索亚历险记》《爱丽丝漫游奇境》四部名著，了解故事内容。 2.能了解作品的大致内容，体会作者通过文字传达的情感和思想内涵。 3.能做读书笔记，与同学交流阅读收获。		六下	漫步世界名著花园	1.借助作品梗概，了解名著的主要内容。 2.就印象深刻的人物和情节交流感受。 3.学习写作品梗概。	《鲁滨逊漂流记》 《骑鹅旅行记》 《汤姆·索亚历险记》 《爱丽丝漫游奇境》

从上面的快乐读书课程地图我们可以发现，在第一学段的《快乐读书吧》中，激发学生阅读课外读物的兴趣、乐于与大家分享阅读成果、养成良好的阅读习惯、初步学习阅读方法，是贯穿始终的教学要求。同时，教学目标又各有侧重点。例如：一年级上册侧重了解课外阅读的方式和途径；一年级下册侧重童谣和儿歌的阅读；二

年级上册侧重浅显的童话故事阅读，并提出整本书阅读的要求；二年级下册侧重简单儿童故事的阅读，并且渗透了阅读方法的学习。而且第一学段的《快乐读书吧》都被安排在每册书的第一单元，其目的是在开学初就指明这个学期课外阅读教学目标的侧重点。这样教师再去引导学生完成每个单元的“和大人一起读”或“爱上阅读”，就有了明确的目标。

从三年级开始，《快乐读书吧》不再被固定安排在每册书的第一单元，而是出现在每册书的文体单元之后，通过对比可以发现所推荐阅读的书目也紧扣这一文体。这为教师确定每学期的整本书阅读教学内容提供了主线。具体来看，可以遵从童话—寓言—神话—科普类文本—民间故事—古典名著—儿童小说—世界名著的顺序，依次推进整本书阅读的教学内容，逐步落实学习要求。

从上面的快乐读书课程地图可以发现，“与他人分享读书感受”是小学三个学段一以贯之的重点内容，教师可以通过快乐读书课程的推进课和分享课完成“分享自己的阅读感受”“积极向同学推荐”的学段要求。

“整本书阅读”学习任务群的教学提示中指出：“宜集中使用每学期整本书阅读课时，兼顾教师指导和学生自主阅读，保证学生在课堂上有时间阅读整本书。”“引导学生了解阅读的多种策略，运用浏览、略读、精读等不同阅读方法；通读整本书，了解主要内容，关注整体与局部、局部与局部之间的关系。”由此可见，虽然整本书阅读以学生自主阅读为主，但教师也要组织相应的语文实践活动，以此教给学生整本书阅读的策略和方法。

结合整本书阅读教学的学段要求以及学习任务群的教学提示，教师就可以依据每册书《快乐读书吧》所在文体单元的语文要素细化每学期整本书阅读的教学重点，逐步引导学生掌握各种文体作品的阅读方法。

第二节　提升“素养”，实施快乐读书课程

一、主题统领的读书活动

快乐读书课程的读书活动不是泛泛地读书，而是围绕特定学习主题的关联性学习读书活动，共同指向核心素养。快乐读书课程的实施依据快乐读书课程“2345X”的整体架构，将课内课外阅读相融合，根据统编小学语文教材的编排特点，着眼“快乐读书吧”内容、推荐书目及书后链接为阅读材料，作为快乐读书课程内容的基础；课外阅读将课内与课外的阅读资源整合起来，分为四种拓展方式：立足单元主题，拓展系列作品；基于课文文体，拓展同类文章；围绕表达方式，拓展类比材料；根据作者作品，拓展相关文章。以一篇带多篇、一篇带多本的方式，增加学生的阅读量，有助于拓展阅读面。

（一）激发阅读兴趣的主题读书活动

《课标》在“整本书阅读”学习任务群中对第一学段提出了具体要求：“阅读自己喜欢的童话书，想象故事中的画面，学习讲述书中的故事。”“快乐读书吧”栏目设置低年级段以“趣味性第一”为推荐原则，目的在于“激发学生的阅读兴趣，让学生对读书产生最原始的好奇和热情”。在二年级上册首次安排的整本书阅读就是读童话故事书，推荐了《小鲤鱼跳龙门》《“歪脑袋”木头桩》等 五部优秀作品。

因此，基于本次“读读童话故事”的主题，结合学生年龄特点，教师创设了激发阅读兴趣的主题读书活动，以“童话故事分享会”的主题，让学生在真实的情境下开展阅读，让孩子们在阅读童话故事内容后制作“童话阅读宝典”，以多种形式激发阅读兴趣，快乐阅读，分享阅读收获，养成爱护图书的良好习惯。

激发阅读兴趣的主题读书活动设计
——以二年级上册“快乐读书吧”为例

设计背景：

二年级上册“快乐读书吧”安排在教材第一单元，以“读读童话故事”为主题，引导学生读有趣的童话故事。教材推荐了五部作品：《小鲤鱼跳龙门》《“歪脑袋” 木头桩》《孤独的小螃蟹》《小狗的小房子》《一只想飞的猫》，泡泡里的两则提示语，提示看书要看封面、作者和书名，在看书的过程中，要注意爱护书籍，读完收好，不要弄脏，可见这也是一次读书习惯的培养。与一年级“快乐读书吧”提出的“爱看书、常看书、换书看”等读书要求可谓是一脉相承。

基于以上主题和要求，明确了教师要以传授学生阅读童话的技巧方法，培养学生养成阅读童话的良好习惯，提升学生阅读素养为目标。因此，课程共分为三个阶段：导读、推进和分享。本文以《孤独的小螃蟹》导读阶段为例，以激发学生读书兴趣为目的，创设开展“童话故事分享会”的情境，通过开展“畅聊童话，引发期待”“阅读宝典，激发兴趣”“片段趣读，传递快乐”“养成习惯，课外延伸”四个子任务，落实交流阅读经历、制订阅读计划、学习阅读方法、养成阅读习惯等目标，让学生的阅读童话热情持续保持并不断增长。

整体思路：

一、学习目标

1.通过畅聊童话故事，激发阅读童话故事的兴趣。

2.通过分享交流阅读经验，共同创设一本阅读宝典，为开展阅读活动做好支架。

3.通过部分章节的导读，产生对《孤独的小螃蟹》这本书的阅读欲望，激发阅读兴趣。在导读过程中，学习看封面知信息，看插图猜情节的阅读方法，感受小螃蟹的孤独和对小青蟹深厚的友谊。

4.初步养成爱护图书的好习惯。

二、成果预估

学生运用所学阅读方法进行阅读，尝试制作童话阅读宝典，开展童话故事分享会。

活动设计：

【活动任务一】

学习目标：

调动学生已有阅读经验，引导学生回顾读过的童话故事；创设“童话故事分享会”情境，形成学生阅读期待，为开展读书活动做好准备。

活动过程：

一、畅聊童话，形成阅读期待

1.师：同学们，相信你们都听过很多童话，读过很多童话，你们喜欢童话吗？

2.了解学生读书情况。

师：同学们平时都喜欢读哪些童话故事呢？

3.学生介绍自己最近读过的童话故事。

生：每晚睡前我和爸爸妈妈都会阅读《安徒生童话》。我最喜欢的童话故事是《卖火柴的小女孩》。

师：和爸爸妈妈一起读书多么快乐啊！其他同学继续分享。

生：我也很喜欢读童话故事，最近我读到的童话故事就是我们学的这几篇课文了，《小蝌蚪找妈妈》《我是什么》《企鹅寄冰》。

生：我还知道这几篇故事都是科学童话。

师：说得不错。从你们精彩的发言中我知道了，童话故事真的给你们带来了许多快乐！

二、创设情境，明确读书范围

1.师：看来大家都喜欢童话故事。来吧，插上想象的翅膀，搭上童话王国的列车，看看那里都发生了什么。打开书的第15页，看看这次的“快乐读书吧”都为我们推荐了哪些书目呢？读读这些题目，看看你都会读吗？

2.学生汇报：《小鲤鱼跳龙门》《“歪脑袋”木头桩》《孤独的小螃蟹》《小狗的小房子》《一只想飞的猫》。

3.师：这学期，老师邀请你们一起读童话故事，在期末的时候我们开展一场童话故事分享会！这节课，我们先来读《孤独的小螃蟹》。

【活动任务二】

学习目标：

学生通过小组合作，交流读书的经验和方法，并通过归纳和梳理，整理一套快乐阅读宝典，不断增强学生的读书兴趣，为本学期的读书活动搭建脚手架。

活动过程：

一、调动经验，交流读书方法

1. 师：在读书前，你们有什么好的经验和大家分享？

2. 学生分享交流。

生：我读书的时候喜欢先看封面，有的封面插图很吸引我，有的封面题目很吸引我。

生：有时候只看封面上的插图我就可以想象这本书讲的是什么故事，就更想读了。

师：是啊，一幅插图、一个题目足以点燃我们的阅读兴趣。

生：我也喜欢看封面，我很喜欢郑渊洁爷爷的童话，每次看到他的书我都忍不住买一本读一读。

师：说得没错，读封面是一种很好的读书方法。还有补充吗？

生：我觉得遇到喜欢的书也不一定就要买来读，也可以问问同学们有没有这本书，我们可以换书读。

生：除了换书读，我们还可以去图书馆借书。

师：你们说得都很好，一年级时我们就学习了这种好方法，大家还记得吗？

生：爱看书、常看书、换书看。

师：很好！还有其他的经验和大家分享吗？

生：因为我太爱看书了，有时候老是不吃饭或者不写作业就去读书，后来妈妈教我做阅读计划，每天规定我看几页，这样既能看书又不影响其他的生活。

生：我也喜欢做阅读计划，不过我是因为有时候忘了自己读到哪里了。

生：要是你忘了自己读到哪里了，可以做个书签夹在里面。

生：听了大家的发言，我觉得做好阅读计划真重要！

师：是啊，做好阅读计划就能让我们有规划地读书。还有补充吗？

生：平时学课文的时候，老师经常教我们整理自己学到的知识，我们也可以在读课外书的时候，把读到的好词好句积累起来。

生：还可以把新认识的生字抄写下来。

生：我们还可以写一写自己读书的感受。

生：我有很多字还不会写，写感受有点儿难。

生：我觉得你可以查字典，或者画一画你的感受。

师：你们说得都很好，把生字、词语还有感受都积累记录起来，就做好了一张阅读记录卡，这确实是个好方法。

师：刚才大家分享了很多方法，都有什么？

生：有看封面读信息，制订阅读计划，完成阅读记录。

师：请各小组选择其中的一个方面进行设计，形成我们的阅读宝典。

二、小组合作，共创阅读宝典

学生小组合作设计童话阅读宝典，教师巡视指导。

师：老师为阅读宝典设计了一个封面，大家看。

师：下面请各小组进行成果展示。

学生设计示例：

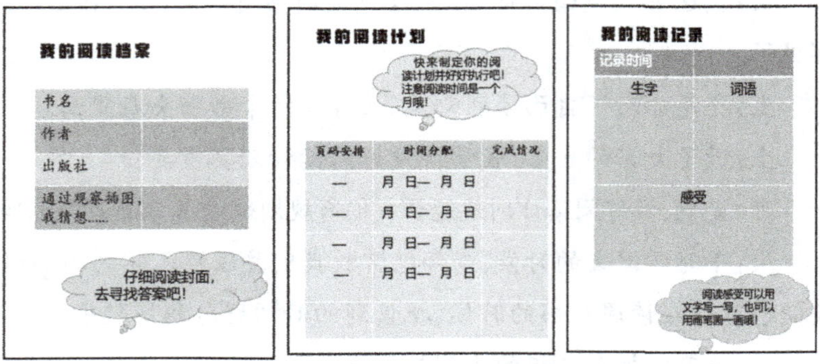

【活动任务三】

学习目标：

通过部分章节的导读，产生对《孤独的小螃蟹》这本书的阅读欲望，激发阅读兴趣。在导读过程中，学习看封面知信息，看插图猜情节的阅读方法，感受小螃蟹的孤独和对小青蟹深厚的友谊。

活动过程：

一、观察封面，认识朋友

1.师：现在我们就一起来读《孤独的小螃蟹》，请同学们小组合作，观察封面，完成童话阅读档案。

2.学生汇报。

生：《孤独的小螃蟹》的作者是冰波，是由人民教育出版社出版，教师补充：冰波爷爷啊，可是国家一级作家。他为小朋友写了很多童话集，比如《毒蜘蛛之死》《蛤蟆小姐减肥》，还有中篇童话《怪蜗牛奇遇记》《长颈鹿拉拉》，长篇童话《怪蛋之谜》《狼蝙蝠》等等，出版了180余本童话呢。他写了这么多故事，今天我们要读的《孤独的小螃蟹》就是他写的其中一本有意思的书。

二、交往，了解朋友

（一）片段一：听《小青蟹不见了》，了解故事起因。

1.出示片段：

> 池塘边的小泥洞，里面住着小螃蟹。
>
> 他坐在洞口晒太阳。
>
> 小螃蟹举起他的大钳子，在墙上敲了两下："咚，咚。"
>
> 隔壁也传来了声音："笃，笃。"
>
> 那是住在隔壁的小青蟹敲的。她是小螃蟹的邻居，她的小泥洞和小螃蟹的小泥洞是并排着的。一个咚咚，一个笃笃，这是他们互相约定出来晒太阳的小秘密哦！

2.分组做动作：尝试用"咚咚""笃笃"敲一敲。

3.看图猜一猜：可是，有一天，却发生了意想不到的事。发生了什么呢？你们猜一猜。（出示第6、7页插图）

4.了解友谊暗语：师：小青蟹想要一个更好的住处，所以她离开了这个地方，离开了小螃蟹。这时，小螃蟹——

> 他用钳子敲敲墙壁："咚，咚。"
>
> 那边再也不会传过来"笃，笃"的声音了。

师：此时，小螃蟹的心情怎么样？他会怎么做呢？

5.看图猜一猜：（出示插图：吐泡泡）

> 小螃蟹就吐一大堆泡泡，把自己藏起来。他难过的时候，总是这样的。

师：小螃蟹难过的时候会把自己藏起来，你难过的时候会怎么做呢？那小螃蟹还可能做什么？

（二）片段二：读《咚咚鼓》，感受小螃蟹的思念。

1.猜一猜（出示27页插图）

师：你们看，小螃蟹在做什么呢？

2.想一想（出示其他动物的插图）

师：小螃蟹打鼓时，其他小动物是什么反应啊？

生：小乌龟不耐烦了，小乌龟想能不能别再敲了！再敲我的龟壳都要裂了！

生：小鱼头晕了，小鱼想天哪，要命啊。再敲我就要翻肚皮了。

生：小青蛙两眼一瞪，小青蛙想：比我的呱呱声难听多了！

3.演一演

> 小螃蟹的邻居们可不喜欢听这种鼓声。
>
> 好吵啊，好烦啊！
>
> 小青蛙来说："小螃蟹啊，你能不能不敲你的破鼓？吵得我耳朵痛！"
>
> 小鱼游到水面上来说："小螃蟹啊，你一敲鼓，震得水乱摇，我头都晕了。"
>
> 小乌龟来说："你老敲老敲，我背上的裂缝又要开啦！"
>
> 小螃蟹默默望着大家，被大家骂得呆头呆脑。

咱们来当当小螃蟹，小青蛙，小鱼，小乌龟吧！

（学生小组合作，小组内练习表演，教师巡视指导。全班展示、互评。）

4.说一说

出示对比图（快乐的小螃蟹，厌烦的小动物）

师：为什么小螃蟹这么喜欢打这个鼓，而其他小动物却这么不喜欢？

（"咚咚"是他和小青蟹的友谊暗语，他在思念小青蟹。但是对于小动物来说，"咚咚"声就是噪音。）

师：因为小动物们不喜欢，所以小螃蟹把鼓搬到了一个没有人的地方敲——咚咚咚，咚咚咚。而此时，发生了件奇怪的事情——（出示26、27页插图）

师：咦，发生什么了？

生：小动物们竟然都来听他打鼓了。

师：有哪些小动物来了？他们的反应是什么呀？

5.听一听

师：晚上，圆圆的月亮升起来了，清幽的月光洒在他们身上。这静静的大地在说着什么，好像是这淡淡的月亮在说着什么，好像是这凉凉的风在说着什么……草叶上，有一滴露珠掉了下来。小草被这鼓声感动了。咚咚咚，咚咚咚。

出示原文（师读生听）：

> “我们……是想来……听着，听着，就忘了……”小青蛙和小乌龟很难为情地说，他们想来请他回去，因为听着他的鼓声，身上好像会产生一种力量，而且，小鱼也想听，但他不能游到这里来……
>
> ……
>
> 水面上，小鱼正在游来游去，等着听这鼓声。

（三）留下悬念，激发兴趣

1.师：这么思念小青蟹的小螃蟹最后有没有找到小青蟹呢？在寻找小青蟹的路上，他又会遇到了什么人，经历了什么事儿呢？这些有趣的故事都藏在这本书里，等着你们去阅读。

2.作业布置：

师：课后，请同学们先完善阅读计划，按照计划进行阅读，别忘了在阅读过程中，填写阅读记录卡，在后面的课上我们再进行交流。

【活动任务四】

学习目标：

通过“捋褶皱、穿衣服、画美妆”的有趣形式，引导孩子用行动去爱护书本。

活动过程：

一、习惯养成，爱书行为引领

师：小朋友们，今天我们认识了《孤独的小螃蟹》这本书，和它交上了朋友。有时候，我们会不小心把书角弄褶皱了。这时，应该怎么做呢？（老师示范抚平折角）学生跟着做抚平书角动作。

师：还有哪些爱护书本的好习惯呢？

学生交流分享。

师：你们说得都很对，老师根据你们的回答绘制了一份阅读习惯评价表，放在我们的童话阅读宝典最后一页，希望你们都能成为爱护图书的小能手。

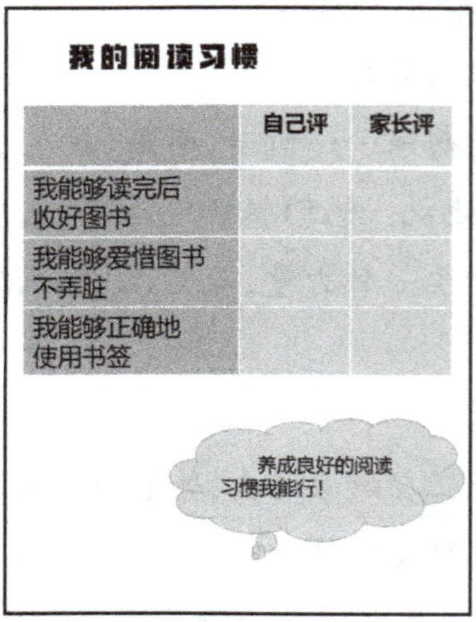

我的阅读习惯

	自己评	家长评
我能够读完后收好图书		
我能够爱惜图书不弄脏		
我能够正确地使用书签		

师：当我们读完整本书，一定有最能打动你的一个故事，这个故事的画面会深深地印在你的脑海里。通过我们的巧手，可以把它画下来作为你的童话阅读宝典的封面，那就成了你独一无二的朋友。

二、教师小结，童话阅读延伸

师：书是我们的朋友，我们常常和它见面，想着它，念着它，才能让友谊天长地久。因此，冰波爷爷对我们说："孩子，你一定想成为一个优秀的人吧，那你就需要阅读。阅读会丰富你的词汇，扩大你的视野，让你发挥想象。渐渐地，你就成了一个有格调又聪明的人。"

（齐读，下课）

（天津市河东区福东小学　黄维婉）

教学评析：

一、创设主题，让阅读有兴趣

导读课上首先通过"畅聊童话"激发学生的阅读兴趣，因为学生最先接触的就是童话故事，和孩子们由聊天开始，可以联想学生已有的阅读经验，通过聊童话人物形象唤起学生一起走进心中的童话世界。基于本次"读读童话故事"的主题，结合学生年龄特点，教师创设了“童话故事分享会”的主题，让学生在真实的情境下开展阅读，让孩子们在阅读童话故事内容后制作“童话阅读宝典”，以多种形式愉快阅读，分享阅读收获，养成良好爱护图书的习惯。因此，真实主题的创设能够使学生保持阅读热情，实现持续的快乐阅读，从而使其阅读力在愉悦的阅读实践中得到培养与提升。

二、整体规划，让阅读有章法

在整本书阅读的全过程中，学生完成具体的学习任务必然需要相应的学习方法或策略的支持。因此，教师紧紧围绕教材中的泡泡提示为学生提供阅读支架。本节课中“童话阅读宝典”既是学生的阅读成果，同时也作为阅读支架为学生在阅读中提供方法，如：“我的阅读档案”旨在让学生学会读封面；“我的阅读计划”旨在让学生学会有计划地阅读；“我的阅读记录” 旨在让学生学会在阅读中积累梳理；“我的阅读习惯”旨在树立爱护图书的好习惯。这样，学生的阅读时间、阅读书目、阅读感受等一目了然，课外阅读有章可循、有“法”可依，真正将碎片化的浅阅读变为有目标、系统化的深阅读。

三、共读指导，让阅读有乐趣

有了具体可行的阅读计划后，如果只是布置学生自由阅读，缺乏统一的指导，学生很可能因为没有兴趣半途而废。共读能创设良好的阅读环境，营造互动交流氛围，教师可以在学生滞涩处点拨，在其搁浅处深化，在其偏差处引导，让阅读更有效果。

好奇心是一切知识的源泉。教师先采用封面导读，包括利用书名、作者、出版社、图片等来导读。比如，《孤独的小螃蟹》这本书封面插图很有意思，图画上画着小螃蟹和很多小动物，可是书名却叫“孤独的小螃蟹”，教师抓住这一对比引导学生发现问题，用插图来进行导读。此外，教师还选取书中的精彩片段导读，通过听、说、读、演多种活动，由点带面，引领学生读整本书。教师充分利用学生的好奇心和探究欲，抓住童话故事的特点，创造机会让学生大胆预测，充分想象，从而一次次激发学生的阅读欲望。总之，统编小学语文教材中的“快乐读书吧”让学生的课外阅读走向课程化，教师要创设情境、设计活动、做好引导，帮助学生读得更有兴趣、更有思考、更有收获，从而全面提升学生的语文素养和人文素养。

（二）获取阅读讯息的主题读书活动

对于统编小学语文四年级下册“快乐读书吧”中推荐的科普读物《十万个为什么》，我们以文本为基点，挖掘出各种信息因素，利用导读单引导学生在阅读后通过思维导图或连环画等形式，将阅读思维具象化。

这本书是苏联作家米·伊林所的一部科普读物。作家带着读者把屋子当作“神秘的国度”，把日常生活中司空见惯的事物当作值得探险的谜题，以自来水龙头、火炉、餐桌和灶台、厨房锅架、餐具柜、衣柜为游览站点，进行了一次奇异的、迷人的科学考察旅行。这部作品是文学与科学相结合的科普典范读物，作家采用一问一答的形式，以生动的事例、诗性的语言深入浅出地讲述科学知识，符合少年儿童的认知方式和阅读偏好。这是小学阶段第一次也是唯一一次以科普作品为主题的课外阅读指导，意在从单篇科普作品走向科普类的整本书阅读。

整本书阅读作为“拓展型学习任务群”内容之一，《课标》特别强调阅读兴趣的培养和“保鲜”。米·伊林的《十万个为什么》集知识性与趣味性于一体，教师进行主题活动设计时，应首先考量如何彰显书中之趣，让学生乐于捧起这本书或这一类书，培养获取阅读讯息的能力，培养科普类读物的积极阅读者。

四年级学生首次与科普类整本书阅读亲密接触，如果任其自主阅读，或者教师只上一次导读课便算是完成了教学任务，那么大多数学生的阅读持续力是难以保证的。因此，需要教师给学生创设一个支持阅读的亲历过程，循序渐进地实现科普类读物的阅读启蒙。教师可以按照我们快乐读书课程建构的“三阶段、四课型”进行整体推进，每一个阶段都从贴近学生的最近发展区“浅浅”切入，给予学生源源不断的阅读续航力。

获取阅读讯息的主题读书活动设计
——以四年级下册“快乐读书吧”为例

设计背景：

四年级下册“快乐读书吧”安排在教材第二单元，以“十万个为什么”为主题，鼓励学生在阅读科普作品的过程中，提出疑问，获取讯息，进而了解更多的科学知识，产生探索科学世界的兴趣。教材通过简要介绍作品内容、展示精彩片段，引导学生阅读苏联作家米·伊林的《十万个为什么》、中国的《十万个为什么》以及以李四光的《看看我们的地球》、高士其的《灰尘的旅行》和贾兰坡的《人类起源的演化过程》为代表的中国优秀科普作品。通过小贴士提示了本次读书活动的阅读要素，遇到不理解的科学术语，运用学过的方法试着去理解；读书后还可以查一查书中谈到的一些科学问题，现在有什么新的研究成果。

这是学生首次进行科普类整本书阅读，因此，要充分关注文本特点，在阅读活动中唤起学生的好奇心和探究欲。学生通过多种方式获取阅读讯息，丰富科学知识，发展科学思维，提高科学素养。本次阅读活动分为导读、推进、分享三个阶段，以米·伊林的《十万个为什么》为例，以获取阅读讯息为目的，创设情境“我的科学探究之旅”，设计“走进书目，初识科学世界”“深入阅读，探索科学奥秘”“拓展延伸，丰富科学知识”“读后分享、展示阅读成果”四个活动任务，鼓励学生在自主阅读和持续阅读的过程中，产生阅读科普作品的兴趣，掌握获取阅读讯息的方法，形成探索科学世界的素养。

整体思路：

一、学习目标

1.初步感受科普作品的特点，产生阅读科普读物的兴趣，自主规划阅读。

2.在阅读过程中，能提出不懂的问题，尝试运用批注、预测、查阅资料等多种方法获取阅读讯息，解决问题。

3.感受阅读科普作品的快乐，能将获取的信息分享给同学们，展示阅读成果。

二、成果预估

学生通过多种阅读方法获取阅读讯息，归纳整理，开展科学探究之旅成果分享会。

活动设计：

【活动任务一】

学习目标：

创设“我的科学探究之旅”阅读情境，鼓励学生主动提问，激发其获取信息了解科学知识的兴趣。对米·伊林的《十万个为什么》进行初步了解，制订阅读计划，为读书活动做准备。

活动过程：

一、交流提问，初识科学世界

1.交流互动

师：在本单元的科普探索之旅中，我们领略了琥珀的神奇，了解了恐龙的种类，明白了纳米技术的用途。通过学习，相信大家面对我们生活中最为平常的事物，也有许多有趣的问题，比如，为什么铁会生锈？为什么面包放久了会发硬？……你有哪些疑问，谁来说一说？

2.学生尝试提出问题

如：我们为什么要喝水？水为什么能灭火？

3.创设阅读情境

师：这些平淡无奇的事物，引发了一个个“为什么？”看来同学们的求知欲很强烈，你们想知道这些问题的答案吗？今天，让我们一起走进《十万个为什么》，开启科学探究之旅吧！

二、了解书目，走进科学世界

1.观察封面，获取书籍信息

师：同学们，这本书就是《十万个为什么》，请同学们拿出手中的这本书，试着获取有用的信息，完成这张“书籍名片”，与这本书交个朋友吧。

书籍名片			
书名	作者	译者	出版社

学生获取信息，完成“书籍名片”。

师：谁来说说你填写的内容，分享一下你是怎样获取这些信息的。

学生汇报填写内容，分享获取讯息的方法。

师：看来通过观察封面就可以对书籍进行初步了解。

2.自主探究，制作作者名片

师：这本书的作者是米·伊林，你们熟悉他吗？哪些方法可以帮助我们了解作者呢？

生：查阅资料、询问他人等。

师：看来查阅资料等也是获取讯息的好方法。那么就请同学们利用课下时间，查阅资料，制作一张“作者名片”，在之后的阅读分享课上进行展示交流。

3.梳理目录，绘制阅读思维导图

师：米·伊林的《十万个为什么》获得了很多读者的喜爱，这是一本什么样的书呢？请同学们翻开目录，读一读，也可以简单翻翻后面的内容，你发现了什么？

生：目录中的每一个站点都是家中的一个地方。围绕这个地方提出了很多问题并进行介绍。

师：是啊，作者选取了六个“旅行站点”：自来水龙头、火炉、餐桌和灶台、厨房锅架、餐具柜、衣柜。那么就让我们跟随作者开启一场室内科学探究之旅吧！请同学们以小组为单位，结合目录中的各个站点，用自己喜欢的方式绘制一张室内旅行路线图或者连环画，并在每个站点旁写下你们想提出的问题，现在开始吧。

学生梳理目录内容，提问题，绘制思维导图。

师：哪个小组汇报一下你们的设计路线？

小组汇报。

4.交流获取阅读信息的方法

师：在刚刚的活动中，我们通过梳理目录、整合信息、思考提问这些方式收获了我们想要探究的内容。那么在未来的阅读中，还有哪些方法能够帮助我们获取阅读讯息呢？

学生边读边批注、联系上下文理解、结合生活实际推测、查阅资料等。

三、制订阅读计划，探索科学世界

师：相信同学们已经迫不及待想要阅读《十万个为什么》这本书了，请同学们根据阅读时间和阅读内容制订阅读计划单，课下按照计划开展阅读探究之旅吧。

学生绘制阅读计划单。

《十万个为什么》阅读计划单			
时间	游览“站点”（阅读章节）	阅读时长	阅读收获

【活动任务二】

学习目标：

学生小组合作，交流阅读的内容。通过提出问题、思考推测、寻找依据、收获知识的方式，进行科学探究之旅。在阅读活动中逐渐提高学生获取阅读信息的能力，培养学生阅读科普作品的科学素养，为学生长期阅读奠定良好基础。

活动过程：

一、师生互动交流，了解阅读进度

师：通过一段时间的阅读，相信同学们都有所收获。你们都读了哪些内容呢？请大家说一说，并交流一下你们的阅读感受。

学生交流读过的内容及阅读感受。

师：在大家的交流中，老师发现很多同学都能按照阅读计划开展课外阅读，这是很好的阅读习惯，请大家继续保持。今天，就让我们走进此次科学之旅的不同“站点”，探索科学奥秘。

二、获取阅读讯息，探究科学奥秘

1.片段共读

师：同学们，教材中选取了《十万个为什么》一书中的这样一段话。请大家默读，思考读过这段话后你想提出哪些问题？

你们家里每天总有人生炉子，煮马铃薯。也许你自己就很会生炉子或者煮马铃薯。可是请你解释一下：为什么炉子里的柴会毕剥作响？为什么烟会走烟筒出去，而不向屋里冒？煤油燃烧的时候，从哪里来的烟？为什么烘烤的马铃薯有一层硬皮，煮的却没有？恐怕你不能解释明白吧。或者问你：水为什么能灭火？我的一位熟人回答说：“水能灭火，因为它又湿又冷。”可是煤油也又湿又冷，你倒是试试用煤油来灭火吧！不，你还是不试为好，一试就得报火警了。你看，问题挺简单，可是要回答它却不那么容易。我再给你猜十二个关于最简单事物的谜，你愿意不愿意？

——选自苏联米·伊林的《十万个为什么》，董纯才、邹信然、祝修恒译，有改动

学生默读，交流想提出的问题。

师：你们都是善于思考的孩子，我们梳理一下，有的同学提出的问题和语段中的问题是一样的，请大家在文中找到这些问题用横线画下来。

学生根据要求获取信息，画出相关问题。

师：请大家看这张问题清单，你能试着通过预测和生活经验解答一下吗？

问题清单
为什么炉子里的柴会毕剥作响？
为什么烟会走烟筒出去，而不向屋里冒？
煤油燃烧的时候，从哪里来的烟？
为什么烘烤的马铃薯有一层硬皮，煮的却没有？
水为什么能灭火？

学生选择问题回答交流。

师：看来大家都进行了积极的思考。那么答案正如大家所说吗？请同学们小组合作，翻开《十万个为什么》这本书，边读边做批注，获取信息，完成以下学习单。

问题	我的预测	答案	依据
为什么炉子里的柴会毕剥作响？			
为什么烟会走烟筒出去，而不向屋里冒？			
煤油燃烧的时候，从哪里来的烟？			
为什么烘烤的马铃薯有一层硬皮，煮的却没有？			
水为什么能灭火？			

学生小组合作完成学习单。

师：请小组同学汇报你们的阅读成果。

学生汇报。

师：同学们分工明确，在阅读中获取关键信息，得到答案，看来这本书知识性是很强的。

大家获取答案后再来重新读读教材中的这段话，相信会有不同的感受。

学生自主阅读。

师：你们喜欢这段话吗？谁来说说读后的感受？

生：通过阅读，我发现这段话还比较通俗易懂，有趣味性，易于接受。例如作者说“让我们再猜一猜”这类的语言，好像在和我们说话交流。

生：这段话语言生动形象，例如“毕剥作响”就很形象，我的脑海里能想象到噼里啪啦的声音。

师：大家体会得很用心，看来这本《十万个为什么》不仅知识性很强，还有什么很强？

生：趣味性很强。

师：同学们课下阅读时也可以关注让你感兴趣的类似的语言，进行日常积累。

2.合作探究

师：刚刚我们共同阅读，完成了一次科学探秘。在科学之旅中，还有很多奥秘需要大家去探索。请同学们以小组为单位，选择一个你们喜欢的游览“站点”，仿照我们刚刚学习的获取阅读讯息的方法开展合作探究吧。

游览“站点”	题	我的预测	答案	依据

小组合作。

师：哪组同学来进行汇报？

小组汇报。

师：其他小组的同学有补充吗？有什么疑问？

学生补充、交流。

师：在这节课上，我们通过获取阅读讯息收获了很多科学知识。希望同学们课下继续进行阅读探究。

【活动任务三】

学习目标：

灵活运用所学的获取阅读信息的方法解决阅读中遇到的问题，进行自主阅读。通过联系生活、推荐阅读等帮助学生拓宽阅读面，丰富科学知识，提高科学素养。

活动过程：

一、梳理归纳，丰富科学知识

1.师：科学探索之旅仍在继续。同学们在阅读的过程中感受如何？有没有遇到困难？

生：在阅读中懂得了很多科技知识，感觉收获满满。

生：遇到不了解的内容，我不仅在文中试着找到关键信息获取答案，还上网查询资料，这样更全面。

师：同学们读得很认真，遇到不懂的问题想办法去解决。这也正是这个单元为我们提出的语文学习的要求。

生：我在阅读中经常遇到一些科技术语，很难理解。

2.师：有的同学发现这本书中隐藏着许多科技术语，给我们的阅读带来一定难度。让我们合作整理一册《科技术语词典》，帮助我们收获更多的科技知识吧。

小组合作，选择一个喜欢的游览"站点"，找到里面的科技术语整理在学习单上，并试着解释意思。

科技术语词典		
游览"站点"	科技术语	释义

小组合作。

师：请小组进行汇报。

小组汇报。

师：请其他小组进行补充。

师：通过大家的合作，同学们有效获取阅读讯息，提高阅读能力。相信解决了这些问题，大家的阅读探索之旅会更加顺畅。

二、联系生活，发展科学思维

师：刚刚我们共同突破了科学术语难以理解的障碍。《十万个为什么这本书》写于1927年，90多年过去了，随着科技的发展，我们今天再来读这本书，也会发现其中有一些不足之处。关于书中提到的一些科学问题，你知道有什么最新的研究成果吗？

小组合作交流。

全班交流，师生共同补充科普知识。

师：是啊，科学是不断发展的。我们不仅要在书中获取阅读信息，还要在生活中获取信息，完善我们的科学知识库。

三、推荐阅读，提高科学素养

师：我们共同阅读了米·伊林的《十万个为什么》，其实中国也有《十万个为什么》，你们读过吗？

学生交流。

师：简要介绍中国的《十万个为什么》背景及内容。呈现精彩片段。

同学们，中国的《十万个为什么》与米·伊林的《十万个为什么》在内容和表达上有什么不同呢？请同学们课下进行对比阅读，完成学习单。

我的发现

【活动任务四】

学习目标：

学生通过成果展示、交流互动，能将获取的阅读信息分享给同学们，激发学生长期阅读科普类作品的兴趣和持续动力。

活动过程：

一、开展趣味科普知识竞赛

1.小组必答活动

师：在《十万个为什么》这本书中，作者提出了许多问题。通过阅读，你们知道这些问题的答案了吗？

出示关于书中内容的问题。

各小组根据抽到的题号进行作答。

2.小组抢答活动

由小组进行轮流提问，其他小组进行抢答。

师：看来大家在此次科学探究之旅中都收获了很多科学知识，为同学们点赞。

二、展示丰富多样科普成果

师：同学们不仅收获了科学知识，在阅读过程中还制作了很多阅读成果。下面请同学们自主交流，展示分享。

各小组展示作者名片、科学探究路线思维导图、内容阅读卡、科普手抄报、比较阅读感受等阅读成果。

三、举办科普讲座

师：在此次阅读《十万个为什么》的过程中，相信每个小组都有自己最喜欢的内容。现在请小组合作，选择你们最感兴趣的内容，结合书中及课下搜集到的知识，写一小段讲解词。一会儿将你们了解到的知识讲给同学们听。

小组合作讨论撰写。

小组讲解汇报。

师：我们此次的《十万个为什么》科学探究之旅就到这里了，希望同学们掌握获取阅读讯息的方法，保持阅读科普作品的兴趣，课下继续阅读其他科普类书籍，探索丰富多彩的科学世界。

（天津市河东区育才学校　杨霞）

教学评析：

一、创设情境，激发阅读兴趣

四年级下册“快乐读书吧”的主题是“十万个为什么”。这是小学阶段第一次也是唯一一次以科普作品为主题的课外阅读指导，意在从单篇科普作品走向科普类的整本书阅读。学生如何在科普作品中获取令其感兴趣的阅读信息，进而激发阅读科普作品的兴趣是十分重要的。

因此，结合四年级学生求知欲强的学情特点，创设“我的科学探究之旅”这一情境，学生具有强烈的参与感。这一情境重在学生的“探索”，学生在阅读活动中挖掘各种信息因素，解答科学奥秘，获取科学知识。这一探究过程也与本单元“提出不懂的问题，并试着解决”这一语文要素的落实不谋而合。激发阅读兴趣，创设阅读期待。

二、任务驱动，获取阅读讯息

教学时，教师要把握这类科普作品的教学价值。不仅要以兴趣驱动贯穿阅读全过程，还要遵循课程目标要求促进学生的深度阅读，唤醒学生对科普读物的主动阅读力。学生通过获取阅读信息，完成一个又一个的活动任务，循序渐进完成阅读目标。

导读环节，通过阅读书籍封面、了解作家信息等活动，将课上学习与课下搜集资料相结合，初步培养学生通过阅读获取信息的能力。在此基础上，鼓励学生结合书籍目录绘制科学探究路线思维导图，这一活动不仅需要学生提取信息，更需要整合信息，进一步提升学生的运用能力。读中推进环节，则关注学生深入文本获取信息的能力。通过开展自主提问、探究科学奥秘的活动，学生锁定具体的章节段落，圈画批注获取关键信息。阅读分享环节，通过成果展示活动，鼓励学生综合运用，将阅读中获取的信息转化为丰富多彩的成果分享给他人。在层层递进的任务驱动中，学生获取阅读讯息的能力逐步提高。

三、方法指导，提升阅读能力

在阅读过程中，要重视阅读方法的指导。这些方法不是直接给予的，而是在阅读推进的过程中由浅入深、自然渗透的。在恰当方法的指导下，学生才能有效获取阅读讯息，提升阅读能力。

学生首次接触科普类作品的整本书阅读，教师要帮助学生化繁为简。例如，学生面对目录中的许多章节，如何着手开始阅读是有一定难度的。因此，鼓励学生运用思维导图的方式，结合目录和文本梳理每一个“站点”的内容，绘制“室内旅行路线图”，这样，学生阅读起来思路就更加清晰了。这样的阅读指导，培养学生提取信息的能力。通过阅读，抓住关键信息，展开分析、比较，提炼作者想要表达的观点，是阅读科普类作品非常重要的方法。

（三）培养阅读思维的主题读书活动

阅读是思维的过程。然而，从阅读现状来看，学生阅读时有时仅仅满足于感受故事情节的趣味，其思维大多时候仍停留在浅层次。快乐读书课程的阅读应着力培养学生的思维品质，使学生的思维变得全面、深刻和理性。教师应有意识地对学生进行阅读的指导，设计丰富多彩的活动，潜移默化地传授阅读策略，提升学生的思维水平和语言素养。

《课标》在“整本书阅读”学习任务群中对第三学段提出了具体要求：“阅读文学、科普、科幻等方面的优秀作品，学习梳理作品的基本内容，针对作品中感兴趣的话题展开交流。”统编小学语文教材的“快乐读书吧”栏目推荐了与单元主题关联的整本书阅读书目。这不仅是对单元教学的延伸，而且更重要的是培养学生的思维能力和阅读品位，从而帮助学生产生广泛而持久的阅读兴趣，变得爱读书、会读书。在六年级上册安排的整本书阅读，推荐阅读《童年》《小英雄雨来》《爱的教育》三部成长故事的小说。

因此，基于本次“笑与泪，经历与成长”的主题，结合学生年龄特点，教师创设了培养阅读思维的主题读书活动，让学生在真实的情境下开展阅读，让孩子们在阅读小说内容的过程中了解人物关系、感受人物形象、梳理故事情节、感悟人物成长，不断提升学生的思维发展。

培养阅读思维的主题读书活动设计
——以六年级上册“快乐读书吧”为例

设计背景：

六年级上册“快乐读书吧”以“笑与泪，经历与成长”为主题，引导学生阅读与儿童成长相关的中外经典小说。这是对本册“小说”单元的拓展和延伸，学生通过阅读，可以走进书中主人公的生活，与主人公一起分享欢笑和喜悦，经历磨难与痛苦，从中汲取成长的智慧和力量。教材推荐了三部作品《童年》《小英雄雨来》《爱的教育》。

本单元的语文要素是“读小说，关注情节、环境，感受人物形象”。六年级学生对小说并不陌生，但还处于感性认知阶段，要把握好教学的适切度，不拔高要求，能够根据文体阅读、边读边想象、有相似联想、依据阅读目的判断重要内容等方法进行阅读，旨在引导学生初步感受和了解小说的基本特点，习得小说的阅读方法即可。本册“快乐读书吧”，不仅主题贴近学生的阅读心理，在阅读方法上也紧扣单元的语文要素，由课内阅读自然衔接到课外阅读，意在引导学生理清人物关系，读懂故事，从情节中认识性格鲜明的人物。产生阅读小说的兴趣。本次“快乐读书吧”编排了整本书的小说阅读，除了引导学生迁移运用小说阅读的一些方法，还希望与初中有一个衔接，引导即将升入初中的六年级学生做好整本书阅读的规划，有计划、有目的地阅读。

基于以上主题和要求，明确了教师既应该注重课内外阅读的融合训练，又要开展多元化的课外阅读活动，给学生创造展示与交流的机会，让学生在阅读过程中乐于想象、辨析、批判、归纳、创新，获得丰富的审美体验，以此培养学生的思维能力和阅读品位，提高学生的语文核心素养。因此，课程共分为三个阶段：导读、推进和分享。本文以《爱的教育》导读阶段为例，以培养学生阅读思维为目的，创设“穿越到书中，化身主人公”为阅读情境，赋予学生《爱的教育》主人公恩里科的身份，以缤纷“朋友圈”为阅读任务，通过开展“畅聊小说，引发期待”“分组‘通讯录’，梳理关系”“编辑‘朋友圈’，聚焦形象”“畅写‘留言板’，品味成长”四个子任务，落实交流阅读经历，学习阅读方法，养成阅读习惯等目标，提升学生的语言表达能力、思维能力，滋养心灵，开阔眼界。

整体思路：

一、学习目标

1.借助图式，认清小说中纷繁复杂的人物形象初步了解人物之间的关系。

2.梳理卡罗内的相关情节，抓住情节梗概，进而把握这一人物的特点。

3.体验主人公在成长过程中的“笑”与“泪”，了解《爱的教育》的主旨，学会勇敢地面对未来。

二、成果预估

学生制订阅读计划，运用所学阅读方法进行阅读，“穿越到书中，化身主人公”，在此过程中了解人物关系、感受人物形象、梳理故事情节、感悟人物成长，为开展一场“好书讲堂”的读书分享会做准备。

活动设计：

【活动任务一】

学习目标：

调动学生已有阅读经验，引导学生回顾读过的小说作品，激发学生的读书期待，为开展读书活动做好准备。

活动过程：

一、畅聊小说，激发读书期待

师：同学们，通过我们之前对课文的学习，相信你们又读过很多小说了吧？你们喜欢小说吗？平时都喜欢读哪些小说呢？

生：我读过林海音的《城南旧事》。

师：这也是老师最喜欢的一本书了，其他同学继续分享。

生：我也很喜欢读小说，故事情节跌宕起伏，最近我读到的小说是《小王子》，我还知道这是一部童话小说。

师：说得不错，一看就是做了很多的功课。从你们精彩的发言中我知道了，小说为你们的生活增添了很多乐趣！

二、创设情境，明确读书范围

师：看来大家都喜欢阅读小说。小说里的人物色彩饱满，小说里的情节跌宕起伏，请大家打开书 67 页，看看这次的快乐读书吧都为我们推荐了哪些小说呢？请一位同学读读这些书目。

生：《童年》《小英雄雨来》《爱的教育》。

师：这学期，老师邀请你们一起读小说，在期末的时候我们开展一场“好书讲堂”的读书分享会！这节课，我们先来读《爱的教育》。

三、制订计划，了解读书内容

1.制订阅读计划单

(1)教师引导：结合时间和阅读量制订阅读计划单。

(2)小组交流制订。

2.制订阅读成果单

(1)教师引导：结合阅读可从故事情节内容、人物性格特点、优美语言等不同方面制订属于本小组的阅读成果单。例如：精彩故事集、人物名片卡等。

(2)小组交流制订。

【活动任务二】

学习目标：

学生通过小组合作，交流读书的经验和方法，以“通讯录”的形式呈现学习成果，贴近学生生活，辅助后续阅读，不断增强学生的读书兴趣，为本学期的读书活动搭建脚手架。

活动过程：

一、引入微课介绍

1.学生畅谈自己难忘的老师和同学

师：同学们，六年级是小学生活的最后一年。在告别母校之前，让我们再来回忆一下，有哪些难忘的老师或者同学。

师：这次“快乐读书吧”向我们推荐的都是成长类小说。其中有一本，在序言中这样写道：“这部书是特意奉献给九到十三岁的小学生的。”它就是《爱的教育》

师：首先来看一段《爱的教育》的微课介绍。

（播放微课介绍）

2. 师生交流分享

师：现在你对它有了哪些了解？

生：通过观看微课我了解到了《爱的教育》是意大利作家埃迪蒙托·德·亚米契斯创作的长篇日记体小说。

生：通过观看微课我了解到《爱的教育》讲述了一个叫恩里科的四年级小男孩的成长故事，因此书名又叫《一个意大利四年级小学生的日记》。

师：你们说得真不错，看来大家听得很认真，一定对这本书也是非常感兴趣。今天就让我们走进这本书里去看一看。

二、分组各色人物

1.读日记，找人物

师：恩里科在成长道路上遇到了哪些老师和同学？翻开目录，你能从哪两则日记中找到这些信息？

生：《我们的老师》《我的同班同学》

师：在这两则日记中一共出现了十多个人物，已经都存进了通讯录里，你们能帮恩里科分分组吗？

出示阅读活动一：

阅读活动一：

1.阅读日记《我们的老师》（3—5 页）与《我的同班同学》（9—10 页）。

2.给通讯录中的联系人分组：

“我的老师”画○，“我的同学”打√，“我的好友”画☆

通信录
佩尔波尼
卡拉布里亚男孩卡罗内
柯莱蒂
小奈利
沃蒂尼
小泥瓦匠
卡洛菲
卡洛·诺比斯
普雷科西
残疾的克罗西
斯塔尔迪
弗兰蒂
双胞胎兄弟
德罗西

2.学生小组交流

师：大家读得非常投入，现在来分享你们的学习成果。

生：我来汇报一下我们小组的学习成果："我的老师"是佩尔波尼，"我的同学"是柯莱蒂、普雷科西、残疾的克罗西。"我的好友"是卡拉布里亚男孩卡罗内。

师：谢谢你们的分享。

【活动任务三】

学习目标：

选取特别好友旨在引导学生代入主人公恩里科的视角，从日记的叙述中发现典型形象，从而激发学生的阅读期待，以及对小说人物的探索欲望。学生通过自主阅读，写梗概；再小组合作梳理情节的发展，最终以"朋友圈"形式展示学习成果。小组学习既有分工，又有合作，充分考验学生对书籍的深度阅读与思索。

活动过程：

一、选择"No.1"

师：各位同学，如果从四位好友中选择一位特别好友的话，你觉得恩里科会选谁？你的理由是什么？

生：我们小组通过阅读了解到，恩里科的特别好友是卡拉布里亚男孩卡罗内，因为在这本书里面有很多次都提到了这个男孩，我们觉得肯定是关系很好才会细心记录下来。

师：是呀，你观察得真仔细，看书真认真，在书中，有四则日记就专门记叙了卡罗内的故事，请一位同学读一读这些日记的题目。

生：题目有：《高尚的行为》《我的朋友卡罗内》《奈利的保护人》《卡罗内的母亲》

二、发布"朋友圈"

师：同学们，假如生活在现代，你觉得恩里科会把日记里的内容分享在哪儿？

生：微博、QQ 空间、"朋友圈"。

师：恩里科已经把《我的同班同学》发在了"朋友圈"里，请一位同学来读一读。

学生朗读日记片段。

《爱的教育》片段节选

师：现在，你就是恩里科，要发“朋友圈”，下面就请小组合作一起完成阅读活动二的内容。

出示阅读活动二：

阅读活动二：

自读：小组每人从四天的日记中抽取一期阅读。互读：把当天恩里科的所见所闻编辑成“朋友圈”。

展读：组内按日期顺序交流“朋友圈”，准备展示。

阅读活动二： 自读：小组每人从四天的日记中抽取一期阅读。 互读：把当天恩里科的所见所闻编辑成“朋友圈”。 展读：组内按日期顺序交流“朋友圈”，准备展示。	11月23日 泰利的保护人 ______ ______	4月28日卡罗内的母亲 ______ ______
	10月6日高尚的行为 ______ ______	11月4日 我的好友卡罗内 ______ ______

师：请组长打开信封，组员抽“朋友圈”，计时30秒。接下来阅读时间7分钟。

师：下面请一组上台分享他们编辑的“朋友圈”。

【活动任务四】

学习目标：

设置“留言板”，并引导学生针对“朋友圈”内容进行评论，目的在于点拨学生自主感悟成长。通过学生转换身份，站在不同角度，再次留言，课后阅读任务为后续的阅读推进课与阅读分享课做好准备，以此不断促进学生的思维发展。

活动过程：

一、代入主角，评论留言

1.师：各位恩里科们，发完这四条“朋友圈”，你有哪些感触与启发想写在留言板上呢?

生:通过《爱的教育》,我感受到了恩里科的性格纯真善良,学习勤奋,待人诚恳、友善。恩里科有很多可敬可爱的同学、朋友,如总是以强者形象出现保护弱小的卡罗内。他以自己善良、崇高的心灵赢得了所有人的爱戴。而“动作敏捷、神态从容”的德罗西以正直、宽容的爱维护了嫉妒者沃蒂尼的尊严，并无私地关爱着克罗西——那个长着红色头发,一只胳膊残疾的孩子。恩里科从这些平凡的小事中感悟到了很多,受益匪浅。

2.师:大家请看,经历了从被帮助者到帮助者的转变,这正是恩里科的成长,我来把他的留言置顶。

二、转换身份,再次留言

师:如果你是恩里科的父亲,看到“朋友圈”,想对自己的儿子说什么?

生:恩里科的父亲是一位充满爱心和耐心的长者,他常常采取一种设身处地的教育方式，让恩里科体验到生活以外的宝贵知识和人情世故,及时纠正他错误的思想倾向,所以我觉得如果恩里科的父亲看到这些,一定会很欣慰,觉得自己的孩子长大了。

师:你还可以是同学、校长……也可以是一位普通的读者。在心形纸上写下你想留给恩里科的话,别忘了署名。

师:大家写好了就贴到留言板上去。

(挑选部分留言进行展示)

师:今天我们认识的还只是《爱的教育》中的一个人物,如果你继续读下去,还会发现更多有意思的人与故事。课后请大家再选择一个人物,编辑他的“朋友圈”。

(天津市河东区中心东道小学　王琳)

教学评析:

一、主题阅读,激发阅读思维

导读课上首先通过“畅聊小说”激发学生阅读思维,因为学生在之前的学习中就了解过小说的体裁，通过聊天，激起学生已有的阅读经验，聊小说人物形象引起学生的共鸣，达到思维碰撞。

二、整体规划，建构阅读思维

在整本书阅读的全过程中，学生完成具体的学习任务必然需要相应的学习方法或策略的支持。因此，基于本次“快乐读书吧‘笑与泪，经历与成长’”的主题，结合学生年龄特点和生活实际，创设“穿越到书中，化身主人公”为阅读情境，通过“通讯录”“朋友圈”“留言板”等方式，让学生在阅读小说内容的过程中了解人物关系、感受人物形象、梳理故事情节、感悟人物成长，在此过程中，帮助学生建构阅读思维，也为后面“好书讲堂”的读书推荐会做准备。

三、交流共读，激活阅读思维

有了具体可行的阅读计划后，如果只是布置学生自由阅读，缺乏统一的指导与交流，学生很可能因为没有兴趣而不愿意继续读下去。共读能创设良好的阅读环境，营造互动交流氛围，激活学生的阅读思维，学生在小组内分工合作，各抒己见，由于每个学生的“朋友圈”不同，因此对人物的理解也不同。在这一活动中，师生、生生之间的交流与评价，既是教师为学生创设阅读情境的体现，又是学生对书中令自己印象深刻的语言材料进行逻辑分析、加工整理、提炼总结的过程。在此过程中，学生的思维不断发展，学会正确提炼自己的观点，并提高他们的语言综合表达能力。教师可以在学习中充当一位指导者，在学生滞涩处点拨，在其搁浅处深化，在其偏差处引导，让阅读更有效果。

总之，整本书阅读的目标和课内语文教学的目标一脉相承，不仅能帮助学生养成阅读习惯，学会应用阅读方法，培养阅读思维，而且能提升学生的语文核心素养。教师只要紧紧围绕统编小学语文教材的单元语文要素，设计有主题、有层次、有针对性的阅读活动，就能够引导学生在阅读过程中不断学习、不断思考、不断交流，建立整本书阅读和生活经验的连接。如此，就能有效提升学生的语言表达能力、思维能力。

（四）实践阅读策略的主题读书活动

实践阅读策略是指借助一定的阅读方法帮助学生完成阅读任务，指向具体阅读方法的选择。整本书阅读需要学生经历一段较长时间的自主阅读过程，学生在此过程中，不可避免地会遇到阅读障碍。教师应根据不同年段和不同读本的特点，选择适当的阅读方法，帮助学生解决阅读过程中出现的难题。

《课标》在“整本书阅读”学习任务群中对第三学段提出了具体要求：“梳理、反思小学阶段的阅读生活，运用口头或书面方式，与同学分享自己整本书阅读的经历、体会和阅读方法。”和其他“快乐读书吧”不同的是，五年级下册“快乐读书吧”首次推荐真正意义上的整本书阅读，而且是整本的古典名著，对学生来说还是有难度的，因此，只把《西游记》作为重点推荐书目，而其他三本《三国演义》《水浒传》《红楼梦》则不做硬性要求，如果感兴趣也可以去读更多。这样编排能够更具弹性和灵活性，教师在教学时可以根据学生的实际情况展开阅读指导。教材还以小贴士的形式介绍了与古典名著有关的知识和阅读古典名著的方法。第一个小贴士旨在让学生了解古代长篇小说是章回体小说，把这些回连起来就能串成一个长篇故事；第二个小贴士则提示学生在读古典名著时可以借助回目猜测每回中主要讲了什么故事。

基于本次“读古典名著，品百味人生”的主题，结合学生年龄特点，在读中推进课上，我们以“任务”为驱动，用情境化、生活化的活动来激发学生的阅读兴趣，同时，以活动促交流，以活动促分享，开展以“古典名著人物卡设计展”为主题的活动，让学生之间分享自己整本书阅读的经历、体会和阅读方法，让学生不断提升阅读技能，逐步培养学生阅读整本书的能力，提升学生的语文素养。

实践阅读策略的主题读书活动设计
——以五年级下册“快乐读书吧”为例

设计背景：

五年级下册“快乐读书吧”以“读古典名著，品百味人生”为主题，安排在教材“走近中国古典名著”单元之后，是这个单元的拓展与延伸。学生认识经典人物，品味精彩故事，产生阅读古典名著的兴趣，更全面地了解、感受古典名著。

本单元的语文要素是“初步学习阅读古典名著的方法”。对于五年级学生来说，阅读古典名著有一定难度，所以对学生不做较高要求。在学生阅读过程中能够运用精读、略读、跳读、猜读、浏览、交流等多种阅读策略，品读精彩故事，品味语言文字，体会人物形象，产生阅读兴趣。本次“快乐读书吧”安排导读、助读、分享三个阶段，历时一学期完成。

本课为读中推进课，是在学生已阅读《西游记》的基础上，引导学生总结阅读中用到的阅读策略，并利用相关阅读策略再次走进《西游记》，体会人物性格的立体、鲜活，推动学生进行其他古典名著的阅读。

整体思路：

一、学习目标

1.通过观看视频、阅读片段等方法，产生阅读中国古典名著的兴趣。

2.运用本单元学到的阅读古典名著的方法读名著，了解故事内容，交流读书方法。遇到难理解的语句可以联系上下文猜测，也可以不求甚解地读，运用精读、略读、跳读、猜读、浏览、交流等多种阅读策略阅读古典名著。

3.通过小组合作，边读边批注人物性格特点的方法，感知古典名著中立体的人物形象，借助“人物卡”，用多种方法展示《西游记》阅读成果。

二、课时安排

1 课时

三、成果预估

1.在阅读《西游记》后，从古典名著中选择自己感兴趣的一本或者两本进行阅读。

2.在阅读过程中，运用精读、略读、跳读、猜读、浏览、交流等多种阅读策略对自己感兴趣的人物形象进行“人物卡”的设计。

3.与同伴分享自己设计的“人物卡”，并进行阅读分享。

活动设计：

【活动任务一】

学习目标：

1.回顾《西游记》阅读内容。

2.激发学生阅读古典名著的兴趣。

活动过程：

一、回顾阅读内容，导入新课

师：同学们，最近这段时间我们在读《西游记》，课下我也经常听到同学们在讨论西游记的片段。哪位同学说一说你都读到了哪些有趣的内容？你都用到了哪些读书方法？

生 1：我在读《西游记》的时候，我对“孙悟空三借芭蕉扇”这个故事特别感兴趣，于是我根据上节课学习的观看“回目”，我先后阅读了“第五十九回　唐三藏路阻火焰山　孙行者一调芭蕉扇”“第六十回　牛魔王罢战赴华筵　孙行者二调芭蕉扇”“第六十一回　猪八戒助力败魔王　孙行者三调芭蕉扇”。通过阅读这三个故事，我终于明白了整个“三借芭蕉扇”的过程。

生 2：我喜欢阅读《西游记》整个故事，我想知道他们师徒四人西天取经的全过程，我给自己制订了一个简单的读书计划，保证自己每天读两个回目的内容。但是在阅读过程中，我会遇到一些生僻的字词，会对我的阅读造成一定的困扰，为了不影响我的阅读速度，我就联系上下文进行简单的猜测，并不影响我对整个故事的了解。

生3：我印象最深的是第二十七回　尸魔三戏唐三藏　圣僧恨逐美猴王。当唐僧不分对错，赶走孙悟空的时候，我心里非常难过。我在读书的时候会把自己的心情记录在我感兴趣的地方。

……

师：刚才，听了大家的分享，发现大家在阅读的过程中都有自己的读书方法和体会。今天，让我们继续漫步中国古典名著，再次走进这些人物，“读古典名著　品百味人生”。

二、小组合作，完成《西游记》知识竞赛

师：通过阅读《西游记》，大家又增加了多少了解呢？我们来一起做个小游戏——《西游记》知识竞赛。大家可以根据自己的阅读储备，小组合作进行答题，遇到有困难的题目，可以快速浏览相关篇目找出答案。计时5分钟，比一比，哪个小组答对的题目最多。开始吧！

西游记竞赛题	正确指数
1.《西游记》这部长篇小说的作者是（　　）。 A 曹雪芹　B 施耐庵　C 吴承恩　D 鲁迅	☆
2.《西游记》全书共（　　）回。 A 一百一十回　B 一百回　C 八十一回　D 九十九回	☆
3.孙悟空的老家花果山属于哪个洲？（　　） A 东胜神洲　B 南赡部洲　C 西牛贺洲　D 北俱芦洲	☆
4.孙悟空学成下列法术的先后顺序是（　　） A 筋斗云—长生不老—七十二变　B 筋斗云—七十二变—长生不老 C 七十二变—长生不老—筋斗云　D 长生不老—七十二变—筋斗云	☆
5.观音菩萨为降服红孩儿而向托塔李天王借来了（　　） A 照妖镜　B 皂刻旗　C 天罡刀　D 降魔塔	☆
6.在车迟国斗法时，师徒四人和三个妖怪比赛的第一项是（　　） A 隔板猜枚　B 云梯显圣　C 祭坛求雨　D 砍头剜心	☆
7.白龙马是谁的儿子？（　　） A 南海敖钦　B 西海敖闰　C 东海敖广　D 北海敖顺	☆
8.唐僧师徒四人历尽千辛万苦，终于来到灵山，是哪位佛祖在灵山脚下迎接他们？（　　） A 接引佛祖　B 金顶大仙　C 弥勒佛祖　D 四大金刚	☆
9.唐僧师徒谁没有吃偷来的人参果？（　　） A 唐僧　B 孙悟空　C 猪八戒　D 沙僧	☆
10.《西游记》中的“西天”是指现在的哪里？（　　） A 尼泊尔　B 天竺　C 印度　D 孟加拉国	☆
11.唐僧西天取经用时多久？路程多远？历经多少难？（　　） A 一十四寒暑　九万八千里　九九八十一难 B 一十六寒暑　十万八千里　九九八十一难 C 一十四寒暑　十万八千里　九九八十一难 D 一十四寒暑　十万八千里　七七四十九难	☆

公布答案，评选出正确指数最高的小组，并请一位组员谈读书感受。

师：看来，经过这段时间的阅读，大家都有了自己的收获。在阅读中我们不难发现，我们古典名著中塑造的人物形象是非常立体、鲜明的，接下来，我们以《西游记》为例，一起实践阅读古典名著的方法以及给我们喜欢的人物设计一张"人物卡"。

【活动任务二】

学习目标：

1.利用本单元学习的阅读古典名著的方法，阅读"猪八戒助力败魔王　孙行者三调芭蕉扇"这一章节选段。

2.小组阅读合作，制作"人物卡"。

活动过程：

一、回忆阅读古典名著的方法

师：在我们的课前投票中，同学们都对自己在《西游记》这本书中喜欢的章节进行了投票，其中"猪八戒助力败魔王　孙行者三调芭蕉扇"位居第一位。接下来，让我们在这节课中一起来阅读，感受这一章节的魅力。请同学们小组合作阅读，完成阅读单。

阅读单 1
这大圣收了金箍棒，捻诀念咒，摇身一变，变作一个海东青，飕的一翅，钻在云眼里，倒飞下来，落在天鹅身上，抱住颈项嗛眼。那牛王也知是孙行者变化，急忙抖抖翅，变作一只黄鹰，返来嗛海东青。行者又变作一个乌凤，专一赶黄鹰。牛王识得，又变作一只白鹤，长唳一声，向南飞去。行者立定，抖抖翎毛，又变作一只丹凤，高鸣一声。那白鹤见凤是鸟王，诸禽不敢妄动，刷的一翅，淬下山崖，将身一变，变作一只香獐，乜乜些些，在崖前吃草。行者认得，也就落下翅来，变作一只饿虎，剪尾跑蹄，要来赶獐作食。魔王慌了手脚，又变作一只金钱花斑的大豹，要伤饿虎。行者见了，迎着风，把头一晃，又变作一只金眼狻猊，声如霹雳，铁额铜头，复转身要食大豹。牛王着了急，又变作一个人熊，放开脚，就来擒那狻猊。行者打个滚，就变作一只赖象，鼻似长蛇，牙如竹笋，撒开鼻子，要去卷那人熊。 ——选自明代吴承恩的《西游记》第六十一回
1.节选语段中讲了一件什么事？这段话中有哪些不懂的地方？你是怎么解决的？ 2.小组合作，用思维导图的形式画一画孙悟空和牛魔王的变身图，并谈一谈感受。 3.组员配合，试着讲一讲这个故事。讲故事的时候，可以发挥想象，加上适当的语气、表情和动作。

学生汇报：

生1：这段话主要讲了孙悟空和牛魔王变化打斗。我们在读这一段的时候，试着用联系上下文的方法理解“嗛”，海东青和黄鹰都是鸟，大致猜测“嗛”是鸟的一个动作；大概猜测“捻决念咒”就是念咒语；“狻猊”比较难理解，根据偏旁和上下文大致猜测是一种猛兽。我们小组用联系上下文，猜测语句的意思。

生2：通过阅读，我们了解到，遇到一些较难理解的语句，不用反复琢磨，只要知道大概是什么就行了。

生3：这是我们组的思维导图，我们把双方的变化整理出来。

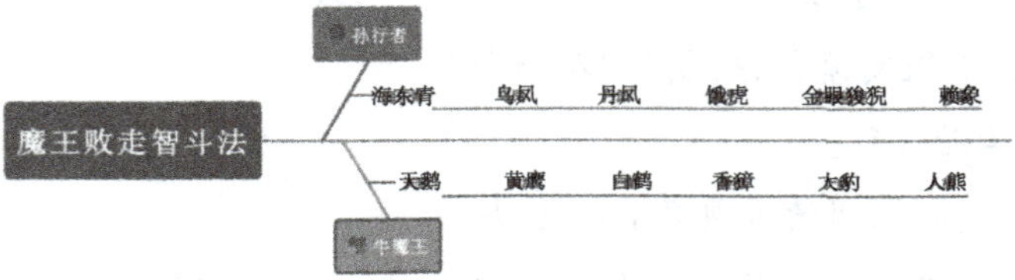

生4：我们在制作思维导图时，发现孙悟空的变化本领比牛魔王高强，作者在描写他们变化的语言非常生动。

学生表演。

生生评价。

师：大家表演得真精彩！我们把自己对语段的理解通过表演，展示给大家，真了不起。接下来，我们一起欣赏关于这段文字的影视片段。

师：画面一下子生动了起来。读《西游记》其实很有趣，遇到不懂的词句联系上下文、大概猜测、借助资料等方法试着猜一猜，也可以不求甚解地读，还可以一边读故事一边预测后面的内容呢！看来，借助一些阅读方法，可以有效帮助我们阅读古典名著。

二、细品人物，制作阅读卡，并展示

师：我们在《西游记》中，读了“猪八戒助力败魔王　孙行者三调芭蕉扇”这个回目，我们认识了一个机智、善良、神通广大的孙行者。孙悟空的性格特点不止这三个，《西游记》中，师徒四人各有各的特点。请小组合作,选择你喜欢的回目,读一读,共同制作"人物卡"。

阅读单 2
(1)读一读:确定小组的阅读回目,快速浏览内容。 (2)写一写:在相应段落旁,批注孙悟空的性格特点。 (3)说一说:组内讨论阅读成果,组长汇总孙悟空典型的性格特点和片段。 (4)做一做:四人一人写一个性格特点,分工制作人物卡。

人物卡展示,学生汇报。

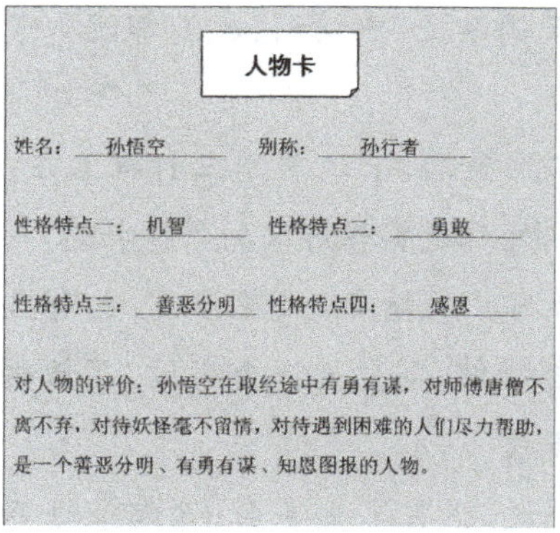

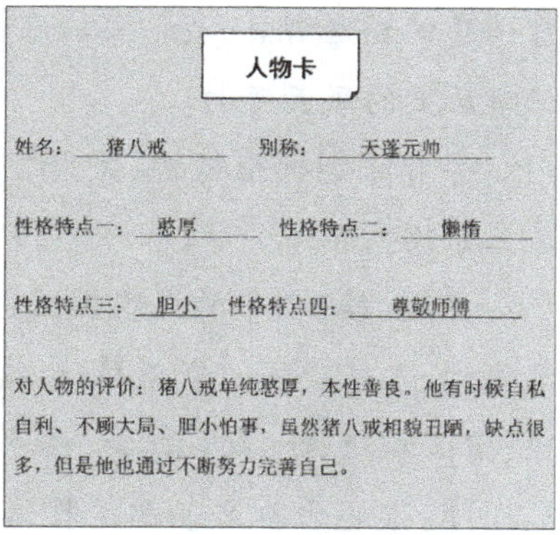

师:《西游记》中的人物形象是立体的人物,性格具有多面性。这也是《西游记》能成为名著的原因之一,也是《西游记》的一大魅力。"细品人物,制作阅读卡片"也可以帮助我们读懂古典名著。

【活动任务三】

学习目标:

1.自我评价阅读古典名著方法。

2.推荐阅读书目,拓展学生阅读积累。

活动过程:

师:今天我们一起精读了《西游记》的片段。通过略读、跳读、猜读、浏览、交流等多种阅读策略,关注《西游记》中的人物,体会他们立体的形象,并制作"人物卡"。请同学们对自己的阅读进行一个评价。

评价卡								
我在阅读中运用到的方法			我和别人分享了自己的感受			我通过这些方式分享		
精读	略读	浏览	和同学	和老师	和父母	微信	聊天	交换读书心得
☆☆☆	☆☆☆	☆☆☆	☆☆☆	☆☆☆	☆☆☆	☆☆☆	☆☆☆	☆☆☆
我还有读书方法和同学分享：								

师：除了《西游记》，还有很多古典名著等着我们去阅读。

课件出示：

曹操和刘备煮酒论英雄；周瑜打黄盖，一个愿打一个愿挨；赵子龙单骑救主……无论是气势磅礴的战争场面，还是群雄争霸、斗智斗勇的韬略智慧，我们都能在《三国演义》中读到，我们都能从中领略历史的风云变幻。

鲁智深倒拔垂杨柳，吴用智取生辰纲，宋江率军三打祝家庄，扈三娘比武招亲……《水浒传》中到处都是英雄好汉的豪情壮志。

在《红楼梦》中的大观园里，既有儿女情长、风花雪月，也有盛衰变幻、人情冷暖。黛玉葬花，凄美缠绵；刘姥姥进大观园，笑话频出；宝玉和姐妹们结社赋诗，恣意畅快……

师：这些古典名著都是长篇小说，语言半文半白，读起来可不容易哦！同学们可以借助连环画、评书或电视剧来帮助理解。请每组同学课下完成阅读计划表，按照我们学习的读书方法和制订的读书计划，开启我们的阅读古典名著之旅吧！

选择书目	《水浒传》（　）《三国演义》（　）《红楼梦》（　）			
个人自主阅读		小组合作学习		全班交流形式选择
活动时间	阅读回目	活动人数	活动时间	活动内容
1				读书笔记 读后感 影视剧配音 课本剧表演 说评书 ……
1				
1				
1				
1				

（天津市河东区盘山道小学　李万杰）

教学评析：

五年级下册“快乐读书吧”以“读古典名著，品百味人生”为主题。四大名著篇幅长，内容庞杂，人物众多，语言半文半白，小学生读起来会感觉比较难懂。因此，让学生读下去是教学的关键。如何化难为易，让学生一直保持阅读的兴趣，读完整本书呢？这是我们教师必须面对的问题。在“快乐读书吧”的教学中，我力求让学生感悟阅读策略，引导学生运用已习得的阅读策略完成整本书阅读。

（一）通过明确课本语文要素，构建阅读框架

五年级下册第二单元“快乐读书吧”培养的语文要素内容：初步了解名著阅读的方法。因此，在上课伊始，先引导学生回顾已习得的阅读策略。通过竞赛游戏，让学生利用回目这个支架，感受章回体小说的文体特点，感知全书结构，猜测故事内容，检索相关信息，运用课文中习得的阅读方法，联结相关文段，在不断预测的过程中，勾连前后情节，引导学生互证阅读。在阅读实践中浏览全书内容并掌握章回体小说的阅读方法。

（二）通过开展课堂活动，习得并运用阅读策略

阅读是学生个性化过程的体现，阅读过程中，可以通过一些有趣的阅读活动来激发学生的主观能动性，让学生明确阅读中所应培养和发展的能力，运用阅读策略。站在儿童立场的角度，针对章回体小说的特点，本节课采用立体阅读（与原文、影视作品相结合）的方式，聚焦人物和事件，穿插运用预测、精读、浏览、比较、视觉化等阅读策略，引导学生把整本书读薄、读活。同时，引导学生快读、跳读、猜读，构建阅读整本古典名著的经验。为引导学生品读文中的精彩语段，赏析人物，本节课制作“人物卡”分享故事，品味语言，感受古典名著的独特魅力。引导学生有创意地进行读书交流展示，如模仿评书中的人物语气讲故事、排演情景剧、为影视剧片段配音等。

（三）通过课下阅读活动延伸，运用并拓展阅读策略

指导学生进行课外阅读时，采取目标管理的方法。有方法地读，有任务地读，有计划地读，引导学生在课外阅读中举一反三，学以

致用，避免课外阅读的随意性。因此，在本课最后，指导学生设计“阅读计划表”，让学生从一本书走向多本书，得法于课内，得益于课外，形成阅读策略运用的循环圈。并且在阅读活动中，指导学生把原著与评书、连环画、影视剧结合起来，有利于提高阅读兴趣，降低阅读难度。

二、抓住读书路径的两个关键点

“书籍是改造灵魂的工具。人类所需要的，是富有启发性的养料。而阅读，则正是这种养料。”十九世纪法国著名作家雨果以精辟的概论阐述阅读对于人类的重要性。可见，从小培养学生具有良好的阅读习惯显得格外的重要。培养阅读习惯的路径只有“多读”，教师要在路径两头做好两件事：读的“入口”和读的“出口”。

（一）有效的阅读起步

阅读起步的方法多样，以激发学生的阅读兴趣与期待。教师在开展阅读活动之前，需要找出学生的阅读兴趣点，并进行整体规划与适当的阅读指导，让学生在充满好奇心与求知欲的状态下阅读，提高整本书阅读质量。

1.用活动开启阅读

在阅读的起步阶段，也就是在读书的“入口”处，激发学生的好奇心与参与积极性，这是保证阅读顺利启动的关键。为了有效地开启阅读之旅，用活动开启阅读，犹如游戏中的“邀你入局”环节，旨在激发学生的深层阅读动机。

（1）情境式阅读活动，在实践体验中走进文本

阅读初期，教师根据小学生好奇心和追逐欲强的特点因势利导，创设基于作品、联系生活或故事情节等相关的情境，以激发学生兴趣，提升学生阅读内驱力，引领学生展开阅读的驱动性活动，即情境式阅读活动①。如教师指导学生阅读小说《小英雄雨来》前，

① 郑桂华.整本书阅读：应为和可为[J].语文学习，2016(7)：4–8.

可以借助开篇描写雨来游泳的镜头，将雨来这个同龄人介绍给学生认识。初识雨来时，每个学生几乎都能从雨来的身上找到自己的影子——机灵、活泼、可爱又有点调皮。但雨来生活在战争年代，他的成长伴随着一次又一次的危险经历。“小英雄雨来面对危险时，是怎样用智慧化解危机的呢？如果你是雨来，你会怎样应对这些危机？”这样的活动设计既关注了主要角色的命运，又引导学生进行了实践。学生在这样的阅读任务驱动下，产生了较强烈的阅读冲动，并将其转化为阅读的动力。他们将自己代入角色，在实践中走进文本，获得了良好的阅读体验。在此基础上，教师适时引导学生分别记录雨来“面对的危险”和他想出的“智慧的办法”，以此帮助学生深入走进文本，逐步走向深度阅读。

再如《尼尔斯骑鹅旅行记》讲述了调皮的小男孩尼尔斯因为得罪小狐仙，被施法变成小狐仙后，骑鹅环游瑞典的游历故事。统编小学语文教材的略读课文《骑鹅旅行记》节选自这部童话的第一章《一个男孩》中的第二个片段“大雁”，课文中呈现的是一个虐待动物的小男孩，因为没有给予周围动物善意，导致在陷入绝境时孤立无援，似乎是尼尔斯骑鹅历险的起因。但从整本书的角度审视，第一章的第一个片段“小狐仙”才是尼尔斯骑鹅旅行的真正原因，也更具有魔幻现实主义色彩。教师在策划导读活动时，可以创设情境，聚焦单元语文要素，设计“概括故事与评价尼尔斯”活动，让学生进入小说情境中，从多角度评价人物，获得人生智慧。联系现实生活思考：“生活中是否有尼尔斯的原型人物？尼尔斯变形的真正原因是什么？给你带来了怎样的智慧启示？”引导学生在学习阅读活动中成为具有批判性思维的思考者，有助于高阶思维的形成。学生运用审辨思维，通过深度思考，会发现尼尔斯是一个多面性、立体的角色。不爱学习，一看书就睡觉，这是他在学习方面不上进的一面；贪玩、不听父母话，捉弄母亲，是个生活中不让父母省心的孩子；担心雄鹅飞走，父母会因为家里财产损失而伤心，这又是他孝顺的一面；欺负动物，没有同理心，捉弄小狐仙，这是他淘气的一面。学生深度思考后会发现,惹怒小狐仙,导致尼尔斯变形的真正原因是背信弃义。做人没有诚信,就不是淘气的问题了,会在现实世界无法立足,后果很严重,在魔幻情节的背后,有深刻的道德警示意味。联系现实生活寻找尼尔斯人物原型的活动,可让小说照进现实,引发学生的深度思考和真诚反思, 培养学生的批判性思维能力,使阅读育人润物无声。

(2)竞赛式阅读活动,在阅读期待中走进文本

学生都喜欢游戏,更喜欢竞赛,通过挑战赛的形式激发学生的好奇心和读书欲望,即竞赛式阅读活动。《西游记》的导读课,为了消除学生阅读的畏难情绪,产生阅读的兴趣,设计了"《西游记》知识知多少"的活动。首先,组织一场"《西游记》知识挑战"让学生通过闯关的形式来进行抢答;接着和学生讨论并小结:你们头脑里的这些《西游记》知识,都来自哪里? 大多来自电视剧、电影等《西游记》衍生产品,而对于《西游记》原著,我们却知之甚少。作者吴承恩在原著中有这么一句话:欲知造化会元功,须看西游释厄传。意思就是要想知道人生的真谛,就要看《西游记》,否则会丢掉不少精华。那么,《西游记》怎么读呢?今天,我们就要开启《西游记》阅读之旅。有趣的知识抢答竞赛活动, 不仅考察了学生对这部名著的了解,在学生原有的认知基础上,激发学生走进名著阅读的兴趣。

(3)策略式阅读活动,在方法习得中走进文本

整本书阅读既需要学生通过情节了解内容, 通过细节感知人物,又需要他们运用具有较高思维含量的阅读策略进行深度阅读。以学习阅读策略为主的阅读任务,即策略式阅读活动。以"预测"阅读策略的学习为例,童话故事《稻草人》从故事名称到故事内容,处处彰显着想象的神奇。在阅读伊始,教师可让学生读题目,预测"稻草人"的来历、样子、经历;读开头,预测后续发生的情节等等。在这个看似随意的阅读活动中, 整本书阅读的过程变成了揭开谜底的过程。通过任务引导,学生一边预测一边享受阅读乐趣,经历着积极、高层次的思维过程,并在反复体会、学习中,将预测策略内化为

稳定、自发的阅读习惯，既确保了整本书阅读的质量，又实现了阅读品质的进阶。

(4)问题式阅读活动，在问题解决中走进文本

问题式阅读活动，即让学生通过解决具体问题逐渐走进文本。它是整本书阅读中较为常见的任务形式，其中的问题具有开放性和驱动性特点。以《童年》为例，教师可以设计如下问题："小说中出现了哪些人物？他们和主人翁阿廖沙之间有着怎样的关系？在众多人物当中，你对哪个人物印象最深刻？结合具体故事情节说说自己的看法。"为解决这些问题，学生需要经历深度阅读，梳理相关情节，作出个人判断；不仅可以引领学生在阅读中形成人物关系图、故事情节图，便于他们读懂小说，而且会使他们经历坚持、专注、焦虑、受挫等心理过程，其阅读的品质自然会得到提高。

当然，教师不仅可以自己设计问题，还可以在学生提出问题的基础上进行整合。这些问题从学生的视角出发，反映了学生的阅读困惑，自然更容易引起学生的兴趣。

(5)项目式阅读活动，在产品创作中走进文本

项目式阅读活动，即包含一组或多组真实、复杂的问题，需要学生通过小组合作完成，最终以产品形式呈现阅读结果的学习活动。学生在探究过程中需要选定项目、制订计划，涉及活动探究、观点辩论、作品制作、成果交流、评价反思等。如学生阅读《中国民间故事》时，教师可设计"讲、演、编"故事的项目式阅读任务。学生无论选择哪种方式，都需要经过"感受形象""绘制情节图""梳理故事结局"，才能完成讲故事、编故事或演故事的任务。学生在梳理故事的过程中，不仅感知了故事内容，还发现了这类文学作品的特点。此外，项目式阅读任务还需要学生积极调查，深化对人物性格、背景、情感的理解，使其从有意义的真实任务中领会作品的意义，获得成就感。

2.制订阅读计划

阅读仅凭一时的兴起是难以完成的，教师要引导学生对阅读

时间、进度、书目等提前做好统筹安排，做好班级阅读计划；学生也可以根据自己的实际情况制订阅读推进计划。可采用精读、略读或浏览的阅读方法。教师可基于学生的阅读时间和内容，在一定时间节点安排阅读交流、成果展示等活动。这样依计划推进，可以确保整本书阅读有条不紊地进行。

（1）学期班级阅读计划

在导读阶段可以根据本学期“快乐读书吧”的要求，做好读书的计划和准备。这是根据二年级上册“快乐读书吧”的内容，制订的学期班级阅读计划：

表 4-2　班级阅读计划

二年级第一学期班级阅读计划			
时间	阅读内容		
	教材推荐书目	教师推荐书目	学生自选书目
9 月	《小鲤鱼跳龙门》《“歪脑袋”木头桩》		学生自选
10 月	《孤独的小螃蟹》《小狗的小房子》		学生自选
11 月	《一只想飞的猫》	《星星小时候》	学生自选
12 月		《安徒生童话选》 《格林童话选》	学生自选

推荐的这些童话故事书，可以让学生从题目上看，哪个故事最吸引你，猜一猜这个故事讲了什么。用好奇心引发学生的阅读期待；可以问学生读过哪本书，向大家介绍最好玩的片段和情节，用讲一讲的方式引发阅读期待；请学生推荐书目，让学生说说推荐的理由，用同伴阅读方式引发阅读期待。

教师在这里运用的是预测的阅读策略。通过预测，唤起学生的想象，激发阅读兴趣，引发学生对今后的阅读充满期待。

（2）整本书阅读计划

在读书之前，教师与学生共同制订本学期阅读计划及整本书阅读计划。激发学生课外阅读儿童故事的兴趣，使学生对即将开始的阅读旅程充满期待。如统编小学语文四年级下册“快乐读书吧”

中的《十万个为什么》，学生可以制作阅读计划单，能够让学生通过学习了解书的大概结构，习得策略，自主规划阅读。

表 4–3　《十万个为什么》阅读计划单

《十万个为什么》阅读计划单

阅读时间	阅读目录	我感兴趣的问题	答案
9月—10月	房屋漫游记	铁为什么会生锈？	铁会和水分发生化学反应，生成的铁锈是一种铁的氧化物。
10月—11月	城市的街道	保险盒是如何断掉电流的？	保险盒中有一根细丝，如果电流温度高，细丝会烧断，电流就无法经过它流进房子里。
11月—12月	在你周围的事物	零件是如何一步步组成汽车的？	将汽车的原始框架放在传送带的一端，随着传送带运转，工人们将零件一点点安装上去，到达传送带另一端时，汽车就组装好了。
12月—1月	书的故事	什么是蜡书？	[illegible]，人们[illegible]在一起，然后在两端之外的所有[illegible]，在注入[illegible]，等蜡液凝固后就可以写字了。

阅读《一起长大的玩具》时，让学生按自己的阅读计划，读读自己喜欢的儿童故事，边读边根据自己的实际情况，填写图表内容，完成阅读计划的制订。我们还可以根据自己的阅读期待，制订其他书目的阅读计划。

表 4–4　《一起长大的玩具》阅读计划单

《一起长大的玩具》阅读卡							
日期	页码	阅读时间					我的收获
		课间	课后服务	晚上	周六	周日	

指导学生制订长期、细致的阅读计划，为学生的课外阅读进行具体的规划，推动学生进行持续而深入的课外阅读。

阅读《安徒生童话》时，为了让学生更多地了解童话中的人物，也为了便于学生展开阅读，设计了这样的阅读计划单，开启阅读之旅。

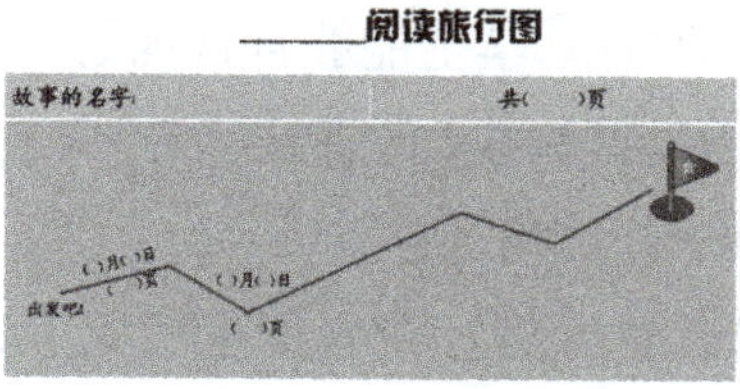

图 4–2　阅读计划单

学生选择的故事不同，旅行的长度也就不同。学生可以根据自己选择的故事页数制订阅读计划。通过制订阅读旅行图，学生可以对自己的阅读过程进行全程记录，也便于学生对自己的阅读方法、阅读习惯等方面进行自我反思与评价。

3.设计建构式学习单

何谓学习单？从教师的角度看，学习单是课堂教学的辅助工具，是教师把教材中所要教授的知识和技能转化为符合学生实际水平，并能引导学生自主学习的导学材料。从学生的角度看，学习单是一种学习工具。借助学习单，可以改变教学方式，对学生的学习起到帮助定位、规划流程、促练纠错、引导合作学习、引发思维冲突等作用。

“课标”明确提出：“倡导少做题、多读书、读好书、读整本书，注重阅读引导，培养读书兴趣，提高读书品位。”因为整本书的文化视野更开阔，内容含量更丰富，思维方式更复杂。因此为学生整本书阅读提供阅读支架——学习单是关键。它可以帮助学生搭建起一些简明又有创意的思维框架。学生在学习单的有效驱动之下，进行思考讨论、分析整理、自主探究、体验内化，充分体现了“依单寻知”“依单促思”的功能价值。教师应基于核心素养，根据学情和年段阅读要求，有针对性地设计和使用学习单，让学生阅读思维可触、可视，提高学生的阅读能力，提升学生的核心素养。

（1）导读式学习单

导读式学习单指的是教师通过明确学生课堂前应该学习的知识和内容，就如何学习这些知识和内容，提供相关的方法和资源，并将相关的方法和资源以表单的形式发送给学生。在阅读的起步阶段，通过导读式学习单，学生能够自行规划一个学习计划，进行有计划的学习，从而取得学习上的进步。有了导读式学习单的帮助，可以帮助教师了解学生阅读的起点。

如《安徒生童话故事集》，在安徒生的笔下，主人公有卖火柴的小女孩、美人鱼、玩具锡兵，还有会唱歌跳舞的花草树木、鸟兽鱼虫……生活中所有的一切，似乎都能成为他故事的主角。面对安徒生的这一创作特点以及三年级学生语文能力发展需求，教师要有意识地让目录发挥更重要的作用。例如，可以设计这样的预学单（表4–5），引导学生通过观察目录，发现童话主人公形象的多样性，借助表格等工具尝试归类，从而培养学生整体感知能力、类化整合能力。

表4–5　《安徒生童话故事集》学习单

我给童话分分类——根据童话主角的不同进行分类			
人	动物	植物	物品
皇帝的新装	丑小鸭	小意达的花儿	衬衫领子

加工目录对后面的阅读大有裨益，随着阅读活动的展开，学生在读书过程中可以随时填写或修正。

（2）游戏式学习单

在阅读活动中，适时设计一些趣味性和多样性相结合的“阅读游戏”是学生喜闻乐见的。鼓励学生多元阅读、创意阅读，关照的是学生的深入阅读能力以及阅读的思维。可以在小组内开展“阅读共同体”游戏，根据不同的阅读分工，每一个成员在小组内会扮演不同的“身份”。

如六年级下册阅读《鲁滨逊漂流记》时，小组内有身份不同的角色，这些角色相互独立但又相互关联。通过各自分工，使阅读在小组共同体中深入下去。

表4–6　《鲁滨逊漂流记》“阅读共同体”游戏学习单

不同的“身份”	做什么	小组分工人员	总体阅读所得
我是小小提问官	提出困惑		
我是小小导图员	绘制思维导图		
我是小小发现者	重述重要情节		
我是小小反思人	关联相关内容		
我是小小总结人	提供阅读策略		
我是小小表达家	用语言进行总结		

回目是《水浒传》这本中国古典名著特有的一种形式。一回书的题目往往以对偶对仗的形式出现，这种特殊的表达形式该怎么读，怎么去把握呢？这是阅读中国古典名著需要关注的。如在《水浒传》的导读课上，我们可以运用这样的游戏学习单，让学生观察回目，发现回目的特点。

表4–7 《水浒传》阅读单

第二回	王教头私走延安府　九纹龙大闹史家村	（　）对（　）
第八回	林教头刺配沧州道　鲁智深大闹野猪林	（　）对（　）
第十一回	梁山泊林冲落草　汴京城杨志卖刀	（　）对（　）

通过这样的游戏学习单的设计引导学生发现回目对偶的写法，即人名对人名、地点对地点、事件对事件；同时可以引导学生通过预测、猜读等策略，形成学生的阅读期待。

（3）支架式学习单

整本书阅读时，要引导学生特别关注每本书的独特内涵和创作意蕴。学生在整本书的通读基础上，从人物形象、故事情节、表达形式等方面，潜心会文、前后联系，形成深刻丰富的认识，培养学生阅读理解、解释推断等思维能力。①在阅读的过程中，教师可以借助支架式学习单，创设问题情境，引导学生进行多维度、多层次的思辨。通过有内在联系的一组或者一串问题引领学生，可以帮助学生在整本书文本中建立自我的意义建构。如阅读五年级上册《非洲民间故事》，笔者设计了问题支架式学习单：

① 吴欣歆.小学整本书阅读教学指导［M］.北京：教育科学出版社，2019：3.

表 4-8　《非洲民间故事》支架式学习单

读一读，想一想	写出自己的发现
为什么豹子身上长有斑点?	
斑马如何穿上了条纹衣服?	
为什么狗和人类生活在一起?	
为什么蝙蝠在黑夜飞行?	

读了这本书有什么启发?

和你原来的认知有区别吗? 有什么意义?

借此搭建问题支架，引发思辨，引导学生逐步细化和丰富想象,激发学生二次阅读的内驱力,培养高阶思维。

又如,四年级上册“快乐读书吧”推荐《中国古代神话》,神奇的想象是神话故事突出的特点，教师应引导学生多元地感知神话的神奇魅力。在指导学生整本书阅读时,教师可以围绕“神奇”设计这样的支架式学习单。

表 4-9　《中国古代神话》学习单

《中国古代神话》			
读故事	找神奇	说神奇	悟表达（神奇角度）

通过这样的学习单,启发学生围绕“神奇”进行多角度多层次的品读感悟,不仅立体化地感受神话神奇的魅力,还领悟到了神话的“神奇”,还可以从不同的角度进行表达,实现有效、深度阅读。

（4）图示学习单

如阅读《安徒生童话》中《卖火柴的小女孩》时,设计了渗透想象策略的图式学习单,引导学生一边读一边想象画面,把整本书故事中大量的信息借助学习单整合分析,从而渗透方法,以便更好地理解童话中描述的场景。

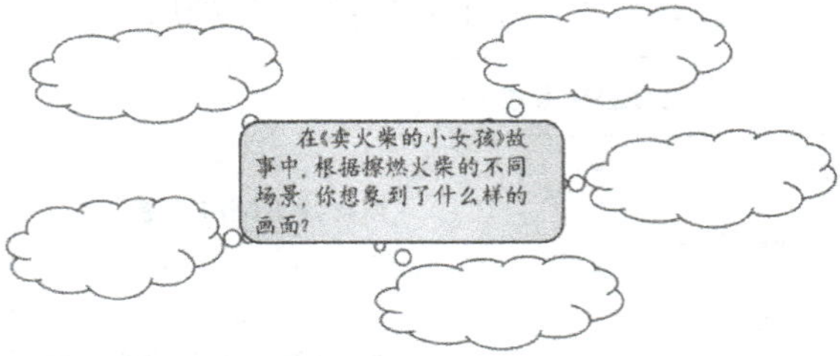

图 4–3 《卖火柴的小女孩》学习单

如阅读六年级下册《骑鹅旅行记》这本书时，尼尔斯从最开始的“坏”孩子变成最后的好孩子之间的旅途中，发生了很多事情。学生试着自己创建带有自己思维色彩的学习单，梳理出到底尼尔斯经历了什么才会有如此的变化。引导学生在阅读的纵深处，实现策略到技能的自动转化。

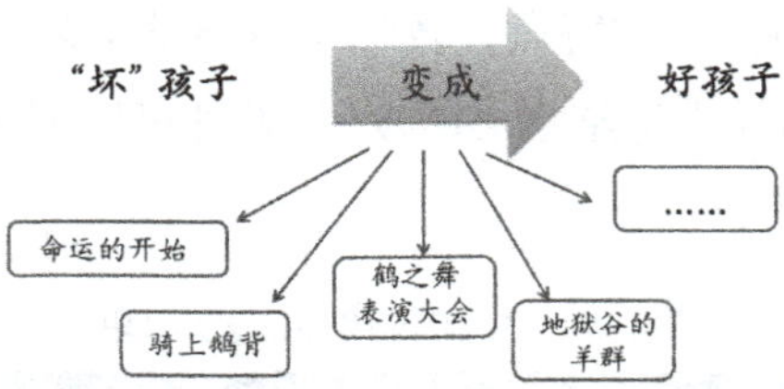

图 4–4 《骑鹅旅行记》“我的阅读地图”学习单

(二)有效的阅读评价与反馈

传统的教学模式下，教学评价多是采用课后检测练习的方式进行，在快乐读书课程教学中，有效的阅读评价是持续引发学生的阅读热情，为学生提供可持续性阅读动力，形成长效阅读机制，贯穿于整个阅读过程。把阅读成果作为评价依据，以反映学生阅读的思维；把阅读评价嵌入到分享交流活动中，以促进学生发展为目的，以激励学生阅读为导向，引导学生进行积极的自我评价，开展多元、开放的评价。

1. 把阅读成果作为评价依据

快乐读书课程既要有阅读内化，更要有阅读输出，所以阅读成果的展示环节十分重要。把阅读成果作为评价依据能使学生保持持续的阅读兴趣，促进深度阅读的开展，这种展示性评价方式可以最大限度地激发他们的潜能。教师要设计丰富多彩的阅读成果展示活动，学生可以根据自己的喜好选择性参与。学生为了完成成果的展示任务，要整合阅读过程中的成果，在一定程度上培养学生的创造性思维。

(1)画出阅读成果

阅读成果可以通过学生的画笔画出来，即借助图画的方式将阅读所得体系呈现出来的一种阅读方式。利用图画的方式将阅读读物中的内容、情节、主题等用图画和简洁的词语进行结构化、条理性的概括罗列，这样通过学生的绘制可以看到阅读的思维过程，可以帮助学生清晰梳理出文章脉络，利于对文章理解的同时，也容易激发学生阅读兴趣，提升学生综合素养。

形式1:为喜欢的人物或故事情节配图。

学生在阅读完书籍之后，选择自己喜欢的情节或者故事，为其绘图，并结合图画讲一讲这个故事，有助于加深学生内容的理解，让学生结合图画，更易于学生将故事讲清楚。如在二年级下册“快乐读书吧”以“读读儿童故事”为主题，在分享课阶段，教师组织“绘制插图”的活动，让学生为自己喜欢的人物或故事情节配图。并评选出“绘画大王”，通过图画的形式检验学生的理解与阅读成果。

图4-5 学生绘制的故事插图

形式2：结合故事画思维导图

在阅读长篇小说的基础上，以文中一方面为切入点，让学生统整整本书的内容，通过思维导图的形式展现出来。此种评价方式可以让学生清晰了解文章脉络，理清人物关系。如在六年级下册“快乐读书吧”中，以阅读世界名著为主题，在《鲁滨逊漂流记》的分享课中，请学生绘制一幅荒岛生活轨迹图，并为图画配上简洁的语言（如图4-6）。将他经历的主要事件用图文的形式表现出来，这样的思维导图有助于学生理解长篇小说的主要脉络及人物事件等。

学生还可以尝试更多维度的创意表达方式，比如将此图绘制成思维导图版、情节地图版、漫画插图版等。绘制这样的图不仅是提炼小说的情节线索，还能培养学生的概括能力，发展归纳思维，而且能激发学生的深度阅读兴趣。

形式3：为故事书制作封面

一个好的封面，能够吸引读者的注意力，激起读者的阅读兴趣。三年级下册读读寓言故事，学生可以为书籍设计封面，做一个“封面绘画师”：先展示一些书籍封面的样例，让学生知道封面的作用。可以创设任务情境：出版社为了让更多的小朋友喜欢上这几本书，想为这几本书设计封面，请大家帮助设计。把学生分成小组，每组选择一本寓言集做封面，提示学生：设计封面，除了注意文字，还要适当进行美术设计。最后把各组设计的封面展示出来，互相评一评。

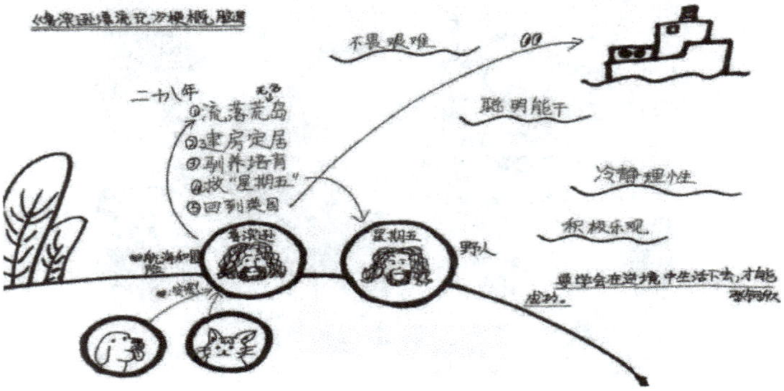

图4-6 《鲁滨逊漂流记》荒岛生活轨迹图

通过这种图文结合的方式,让学生在学科融合的情境下,清晰文章内容,加深对文章的理解,增加阅读的趣味性。

这种表现性评价是一种多元评价方式，采用跨学科艺术设计的策略,让学生用画笔画出阅读成果,旨在兼顾不同类型学生的个性与特长,用适合自己的方式分享读书成果,培养审美情趣,满足所有学生的发展需求。

(2)说出阅读成果

阅读成果可以通过语言表达来呈现。通过互动交流,提高学生对故事理解能力和表达能力的提升。

形式1:讲述故事——“谁是故事大王”

在三年级下册《寓言故事》“好故事分享会”活动中,学生读完所有故事后,借助支架问题群,深入理解故事,再选择其中的一个故事,将故事内容及对自己的启发讲给全班听,在讲完故事后,听取同学和教师的建议。教师可以在班级内推选寓言故事大王。通过讲故事这一任务,驱动学生自主熟悉故事内容,理解故事寓意,将故事与自己的生活链接。在故事会活动中,所有学生既是参与者又是观察者，既是学习者又是评价者，多重身份让学生不断转换角色,对寓言故事的内容更加熟悉,对寓意的理解更加深刻。

形式2:表演故事——“未来之星小剧场”

本活动安排在阅读活动的后期,采用学生最喜欢的表演方式,调动学生多感官参与,综合呈现自己的阅读成果。如在五年级上册“快乐读书吧”中,以“阅读民间故事”为主题,在这个主题中设置了“民间故事我来演”活动,能够鼓励学生表演的热情,加深对文本的理解。在《中国民间故事》第一课时中,让学生选择自己喜爱的民间故事进行表演。

学生介绍、表达、表演的过程,就是用自己喜欢的方式展现自己阅读理解的收获,通过说一说、演一演,让学生深入文本,体会人物内心,在创意体验中内化阅读收获。学生是活动的主体,也是评价的主人。每个人都参与展示,学生在这种互动交流过程中通过情节、台词、动作、表情等方面进行评价，极大地增加了读书的趣味性，提高了学生的创新性。

（3）写出阅读成果

“快乐读书吧”对推荐书籍都作了简明扼要的介绍，并有经典篇目的片段节选。记录阅读成果可以直观准确地帮助学生对整本书的信息进行辨识与提取，形成初步的感知。

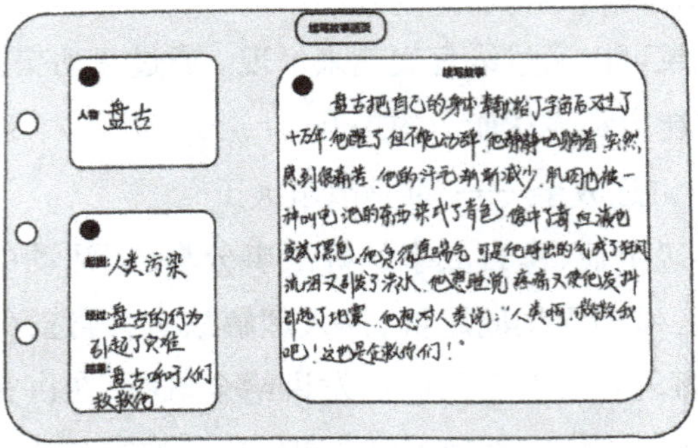

图 4–7 “神话故事”学习单

形式 1：续编故事

根据自己所感兴趣的故事，选择其中的人物，续写一个故事。借助任务单理清思路，再进行创编续写。如四年级上册“神话故事”的学习中，选择学生喜欢的故事情节，让学生创编神话故事。

形式 2：编写朋友圈文案

六年级上册第四单元为小说单元，在“快乐读书吧”中安排了《童年》一书的阅读，为了让学生感受多样的人物形象，设计了编写朋友圈文案的活动。

1.如果雨来、张嘎、安利柯也有朋友圈，哪些人会在他们的圈里？

2.如果雨来、张嘎、安利柯发朋友圈，他们会发哪些内容？朋友们会如何点赞留言？例如：

图 4-8　编写朋友圈文案

小说中的人物各具特色，通过“朋友圈”发消息的活动，不仅将人物与事件紧密结合，而且内容前后勾连，揣摩推测不同身份人物的反应，设计符合人物性格的语言。这是一种新鲜的阅读体验，学生代入角色，对人物之间的关系把握更准确，对各个人物的认识更鲜明。

形式 3:创意改写

为了激发学生想象能力和创意表达能力，可以在整本书阅读后设计创意改写的活动。如阅读《西游记》后，可以设计“我写一回《西游记》”的活动任务:西天取经路，总难八十一。每一难都出现了不同的妖怪，有着不同的法宝、神通，就连抓唐僧的目的也是各有不同。他们与取经团队之间也有着不同的斗法过程，或是精彩纷呈的大战，或是斗智斗勇的角斗，因此，才造就了这精彩纷呈的取经之路。现在有一只妖怪，听说师徒四人完成九九八十一难后，心里很不服气，于是穿越回师徒四人取经时期，想要阻拦师徒四人的取经路。如果是你写这回西游记，你会让唐僧师徒遇到怎么样的一只妖怪？妖怪会有什么样的神通、法宝？孙悟空又会怎么样与他斗法、会请哪些救兵呢？

先列个提纲，想象一下这只妖怪的来头、法宝、兵器……再想想情节，为你的一回《西游记》取一个能概括整个情节的回目。最后完成创作。

通过成果的检测、评价，学生的表达欲望得到满足，阅读成果得到充分展示。同时，他人赞赏和羡慕的目光、赞美和充满激励性的语言、支持和鼓励的掌声都会使学生感受到成功的快乐，从而使其读书的积极性和阅读质量进一步提高。

2. 把阅读评价嵌入分享交流活动

儿童文学作家方素珍说过："一个人静静地读一本书，是一条线，是自己原有经验加上解读书籍所得的新经验。两个人讨论一本书，是一个圆；一圈人讨论一本书，是一个球，不但能听到除自己之外的第二种看法，还可能有反面的看法、侧面的看法。""分享交流"能够充分利用阅读共同体的能量。丰富学生阅读的多元感受，实现与自己、他人、作品的三重对话。将阅读评价嵌入其中可以观察学生阅读活动中的感受、体验、完成情况、收获、阅读能力、交流互动能力等因素，可以涉及学生、家长、教师几个维度，让"评价有依据"。采用过程评价和终结性评价相结合的方式进行综合评价。

注重过程评价，围绕阅读计划，有学生阅读过程的记录单，记录的是阅读的过程，我们关注的是学生有读的生活、有读的经历。

注重终结性评价，终结成果评价可以让学生选择自己最喜欢的一本书或一个人物，讲故事、画故事、演故事、读故事。评价的目的是进一步激发学生阅读兴趣，激发学生持续阅读，由阅读兴趣向阅读行为转化。

阅读是终身学习的基础，全局式语言学习视域下快乐读书课程可以引导孩子在阅读中学习阅读，学会阅读，享受阅读。

（1）阶段性分享

《课标》在"评价建议"中指出："过程性评价重点考查学生在语文学习过程中表现出来的学习态度、参与程度和核心素养的发展水平，应依据各学段的学习内容和学业质量要求，广泛收集课堂关键表现、典型作业和阶段性测试等数据，体现多元主体、多种方式的特点。”“过程性评价应有助于教与学的及时改进。教师要有意识地利用评价过程和结果发现学生语文学习的特点与问题，提出有针对性的指导意见，促进学生反思学习过程、改进学习方法。”[①]这里的“过程性评价”是一种能够伴随学生整个学习过程的评价，重点考查学生在学习情境中表现出来的学习态度、参与程度和“思维能力”等核心素养的发展水平。借助思维导图等学习工具，真实呈现学生内隐的思维过程，促进学生的学习反思。

在快乐读书课程中，我们把这种评价方式嵌入到分享交流活动中，伴随着学生阅读活动的始终，观察学生参与阅读过程的情况。能够给阅读提供及时的反馈，使教师和学生通过评价，及时发现阅读过程中存在的问题，并对阅读状态作出调整和优化，这就使阅读、教学、评价成为一个相互关联的有机整体。

①多种评价途径开展阅读评价

教师应为不同学习内容选择恰当的评价途径，采用有针对性的评价，做到评价具体化。如：可以利用教室墙壁，设立“问题墙”，让学生边阅读、边提问，这些问题是学生阅读程度的真实体现。教师可以把这些问题贴在教室墙壁上，形成一堵独特的阅读“问题墙”。学生每天把自己阅读时想到的问题贴上，也可以关注别的同学提出的问题，并尝试回答别人的问题。如果问题被解答了，学生就收回自己的问题卡，并把问题卡粘贴在自己的阅读记录本上。这样，书读完了，自己的记录本上就有了各色各样的问题“脚印”。这些各式各样的问题，成为学生阅读过程中一道美丽的成长风景。

问题墙可以时时翻新；问题卡也可以随时记录，这些都是在阅读过程中的激励学生保有阅读热情的策略。教师还可以引导学生

---

① 中华人民共和国教育部.义务教育语文课程标准（2022 年版）[S].北京：北京师范大学出版社，2012.

分享交流在自己读书过程中遇到的问题以及解决问题的办法，将阅读策略和阅读评价联系起来。

这些妙趣横生、直观形象、有针对性的评价方式，激励着学生在阅读的海洋中不断前行。

② 在分享交流中开展阅读评价

阅读评价除了关注学生是否读了书，更重要的是持续引发学生的阅读热情。教师可以结合日常的阅读记录，关注学生是否阅读了图书；通过日常的阅读交流，检测学生读到了怎样的程度；再借助阅读单或阅读活动，根据学生的完成情况，判断他们的阅读所在的层次；最后是关注学生在阅读课上的表现，了解他们的阅读兴趣和阅读收获。比如，学生在二年级读《大头儿子和小头爸爸》时，要求每天记录的阅读页码，每天能坚持阅读半个小时及以上的学生，可以为自己画上一颗星。在日常的分享交流中，教师可以通过“你读到哪个故事了？”“有没有不理解的地方？”等问题，关注学生的阅读动态。在阅读课上分享交流时，认真阅读的学生会兴趣盎然，反之就会无话可说。教师也可以由此评价学生的阅读情况并引导他们继续阅读。又如，学生在五年级读《三国演义》时，每天早上到校和同桌互相分享批注并交流，督促学生持续认真阅读。从学生的批注中可以发现，有的学生的阅读是比较浅层次的，几乎只是针对词句或内容作批注，如“郭汜犯洛阳是什么意思？”“曹操干了什么？为什么又大喜？”说明他没有读懂或者没有认真阅读。而有的学生的批注就相对深入，如一位学生看到程昱献“十面埋伏”计劝曹操时，批注：“这不就是当年韩信的背水一战吗？”在阅读交流会上，学生可以选择不同的主题分享自己的阅读收获，如谈一谈《三国演义》中的谋臣、武将、兵器等。教师也可以通过评价驱动学生认真阅读。此外，结合学生的阅读记录和在阅读交流中的表现，教师还可以评选“阅读之星”，激励学生更加积极主动地阅读。

(2)总结性交流

随着学生整本书阅读感受与体验的逐步加深，教师需要采取有针对性的方式，进行总结性的交流来通过自评、他评等方式促进学生去回顾、反思、总结和提升，并时刻关注学生阅读过程的兴趣度、参与度、专注度和效度，积极鼓励学生在阅读过程中形成个性化思考，鼓励学生的独特见解，坚持儿童立场，通过学生独特的读、说、演、练、行等方式演绎、迁移、内化阅读的成果。

以整本书共读书目《中国古代神话故事传说》为例，整本书阅读的读后表现性评价主要分为如下三大类。

一是静态的表现性评价。可供选择的项目主要有《中国古代神话故事传说》的海报编制、整本书阅读思维导图展、整本书阅读手抄报展评、整本书阅读的读书笔记展示、整本书阅读的读后感比赛、将《中国古代神话故事传说》中的某则故事编制绘本等。静态的表现性评价可供选择的项目比较多，在开展静态表现性评价的时候，在项目的选择上教师不必面面俱到，必须要根据学情而定。此外，由于学生阅读水平和个性特点等存在差异，教师在布置表现性评价任务的时候，也要给予学生自主权，通常的做法是采取 1+X 模式，即确定一个全班必须参与的评价项目，再提供若干个可供学生自由选择的评价项目。

二是动态的表现性评价。主要包括“我是神话小博士”小讲坛，《中国古代神话故事传说》舞台剧编演、读书报告会、中国古代神话故事新编展评、中国古代神话故事传说小型知识竞赛等。动态的表现性评价关注学生核心素养的形成，积极鼓励学生在阅读过程中形成个性化思考，坚持儿童立场，让学生自选剧目，自导自演，进一步提高学生对文本的演绎能力，感受神话艺术的魅力，深化阅读成果。动态的表现性评价适合分组推进，提倡人人参与，不必追求过高的舞台效果，可以在活动中评出各类“小达人”，以示激励。

三是综合的表现性评价。主要凭借学校的读书节活动、社区的大型阅读成果展示会、校际读书交流活动等平台综合进行“神话阅读”项目化展评活动。随着全民阅读活动的推行，社区、校际之间一般也会定期搭建阅读展示交流平台，整本书综合的表现性评价可以凭借这些平台有序开展。综合的表现性评价活动一个学期不宜举行太多，但一旦参与，就要求教师必须做好方案，设定好参与展评的动态和静态项目，为每位参与的学生进行合理分工并进行指导。通过综合性的展评平台，进一步推进整本书阅读活动，营造浓厚的阅读氛围，切实推进深度阅读。

我们期待以阅读来点亮学生生活，陶冶学生情操，丰富学生底蕴，提升学生的语文素养。坚持读书、读好书、会读书，这是快乐阅读教给学生的方法，更是使他们终身受益的优秀习惯。希望通过构建快乐读书课程，能为学生构建美好的阅读天堂，在那里他们可以自由成长，逐梦飞翔。

后 记

本书是“打造高阶思维的课堂”丛书的第一本，以“看见阅读”作为书名，是想凸显在深化“读写平衡”的研究过程中，团队老师在诠释语文教育新理念、新方向、新视野方面的实践探索与一些成功做法。这本书也是天津市未来教育家行动计划课题“核心素养立意下读写平衡取向的表现性学习样态研究探索”（XDJX02）、“基于统编小学语文教材‘快乐读书吧’整本书阅读的策略研究”（XDJX29）成果，以罗祎老师为主，我们一起完成梳理编写，一路走来收获满满，又一次得到成长和历练。

阅读的主要目的是通过阅读来学习，是学习“如何学习”最重要的能力之一。学生不仅要阅读，更要懂得阅读的策略，这些策略包括预测、提问、联结、统整以及解释等，如此才能真正理解文本的内容，也才能有系统地、批判式地学习。但阅读是个性化的行为，个体的阅读理解是“看不见”的，如果教师在阅读教学中无法透视到学生阅读理解的方法与思路，不能给予有效的方法指导，那就无法提高阅读教学的效率，无法促进学生阅读能力和阅读素养的提升。本书兼顾了阅读的“教”与“学”，试图让老师能够“看见”阅读理解的历程，实时洞察到学生学习的困难，知道如何为学生搭建适切的支架，引导学生连接自己的知识和经验，进行主动阅读。

本书的主要内容包括绪论、让阅读看得见、让阅读有行动、让阅读成习惯，从“看见”“行动”“习惯”三个关键词可以看到，我们团队围绕“小学语文阅读教学”开展的“可见的学习与可见的思维”的研究初心。我们坚信，大量的阅读可以帮助学生认识世界，可以让学生快速积累知识，如果再能够引导学生在阅读中思考、组织及内化阅读内容，进一步转化为个人见解和创作，创造性的学习便会发生，学生就有可能成为一个有思想、有创造力的人。

本书立足统编小学语文教材阅读内容的教学实施，以《义务教育课程方案(2022 年版)》《义务教育语文课程标准(2022 年版)》为指导，实现了在统编语文教材语境下的突破性实践，使本书既符合新时代课程改革的方向和要求，又兼具在当下语文教材使用的实践意义。诸如，“让阅读有行动”，就是从统编小学语文教材编排的四个阅读策略出发，结合教学实践进行的教学策略和教学活动设计与实施的探索，对一线教师有很强的指导性。“猜读”这一节是由天津市津南区教师发展中心范立娜老师执笔；“提问”这一节是由天津市河西区教师发展中心丁文静老师执笔；“速读”这一节是由天津市南开区教师发展中心田恬老师执笔；“有目的地阅读”这一节是由天津市和平区教师发展中心付丽老师执笔。非常感谢她们带领团队老师在教学中大胆实践，为我们提供了丰富的阅读教学策略的活动设计案例。

摩挲着案头的书稿，我们要衷心感谢的很多……

首先感谢崔峦先生能答应为本书撰写序言，崔峦先生在小学语文界德高望重，在语文教学和教科研上给予了我们很多指导和帮助，他对于本书的殷切期望让我们陷入更深层次的思考，激励我们在研究的路上继续前行。

感谢天津市小学语文研究团队的各位骨干教师，他们在日常教学工作之外，为课题研究的开展与实施付出了许多心血与智慧。

感谢天津教育出版社的鼎力支持，感谢编辑老师们提出了许多宝贵的修改建议，他们严谨治学的态度令我钦佩，让我们在不断修订书稿的过程中，获得成长，为今后的研究增添了智慧和力量。

需要感谢的人很多，需要走的路还很长。“衣带渐宽终不悔，为伊消得人憔悴”，研究的路是艰辛的，更是幸福的。我们将带着研究中的思考继续前行，对于阅读教学的思考还很浅陋，希望本书在记录我们研究足迹的同时，能够激励我们做更多的实践探索，让教学研究之路一直延伸下去，让教师在研究中提升专业水平，让学生在教师的带领下成为热爱读书的人，成为有思想的阅读者。

书中尚有很多不足，冀望老师、同仁们批评指正，帮助我们不断进步，以使研究和实践日臻完善。

曹 媛

2024 年 清明